新工科·普通高等教育汽车类系列教材
"十三五"江苏省高等学校重点教材（编号：2020-2-010）

电动汽车技术及应用

主　编　陈庆樟
副主编　杨保成　吴文叶

机械工业出版社

本书比较全面系统地论述了电动汽车技术所涉及的各个方面,并反映了近年来国家最新出台的各种电动汽车相关标准,对电动汽车技术的应用与实践也有所讨论。本书共7章,系统地阐述了电动汽车的发展、分类、结构原理、主要部件关键技术及其应用。本书主要内容包括绪论以及电动汽车的基本结构与工作原理、驱动电机及控制系统、车载储能装置、能量管理系统、电气系统、应用与管理。同时,对部分重点内容配有视频,读者可扫二维码进行观看。

本书可作为高等院校车辆工程、汽车服务工程、新能源科学与工程、机械工程等专业的本科课程教材,也可供电动汽车相关领域工程技术人员和科研人员参考。

本书配有 PPT 课件,采用本书作为教材的教师,可以登录 www.cmpedu.com 注册下载,或向编辑(tian.lee9913@163.com)索取。

图书在版编目(CIP)数据

电动汽车技术及应用/陈庆樟主编. —北京:机械工业出版社,2021.9
(2024.1重印)

新工科·普通高等教育汽车类系列教材 "十三五"江苏省高等学校重点教材

ISBN 978-7-111-69152-5

Ⅰ.①电… Ⅱ.①陈… Ⅲ.①电动汽车-高等学校-教材
Ⅳ.①U469.72

中国版本图书馆 CIP 数据核字(2021)第 189520 号

机械工业出版社(北京市百万庄大街 22 号 邮政编码 100037)
策划编辑:宋学敏 责任编辑:宋学敏 赵 帅
责任校对:樊钟英 封面设计:张 静
责任印制:单爱军
北京虎彩文化传播有限公司印刷
2024 年 1 月第 1 版第 3 次印刷
184mm×260mm·15 印张·357 千字
标准书号:ISBN 978-7-111-69152-5
定价:48.00 元

电话服务 网络服务
客服电话:010-88361066 机 工 官 网:www.cmpbook.com
010-88379833 机 工 官 博:weibo.com/cmp1952
010-68326294 金 书 网:www.golden-book.com
封底无防伪标均为盗版 机工教育服务网:www.cmpedu.com

前　言

随着电动汽车的发展与普及，电动汽车技术及其应用方面的知识越来越成为车辆工程、汽车服务工程等汽车类本科专业的核心知识，本书就是针对相关应用型本科专业编写的关于电动汽车基础技术及其应用教育的教材。

本书分为7章，内容上理论结合实际，通俗易懂，实用性强，部分章节末尾附有思考题及实践题，便于学生复习巩固。

本书为数字一体化教材，在传统纸质教材编排方式的基础上，对重点内容提供相关视频，对拓展资源进行讲解；运用关联技术和手段帮助学生将纸质教材的内容与对应的数字资源联系起来；将对应的数字化资源以二维码形式呈现，读者可以通过手机方便快捷地将数字化资源与纸质教材的内容对应学习。

本书由常熟理工学院陈庆樟主编，杨保成、吴文叶担任副主编，高琳琳、王巍、叶甜、李友势参加了编写。其中，第1章由高琳琳编写，第2章由李友势编写，第3章由吴文叶编写，第4章由叶甜编写，第5章由陈庆樟编写，第6章由杨保成编写，第7章由王巍编写，全书由陈庆樟统稿。在本书编写过程中，编者参阅了相关文献，在此向各文献的作者、译者表示衷心的感谢。另外，还要感谢为本书提出宝贵意见的专家、同行和同事。

由于编者水平有限，书中难免存在疏漏及不足之处，恳请广大读者批评指正。

编　者

目 录

第1章

绪　论

1.1　电动汽车的发展历程

1.1.1　电动汽车发展早期研发计划

20 世纪 90 年代，电动汽车重新成为世界性的研发热点之后，世界上各大汽车公司都投入巨资开发自己的电动汽车，以便在电动汽车市场中夺得先机。各国也纷纷出台政策或制定计划，以促进本国电动汽车的发展。

1. 美国的电动汽车研发计划

美国的汽车工业很发达，汽车产量和保有量均位居世界前列，每年的石油消耗量和汽车污染物的排放量也都居世界前列。为增强汽车制造业和运输业的竞争力，美国政府提出了著名的新一代汽车合作（Partnership for a New Generation of Vehicles，PNGV）计划和 Freedom CAR（Cooperative Automotive Research，即合作汽车开发）计划。

PNGV 计划于 1993 年提出，其组织框架如图 1-1 所示。PNGV 计划主要由美国商务部（DOC）、国防部（DOD）、能源部（DOE）、运输部（DOT）、国家环境保护局（EPA）、国家航空航天局（NASA）及国家科学基金会（NSF）等机构和三大汽车公司（通用、克莱斯勒、福特）联合实施。美国商务部代表政府负责 PNGV 计划的组织协调。PNGV 计划的经费由联邦政府和三大汽车公司共同承担。

PNGV 计划明确地提出了要显著提高美国汽车制造业的竞争力，尽快地将具有商业可行性的技术创新成果应用于汽车生产中，开发出燃料效率高于现行汽车 3 倍的新一代汽车。

虽然 PNGV 计划已成为历史，但是该计划所取得的成就对美国乃至全世界的电动汽车发展都具有深远的意义。

FreedomCAR 计划于 2002 年提出，用于替代 PNGV 计划。FreedomCAR 计划的重点为燃料电池动力系统，氢能储存系统，国家氢能基础设施的技术开发，支持有关氢能基础设施法规和标准的研究，用于燃料电池和内燃机/电动机混合动力两类汽车的电驱动系统，新型电能储存装置，新型、轻型结构与材料的开发，内燃机用先进燃料和排放控制系统等。

FreedomCAR 计划由美国能源部领导，由美国汽车制造者协会协调，并且有燃料供应商参与。FreedomCAR 计划的主要目标是：开发出无污染、燃料能量转换效率高、成本具有竞争力、燃料添加方便的燃料电池电动汽车；开发出排放达到或低于排放标准、成本具有竞争力的内燃机/电动机混合动力电动汽车。

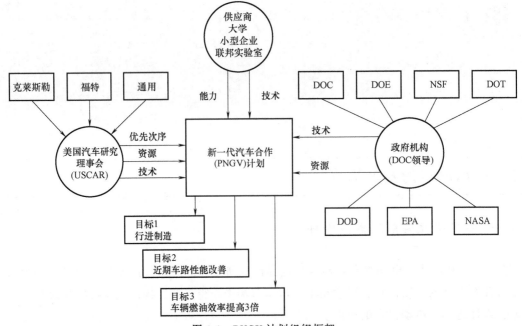

图 1-1　PNGV 计划组织框架

2. 日本的电动汽车研发计划

日本是汽车生产和消费大国，但日本的石油资源匮乏，石油几乎全部依赖进口。因此，日本政府及日本的各大汽车公司对替代能源汽车的开发十分重视。日本的混合动力电动汽车技术处于世界领先地位。日本的电动汽车研发计划主要有低公害汽车开发普及行动计划、日本氢能与燃料电池（Japan Hydrogen and Fuel Cell，JHFC）示范工程和专项研究计划等。

2001 年 5 月，日本政府制定了"低公害汽车开发普及行动计划"。该计划包括已处于实用阶段的低公害汽车的普及，以及燃料电池汽车等下一代低公害汽车的开发。

JHFC 示范工程由日本经济产业省负责实施，主要包括"燃料电池汽车示范研究"和"燃料电池用氢供给设施示范研究"两大工程。

（1）**燃料电池汽车示范研究**　用 8 个汽车公司所制造的燃料电池轿车和公共汽车等进行道路试验，通过试验测得燃料电池汽车的运行、可靠性、环境、燃料消耗及燃料加注站等的参数，然后分析评价燃料电池汽车的性能。

（2）**燃料电池用氢供给设施示范研究**　对不同的燃料重整制氢的方法和氢气的储存方法进行比较分析，计划建造各种燃料（脱硫汽油、石脑油、液化石油气、甲醇、煤油和城市管道煤气）重整气的氢气站、碱水电解氢气站、液氢氢气站及高压氢气站等 9 个氢气站，这些氢气站用于给燃料电池汽车加氢气，以测得相关的应用数据，为燃料电池汽车用氢供给设施的推广提供经验。

专项研究计划是针对电动汽车某项技术的研究计划。专项研究计划的主要项目有燃料电池汽车等电动汽车用锂电池技术开发、氢能利用技术开发、质子交换膜燃料电池系统的验证研究、质子交换膜燃料电池系统的普及和基础工作、质子交换膜燃料电池系统的技术开发、氢气安全利用等基础技术开发。

3. 欧盟计划

欧盟计划旨在增强欧盟各国工业的竞争力,充分调动欧盟各国的科学技术力量,避免各国科研计划重复,有效利用各国的人力和物力资源。欧盟计划与电动汽车的发展计划主要有框架系列计划(FP)、欧盟燃料电池研究发展示范(Research Development and Design, RDD)计划、欧盟燃料电池公共汽车示范计划和欧洲电动汽车城市运输系统计划等。

从20世纪80年代起,欧洲经济共同体投入大量资金,组织多方力量,开展了多期FP计划。其中,FP5计划的"能源、环境可持续发展"子项目对燃料电池和其相关的技术进行了广泛研究。2002~2006年实施了FP6计划,对能源、环境可持续发展进行了更加深入的研究。

在欧盟燃料电池研究发展示范计划中,有关燃料电池方面:0.1~50MW的电力生产燃料电池、商用燃料电池,1~5kW的小型燃料电池;各种运输车辆和船舶用燃料电池;各种便携式燃料电池和偏远地区特殊用途燃料电池。

欧盟燃料电池公共汽车示范计划围绕欧洲清洁城市运输(Clean Urban Transport for Europe, CUTE)和欧洲生态城市运输系统(Ecological City Transport System, ECTS)两大项目展开。CUTE项目由欧盟提供财政资助,采用奔驰公司EVOBUS子公司生产的Citaro牌低底盘大型公共汽车改装的燃料电池大型客车作为示范运行车,选择了不同气候环境和不同使用条件的8个国家中的10个城市进行示范营运。

欧洲电动汽车城市运输系统(Electric Vehicle City Distributing System, ELCIDIS)以法国雪铁龙Berlingos牌电动汽车为基本车型建立城市运输中心,进行货物和包裹的集散运输工作,并选择了欧洲国家的6个城市,使用63辆纯电动汽车和混合动力电动汽车进行此项评估工作,对电动汽车城市运输系统的效率和环境影响做出评估。

4. 中国电动汽车发展规划

中国也早已将电动汽车的研究与开发及电动汽车的产业化列为重点项目,并制定了电动汽车发展的规划。

国家高技术研究发展计划(863计划)中设立了电动汽车重大专项,选择新一代电动汽车技术作为我国汽车工业自主创新和科技创新的主攻方向,组织汽车企业、高等院校和科研机构,以政、产、学、研四位一体的方式进行联合攻关,以电动汽车的产业化技术平台为工作重点,力争在电动汽车关键技术、系统集成技术等方面取得重大突破,促进电动汽车符合现代企业制造和市场经济发展要求,以及研发体制和机制的形成。

电动汽车重大专项提出"三纵、三横"的研究和开发布局,强调建立符合整车开发规律的开发程序,以燃料电池电动汽车(FCEV)(包括燃料电池专项)、混合动力电动汽车(HEV)和纯电动汽车(BEV)的整车为主导(三纵),带动多能源动力总成控制系统、电机驱动系统、电池和电池管理系统(三横),并与相关材料研发紧密结合,与基础设施协调发展,与整车控制技术和电子控制技术的研发同步。电动汽车重大专项提出的"三纵、三横"布局及其组织管理模式如图1-2所示。

科学技术部组织实施的国家重点基础研究发展计划(973计划)中也设立了电动汽车专项。电动汽车专项包含在973计划的能源项目之中,主要涉及氢能的规模制备、储运及相关的燃料电池基础研究。实施专项计划的目标是开发具有自主知识产权的、可持续发展的、可规模化生产的车载制氢和储氢技术，降低燃料电池的成本，有效解决燃料电池电动汽车产业化的难题，并有利于扩展燃料电池的应用领域。

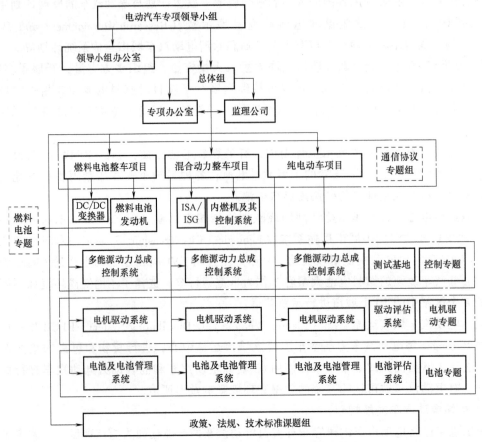

图 1-2 "三纵、三横"布局及其组织管理模式

DC/DC—双向直流　ISA/ISG—集成起动/发电机

1.1.2 电动汽车的发展历史

1. 纯电动汽车

世界范围的气候变化、环境污染和局部地区的能源短缺等因素，以及新一轮科技革命，特别是电驱动相关的电力电子等技术的迅猛发展，正促使世界汽车产业进入电动化的重大转型期。从汽车技术发展史的角度看，纯电动汽车并不是新鲜事物，它具有比燃油汽车更悠久的历史。图 1-3 所示为纯电动汽车的基本发展历程。

1834 年，美国人托马斯·达文波特（Thomas Davenport）制造出第一辆由直流电机驱动的电动汽车。1873 年，英国人罗伯特·戴维森（Robert Davidsson）制造出世界上最早的可供实用的纯电动汽车，该车采用一次电池作为动力源，如图 1-4 所示。

1881 年，法国工程师古斯塔夫·特鲁夫（Gustave Trouve）首次将直流电机和可充电的铅酸蓄电池用于私人车辆，这标志着世界上第一辆真正意义上的纯电动汽车的诞生。特鲁夫在次年的巴黎国际电器展览会上展出了一辆能实际操作使用的电动三轮车。

图 1-3 纯电动汽车的基本发展历程

19 世纪末到 20 世纪 20 年代是纯电动汽车发展的第一个黄金期。在此期间，由于车用内燃机技术还相当落后，燃油汽车存在行驶里程短、故障多和维修困难等问题，其性能远不及纯电动汽车，因此纯电动汽车得到了普遍认可，美国、英国和法国的许多公司都开始生产纯电动汽车。

1896 ~ 1920 年，美国 Riker 公司生产了多种类型的纯电动汽车。1897 年，英国的伦敦电动出租汽车公司生产了 15 辆纯电动

图 1-4 早期纯电动汽车

出租车，如图 1-5 所示。1898 年，美国康涅狄格州的 Pope 制造公司生产了大约 500 辆 Columbia 纯电动汽车。

1899 年，比利时工程师卡米乐·热纳茨（Camille Jenatzy）设计出铝质车身纯电动汽车，这是世界上第一辆车速超过 100km/h 的纯电动汽车，如图 1-6 所示。

1907 ~ 1938 年，美国底特律电气公司生产的纯电动汽车不但噪声小、清洁可靠，而且最高车速达到 40km/h，续驶里程可达 129km。1912 年，美国注册有 34000 辆纯电动汽车。

20 世纪 20 年代，纯电动汽车的发展进入瓶颈期，蓄电池技术和降低制造成本方面没有明显进步。相比之下，内燃机技术发展到了一个新水平，装备内燃机的汽车速度更快，因此到 1940 年前后，纯电动汽车基本从欧美汽车市场中消失了。

20 世纪 80 年代，由空气质量和温室效应所引发的环境问题，让人们对纯电动汽车相较燃油汽车的优势有了新的认识，因此纯电动汽车再次引起人们的关注。

1990 年 1 月的洛杉矶车展上，通用汽车公司发布了一款名为 Impact 的纯电动概念轿车。

同年，宝马公司发布了两门四座的纯电动汽车 E1，随后又在 1992 年发布了四门四座纯电动汽车 E2。与此同时，德国开始生产各种类型的纯电动汽车进行运行试验，众多公司的纯电动汽车纷纷投入市场，纯电动汽车保有量在 1995 年达到了 4700 辆。1993 年，法国开始在拉罗谢尔市进行纯电动汽车运行试验，并在该市组建了纯电动汽车出租车队。

图 1-5　1897 年伦敦电动出租汽车

图 1-6　比利时铝质车身纯电动汽车

　　1996 年，通用汽车公司推出一款两座双门、前置前驱的纯电动汽车 EV1（图 1-7）。第一代 EV1 由铅酸蓄电池供电，蓄电池容量为 16.5~18.7kW·h，整车总质量为 1400kg，续驶里程为 112~160km。1999 年，通用汽车公司发布配有镍氢蓄电池的第二代 EV1，蓄电池容量提高至 26.4kW·h，整车总质量为 1319kg，续驶里程为 160~230km。2001 年，法国推出采用铅酸蓄电池和镍镉蓄电池

图 1-7　通用纯电动汽车 EV1

的纯电动公交客车，并配套建设了面积超过 $3000m^2$ 的充/换电站。

　　进入 21 世纪，随着各国对纯电动汽车技术研发投入的不断加大，车用动力蓄电池、电机及其控制系统等技术取得了重大进展，电力电子、控制和信息技术的广泛应用使纯电动汽车技术深入发展、日臻完善，产品的可靠性、寿命得到明显提升，成本得到有效控制，纯电动汽车技术在世界范围内得到快速发展。

　　2008 年，宝马公司发布纯电动汽车 MINI E，完成了量产车型研发的主要阶段，其续驶里程达到 170km。同年，特斯拉公司推出了纯电动跑车 Roadster，它是首款使用锂离子动力蓄电池的量产纯电动跑车，续驶里程达到 320km。2009 年的法兰克福车展上，多家汽车公司推出了新款纯电动汽车，如雷诺公司发布了纯电动汽车 Fluence Z.E.；大众公司发布了纯电动汽车 E-Up，其百公里加速时间仅为 11.3s；特斯拉公司发布了 Model S 原型车，其续驶里程达到 613km。2010 年，日产公司在北京车展上推出纯电动汽车聆风（图 1-8），并在日本和美国市场上市，该车由层叠式紧凑型锂离子蓄电池驱动，电机的输出功率为 80kW，峰值转矩为 280N·m，续驶里程达 160km。同年，在底特律国际车展上，宝马公司推出了纯电动车型 Concept Active E。在 2011 年的德国国际车展上，宝马公司首次推出了纯电动汽车 i3，

并于 2013 年在德国莱比锡实现量产。通用
公司先后于 2013 年和 2016 年推出了雪佛兰
SPARK EV 和 BOLT EV 两款纯电动汽车。
2016 年，特斯拉公司发布了纯电动汽车
Model S P100D，其百公里加速时间仅为
2.7s。同年，特斯拉公司又发布了纯电动汽
车 Model 3，该车基本具备了全自动无人驾
驶功能。

图 1-8 日产纯电动汽车聆风

比亚迪公司于 2004 年在北京车展推出
了纯电动概念车比亚迪 ET。2009 年 3 月，众泰公司推出了搭载聚合物锂离子动力蓄电池的
纯电动汽车 2008EV，获得了我国第一个纯电动乘用车目录公告。

2010 年，比亚迪公司推出纯电动汽车 e6（图 1-9），该车采用高能量密度、高安全性的
磷酸铁锂动力蓄电池，单次充电续驶里程达到 300km，成为当时全球续驶里程最长、首款大
批量面向私人用户发售的纯电动乘用车型。2012 年的北京国际车展上，比亚迪公司与德国
戴姆勒公司联合推出了纯电动汽车腾势，并于 2014 年投放市场。

2014 年，北汽新能源汽车公司推出纯电动汽车 EV200（图 1-10）。2015 年，长安逸动
纯电动汽车正式上市。2017 年，吉利帝豪 EV300 纯电动汽车正式上市，其续驶里程可达
300km。2017 年，上汽公司正式发布纯电动汽车荣威 eRX5，其综合工况续驶里程达 320km，
等速最大续驶里程则可达 425km。

图 1-9 比亚迪 e6

图 1-10 北汽 EV200

在纯电动客车发展历程中，2008 年北京奥运会期间，50 辆支持换电模式的锂离子电池
纯电动低地板公交客车在奥运核心区运行，并设计建设了世界上首座大型公交换电站，成功
实现了奥运期间电动客车 24h 连续运营。加之后续上海世博会、广州亚运会和部分城市示范
运营等重大应用项目的推动，我国纯电动客车技术发展积累了数千万千米的宝贵运行经验和
数据。近年来，随着相关政策的持续推动，我国主要地区均出台了新能源公交车采购更新计
划，如广东、河北、河南均要求"十三五"期间本地公交车要实现 80% 以上的电动化替换。
深圳市在 2017 年就已实现了公交车 100% 电动化。

在市场方面，2017 年，我国新能源客车累计推广超过 30 万辆，推广规模全球第一。以
大中型纯电动客车产品为主的宇通、比亚迪等新能源客车，凭借高可靠性、安全性等成为出
口的主流产品。在技术方面，2016~2018 年，新能源客车的能耗平均降低幅度接近 10%，动

力蓄电池系统能量密度的平均提升幅度超过 25%。

2. 混合动力电动汽车

混合动力电动汽车并不是一个新事物。在 1881 年世界上第一辆可充电动力蓄电池纯电动汽车、1886 年世界上第一辆内燃机汽车相继问世后,伴随着人们对提高汽车综合性能的不懈追求,1894 年出现了第一辆混合动力电动汽车的原型车。1899 年,法国巴黎的美术展览馆展出了两款混合动力电动汽车,一款是比利时 Pieper 研究院开发的并联式混合动力电动汽车,装备一台电机和铅酸蓄电池组辅助的小型风冷汽油发动机;另一款是法国 Vendovelli & Priestly 公司制造的串联式混合动力电动三轮车,动力总成由功率为 1.1kW 的电机和功率为 0.56kW 的汽油发动机组成,采用双电机独立后驱形式,通过对蓄电池组的再充电来延长车辆的续驶里程。到 1914 年,又出现了混联式混合动力电动汽车。

1905 年出现了第一个混合动力电动汽车专利,由工程师亨利·派珀(Henry Piper)申请。该专利的核心在于通过一台电动机为内燃机助力来获得更高的整车车速。早期混合动力电动汽车的发展动因在于当时纯电动汽车(续驶里程短、动力蓄电池性能差)、内燃机汽车(内燃机功率小、使用不方便)均存在技术缺陷。而后,随着内燃机技术的进步和流水线式生产方式的成熟,同时受制于电机控制器件不成熟和电机控制难度大等问题,混合动力电动汽车逐渐没落。直至 20 世纪 90 年代,立足解决环境和能源问题的需求,同时得益于电机驱动技术的进步,混合动力电动汽车再次受到关注,取得了明显的技术进步。目前,混合动力电动汽车已成为节能与新能源汽车的典型代表。

鉴于早期的车用内燃机排量小、性能差,而纯电动汽车驱动电机功率小,为进一步提升整车的动力性,人们开始研发各种形式的混合动力电动汽车。

图 1-11 所示为世界上第一款混合动力电动汽车,名为 Semper Vivus,由费迪南德·保时捷(Ferdinand Porsche)研制。遗憾的是,由于生产成本过高且技术不成熟,该车最终未能实现量产。Semper Vivus 采用了串联式混合动力驱动模式,以汽油机驱动发电机发电,然后通过两个安装在前轮的轮毂电机驱动行驶。

在混合动力技术的早期发展阶段,还有一个重要的人物是亨利·派珀(Henry Piper),他于 1902 年左右发明了并联式混合动

图 1-11　世界上第一款混合
动力电动汽车 Semper Vivus

力电动汽车,以及与之配套的早期动力管理系统。派珀将自己的专利技术授权给比利时汽车公司 Auto-Mixed,该公司于 1906～1912 年间推出了一系列混合动力车型,如 Voiturette。

1915 年,美国诞生了一家专门生产串联式混合动力电动汽车的制造商——Owen Magnetic。在 1915 年的纽约车展上,Owen Magnetic 首次展示了装备六缸发动机的混合动力车型,随后推出的量产车型因营销得力而受到市场的广泛认可。该公司旗下的混合动力车型一直生产到 1921 年,极大地推动了混合动力技术的发展。

同一时期,芝加哥的一家电动汽车制造商——Woods 也开始研发混合动力电动汽车,并

于 1916 年推出了并联式混合动力电动汽车。这款双排座轿车以操纵杆代替加速踏板来控制节气门，最高车速可达 56km/h，油耗约为 4.6L/100km。

1966 年，为减轻日益严重的空气污染，美国国会通过了一项提倡使用电动汽车的法案。随后，通用汽车公司响应号召，推出了 512 系列混合动力试验车。该车采用后置后驱布局，搭载了一套并联式混合动力系统，最高车速为 64km/h。行驶速度在 16km/h 以下时，车辆由电动机直接驱动；行驶速度在 16~21km/h 之间时，车辆采用油电协同驱动模式；行驶速度在 21km/h 以上时，车辆由发动机独立驱动。512 系列试验车奠定了通用汽车公司的混合动力技术基础。1968 年 12 月，通用汽车公司又推出了混合动力电动汽车专用的斯特林发动机，将其与 14 个 12V 蓄电池组合在一起。由于斯特林发动机能不断为蓄电池充电，搭载这套动力系统的车型的电能不会耗尽，但起动和关闭动力系统需要耗时 20s 以上。

为应对 20 世纪 90 年代日益严峻的汽车排放问题，奥迪公司推出了第一款混合动力电动汽车 duo，如图 1-12 所示。该车后轮由电机驱动，前轮由汽油机驱动。电机由西门子公司生产，功率为 9.4kW。电能存储单元是位于行李舱地板下的镍镉电池组。2.3L 五缸汽油机的输出功率为 100kW。

图 1-12 奥迪公司的第一款混合动力电动汽车 duo

1997 年，丰田汽车公司在日本发布了第一代普锐斯（Prius），如图 1-13 所示，它是世界上首款真正实现市场化量产的混合动力电动汽车，环保和合理的售价是其最大优势。根据美国国家环境保护局（EPA）公布的数据，第一代普锐斯的油耗为城市工况 5.6L/100km，高速路工况 5.7L/100km。

2004 年，在前期应用示范的基础上，丰田汽车公司推出了第二代普锐斯，如图 1-14 所示。该车彻底摆脱了"使用汽油机为电机供电"的简单思路，使汽油机与电机实现了协同工作，从而大幅降低了油耗和废气排放量，其综合工况油耗仅为 4.7L/100km（市区综合工况 5.1L/100km，市郊工况 4.4L/100km）。

图 1-13 第一代普锐斯

图 1-14 第二代普锐斯

由于第二代普锐斯在美国、日本等市场十分畅销，其他汽车厂商也开始积极投身于混合动力电动汽车的研发事业，推动了混合动力技术的发展，催生了自动起停系统和能量回收系统。前者可在车辆静止时使发动机自动熄火，并在需要继续行驶时快速起动，而后者可将汽车制动时的动能回收利用。

3. 燃料电池电动汽车

20 世纪 80 年代以前曾出现过以燃料电池为汽车动力源的创新探索，但当时的燃料电池技术并未成熟，更无法实现商业化生产。人们以创新和尝试的方式，将燃料电池作为汽车动力源来驱动汽车。

1959 年美国 Allis-Chalmers 公司的 Harry Karl Ihrig 博士使用碱性燃料电池开发的农业拖拉机，1966 年通用汽车公司开发的氢燃料电池厢式货车，1970 年捷克发明家 Karl Kordesch 基于碱性燃料电池改装的燃料电池轿车，1979 年加利福尼亚大学洛杉矶分校师生改装发明的氢燃料电池汽车，1979 年俄罗斯 Kvant-RAF 燃料电池客车均是燃料电池电动汽车发展过程中的代表产品。

20 世纪 90 年代，随着高功率密度质子交换膜燃料电池的问世，燃料电池电动汽车的探索又向前一步。

20 世纪 90 年代之后的十多年间，各大跨国汽车公司开始了氢燃料电池汽车的概念设计和原理性验证，推出了很多型号的氢燃料电池汽车。比较有代表性的包括戴姆勒-克莱斯勒 NECAR1/2/3 系列氢燃料电池概念车（1994~1997 年）、丰田 FCHV1/2/3 氢燃料电池混合动力概念车（1997~2001 年）、本田 FCX-V1/2/3/4 氢燃料电池概念车（1999~2001 年）、通用汽车公司 HydroGen1/2/3 氢燃料电池概念车（2001~2004 年）等。

2005 年之后，燃料电池作为车用动力源的可行性已经得到汽车行业的认可，各大公司开始进入工程化的技术攻关阶段，开始大力开展燃料电池电动汽车技术攻关研究，陆续进行了技术验证性示范考核。其主要技术问题集中在功率密度、耐久性、环境适应性（零摄氏度以下冷起动）的提升及成本的控制上。

与此同时，试图通过示范运营逐步向公众推广，如以租赁、公共出行服务等方式供客户体验使用。以推出时间先后排序，包括本田的 FCX 氢燃料电池汽车（2002~2007 年，美国加利福尼亚、日本）、福特的氢燃料电池版福克斯轿车（2003~2006 年，美国加利福尼亚和佛罗里达、加拿大）、日产的氢燃料电池版 X-Trail（2003~2013 年，美国加利福尼亚、日本）、奔驰的 F-Cell（2005~2007 年，全球）、通用雪佛兰的 Equinox 燃料电池轿车（2007~2009 年，美国加利福尼亚和纽约）。与乘用车租赁使用同期，数十辆氢燃料电池客车在全球各地开展了商业化示范运行，主要包括以 30 辆奔驰公司 Citaro 氢燃料电池客车为主、在欧盟 7 个城市及我国北京和澳大利亚珀斯进行的欧盟 Hyfleet CUTE 工程（2003~2010 年），以及在全球多个城市开展的氢燃料电池客车商业化运行示范（2003 年至今）、日本 JHFC 工程（2002~2010 年）、美国氢燃料电池客车示范工程（2006 年至今）等。

2010~2015 年期间，氢燃料电池汽车开始寻找市场，并在某些特殊领域率先取得商业化。氢燃料电池汽车在 2010 年开始应用于物料运输领域，如美国沃尔玛、可口可乐和西斯科等超市和食品批发的物流运输领域。截至 2015 年，共有 34 家企业 8000 多辆氢燃料电池叉车投入运行，由于具有良好的经济性，企业主动购买使用的车辆数量超过政府支持的 10 倍，起到了积极的技术和市场引导作用，真正实现了商业化。在私人市场，燃料电池轿车仍然没有获得足够优势。

在美国、日本、加拿大等国及欧洲，燃料电池以乘用车、城市公交客车和燃料电池叉车应用为主。

早在2014年，现代公司的燃料电池电动汽车在美国加利福尼亚以租赁形式开始上市；2015年，丰田公司推出Mirai氢燃料电池轿车，仅限在日本、美国和欧洲销售；2016年，本田公司推出仅在日本本土销售的氢燃料电池轿车Clarity。2015年之后，燃料电池乘用车开始在部分区域面向私人用户销售，初步进入商业化阶段。以丰田Mirai、本田Clarity及现代NEXO为代表的量产燃料电池电动汽车，正式进入商业销售阶段。截至2019年，国外各大汽车公司均已推出自己的燃料电池乘用车品牌。

燃料电池城市客车在加速时间、最高车速等动力性指标方面与燃油机车型基本相当。其最高车速以80km/h居多，0—50km/h加速时间在20s左右，续驶里程适中，一般在250~400km，储氢瓶的最高压力一般为70MPa。

1.2 电动汽车关键技术

现代电动汽车的关键技术包括汽车制造技术、电子技术、信息技术、能源技术、电力驱动技术、能量管理技术、自动控制技术、材料技术、化学工艺技术及优化技术等，还涉及智能交通网络互联、全球定位、自动驾驶等相关技术。将以上相关技术有机地结合起来，实现系统的集成运转，并且控制好成本，是电动汽车技术成功的核心。现代电动汽车的核心技术可以归纳为以下几个方面。

1.2.1 动力蓄电池关键技术

动力蓄电池是电动汽车的动力源，也是一直制约电动汽车发展的关键因素。

1. 单体电池技术

在现有的动力蓄电池技术水平下，电动汽车都是使用多块单体电池构成的电池组作为能量源的，因此单体电池性能仍是影响电池组性能的关键因素。对于电动汽车而言，电池组的工作电压大多应达到数百伏，这就要求至少有几十到上百节电池串联。为达到设计容量要求，有时甚至需要更多的单体并联，由于电池组的使用性能会受到性能最差的某些单节电池的制约，设计上要求各电池单体在容量、内阻、功率特性和循环特性等方面具有高度的均匀一致性，且运行过程中具有高的可靠性。

电动汽车用电池的主要性能指标是比能量、能量密度、比功率、循环寿命和成本等。电动汽车对能源系统的要求是高的比能量和能量密度、高的比功率和功率密度、快速充电和深放电的能力、充电效率高、寿命长、安全性好且成本低、免维修、对环境无危害、可回收性好等，这些要求也是电动汽车能否与燃油汽车竞争的关键所在。

因此通过改善电池材料特性、改进电池结构、完善生产工艺等方面来进一步提高单体电池的能量密度、功率密度、使用寿命、安全性和一致性等，是目前面向动力蓄电池必须要重点开展攻关的关键技术。

铅酸蓄电池广泛用作内燃机汽车的起动动力源，也是成熟的电动汽车蓄电池。它可靠性好、原材料易得、价格便宜，比功率也基本上能满足电动汽车的动力性要求。但它有两大缺点，一是比能量低，二是使用寿命短，这限制了它在电动汽车中的应用前景。

镍氢蓄电池和镍镉蓄电池相同，属于碱性电池，其特性和镍镉蓄电池相似，与铅酸蓄电池比较，初期购置成本高、比能量高、使用寿命长，镍氢蓄电池不含铜、铅，不存在镍镉蓄电池的重金属污染问题。由于价格较高，镍氢蓄电池目前尚未大批量生产。

锂电池常见的有锂离子电池、高温锂熔盐电池、锂聚合物电池和锂聚合物团体电解质电池等，它的比能量理论值为570W·h/kg，比功率为200W/kg，循环使用寿命为1200次，充电时间为2~4h。

飞轮电池中飞轮以一定角速度旋转时就具有一定的动能，飞轮电池的动能转换成电能以对外供电。飞轮电池有一个电机，充电时为电动机，电动机带动飞轮加速旋转（储能）；放电时为发电机，对外输出电能。飞轮电池的比能量可达150W·h/kg，比功率达5000~10000W/kg，使用寿命长达25年，可供电动汽车行驶500万km。

燃料电池是一种将燃料和氧化剂通过电极反应直接转化为电能的发电装置。其能量转换效率高，燃料电池的化学能转换效率在理论上可达100%，实际效率现已达60%~80%，并且能迅速地充放电。利用它可以把蓄电池的冲击负载降低到适宜的水平，这样蓄电池只需设计达到平均能量密度和平均循环寿命，而无须达到最大峰值能量密度和循环寿命。超级电容器也可以用来存储制动时产生的再生能量。

2. 动力蓄电池能量管理

电池管理系统（Battery Management System，BMS）是用来连接电池和用户的枢纽，它的主要工作对象是动力蓄电池。

动力蓄电池的性能十分复杂，不同类型动力蓄电池的电池特性也有很大的区别。同一类型、同一规格、同一型号电池的电压、内阻、容量等参数存在差异，导致电池成组后的使用性能指标往往达不到单体的原有水平，使用寿命大大缩短，使系统使用和维护成本增加。动力蓄电池存在电能存储能力有限、循环次数有限、串并联使用电池效率有影响、使用安全性较低、电池电量估算困难等不足。电池管理系统的主要设计目的是提高电池的利用效率，防止电池过度充电和过度放电，延长电池的使用寿命，这些可通过监控电池的状态及电量估计算法来实现。

3. 动力蓄电池的回收利用

随着电动汽车的产业化和规模化发展，作为最重要零部件之一的动力蓄电池将在未来若干年逐渐进入批量报废阶段，由此带来的新能源汽车产业发展与环境、资源之间的矛盾将越来越突出。当前我国尚未建立完善的废旧动力蓄电池收集、运输、存储、再生处理的循环利用体系，缺乏相关管理制度。动力蓄电池是否能够有效回收利用将直接影响新能源汽车产业的可持续发展和国家节能减排战略的有效实施。

国际上先进的废旧铅酸蓄电池回收技术是湿法冶炼技术。湿法冶炼也称为电解法，是借助电的作用，有选择地把电池碎片中铅化合物全部还原成金属铅，主要产生的污染物是不含铅的废水。该方法分离效果较好，是精炼铅的有效手段。电解法的化学原理是先将所有化合物中的铅都转化为二价铅，然后将二价铅通过电解转化成金属铅。铅的电解沉淀物不断从电极上落到传送带上被收集起来，碾压成纯度高的铅饼，然后送到炉中浇注。整个精炼过程可以连续运转，从而便于大规模地回收废旧铅酸蓄电池中的金属铅等有用资源。

镍氢蓄电池的回收技术主要是火法回收和湿法回收，通常是将正负极材料分离后，根据不同的正负极材料进行选择。此外，一些新的电池再生利用技术也逐步引起重视。合金再生技术就是一种新发展起来的利用废旧电池的活性物质直接再生合金粉的技术。

火法回收是以回收 Ni-Fe 合金为目标的电池处理方法，主要利用废旧电池中各元素的沸点差异进行分离、熔炼。其具体步骤为：先将废旧镍氢蓄电池破碎、解体洗涤，以除去 KOH 电解液；然后利用重力分选出有机废弃物，再放入焙烧炉中在 600~800℃ 下焙烧；最后从排出的烟气废渣中分离和提纯不同的金属。该方法可获得镍的质量分数为 50%~55%、铁的质量分数为 30%~35% 的 Ni-Fe 合金。湿法冶金是将电池分类破碎后，置于浸取槽中，加入酸进行浸取，再经过滤，从滤液及滤渣中分离出不同的金属。湿法冶金是通过创造条件来控制物质在溶液中的稳定性，利用某种溶剂，借助化学反应（包括氧化、还原、中和、水解和络合反应），对原料中的金属进行提取和分离的冶金过程。

回收废旧锂离子电池的研究主要针对电池中有价金属含量较高的正极物质，如 $LiCoO_2$。回收的目的包括减小废弃物体积，有效分离电池各组分，收集电池中有价金属和消除废旧电池对环境的污染，两种主要的回收方法为物理方法和化学方法。物理方法通常用于预处理过程，主要包括机械破碎浮选过程、热处理过程和物理溶解过程；化学方法主要包括碱浸过程、酸浸过程、生物浸出过程、溶剂萃取过程、化学沉淀过程、电化学沉积和树脂离子交换过程。由于单一的操作过程并不能达到有效分离并回收电池各组分的目的，目前的回收都是几种方法的组合，并且大都处于实验室研究阶段，国内大规模产业化回收处理废旧锂离子电池的实例较少。

1.2.2 电力驱动及其关键技术

电力驱动系统是电动汽车的核心，该系统包括电机驱动装置、机械传动装置和车轮。其中电机驱动装置是电力驱动系统的关键部分，针对电动汽车设计的电机驱动装置需要灵活有效地驱动车轮（或者提供辅助动力驱动车轮）。

在电动汽车的应用中，对电机提出了如下要求：

1) 大的功率/体积比、功率/质量比。

2) 在较宽的转速范围内有较高的效率。

3) 电磁辐射尽量小。

4) 电力驱动系统成本低。

1. 驱动电机技术

目前电动汽车使用的电机驱动系统主要有直流电机驱动系统和交流电机驱动系统两种。

以直流电机为驱动电机构成的驱动系统称为直流电机驱动系统，通常简称直流驱动系统。直流电机的优点是机械特性好，调速方便且性能好，具有控制较简单、效率较高、成本低和技术成熟等优点。但直流电机的电刷、换向器等部件容易损坏，需定期维护。

以交流感应电机为驱动电机构成的驱动系统称为交流感应电机驱动系统，通常简称交流驱动系统。交流电机与直流电机相比，具有效率高、免维护、可靠性高、易冷却、寿命长等优点。

在各类电机中，永磁电机具有最高的功率密度。以直流无刷电机（BLDCM）和永磁同步电机（PMSM）为驱动电机构成的驱动系统称为永磁同步驱动系统，其效率高、体积小、质量小，且无须维护，在电动汽车中也已得到了一定的应用。

开关磁阻电机驱动系统的电机结构比感应电机更为简单可靠，且效率较高，特别是转子无绕组，适合于频繁正反转及冲击负载等工况条件。驱动功率电路采用的功率开关元件较少，电路较简单。功率元件与电机绕组相串联，不易发生直通短路，能实现较宽的调速范围，具有低速大转矩和制动能量回馈等特性，因此该驱动系统特别适合电动汽车。当然，该驱动系统的不足之处在于振动较大，噪声也较大。

2. 电机控制技术

电机控制技术的发展方向是实现驱动控制系统宽调速范围、宽转矩变化，并以整个工况下的高效率工作为目标。

以直流电机为驱动电机构成的驱动系统，其驱动器的功率电路通常采用斩波器控制方式，控制交流感应电机的逆变器较复杂，一方面控制用的大功率晶体管的数量要多于直流驱动系统；另一方面要实现交流电机的良好调速性能必须采用矢量控制方法，从而在其逆变器中除需用高性能的微处理器外，控制软件也较复杂。随着电子技术的发展，交流驱动系统中的逆变器技术已日渐成熟。

永磁无刷同步电机按其空间气隙磁场分布形式的不同，又可分为方波型永磁无刷直流电机和正弦波型永磁无刷直流电机。变频调速是永磁无刷同步电机的基本调速方式。目前最常用的是脉宽调制（PWM）斩波控制绝缘栅双极晶体管（IGBT）逆变器，而且为了更好地改善转矩控制，应增加电机调节控制，减小转矩波动。

开关磁阻电机驱动系统中的开关磁阻电机的定子和转子均为凸极结构，只在定子凸极上安装各相励磁绕组，转子上没有任何绕组，因此其控制装置也比较简单。其主要缺点为转矩脉动大、噪声大、必须使用位置检测器、按照定子的凸极数来确定逆变器和电机的引出线等。它的实际应用较少，但随着技术的进步，已开始应用在电动汽车上。

1.2.3　电动汽车整车技术

1. 整车匹配与优化

电动汽车动力系统与传统内燃机汽车相似，只是动力系统元件有所不同。与内燃机汽车相同，电动汽车动力系统各组成部分的匹配也是非常重要的，如电机的功率大小、电池能量的大小、变速器的传动比等都需要依据整车的性能参数来设计计算。

为了提高全新设计的电动汽车的整体性能，连续行驶里程、最高速度、加速能力和爬坡能力等因素都需要重新考虑。经过针对电动汽车的专门设计和规划，电动汽车应具有车身轻量化、风阻系数较低、轮胎滚动阻力低、人机接口灵活方便、充电快速等显著特点。如在设计混合动力电动汽车时，对影响整车性能的参数需进一步改进，包括降低整车的质量和风阻系数，以及减小滚动阻力等。采用流线型的车头和车尾、隐藏式和平坦的车身可减小空气阻力。

现代电动汽车大多来自于一种对应的内燃机汽车车型，这样的电动汽车就是用电机、功率转换及分配装置、蓄电池等取代现有的内燃机和相关部件，虽然这对于小规模生产的电动汽车而言是比较经济的，但是具备质量分布不平衡等缺点。为了提高电动汽车的总体性能并降低电动汽车的成本，系统优化就显得极其重要。通过计算机仿真可以非常有效地进行电动汽车的仿真和评估，从而降低开发成本并缩短开发时间。

系统优化是一个复杂的过程，需要多学科人才的大力配合，而且没有一个固定标准，因此必须在未来电动汽车的发展中逐步总结并完善。

2. 整车控制技术

整车电子控制是电动汽车的关键技术之一，整车电子控制系统必须满足电动汽车的设计理念，使之既节能又简单可靠。电动汽车动力系统结构复杂多样，部件类型繁多。先进高效的控制体系结构可以使电动汽车各动力系统之间的数据交换满足简单迅速、可靠性高、抗干扰能力强、实时性好、系统错误检测和隔离能力强等要求。

当前汽车电子技术的应用使车辆上的电子控制单元、传感器和执行器不断增加，点对点的连接方式突显繁复。为简化日益增加的电控通信线路的连接，提高系统可靠性和故障诊断水平，利于各电子控制单元之间数据资源共享，并便于建成开放式的标准化、模块化结构，汽车网络总线技术得到了很大的发展。在汽车上（控制器局域网络）CAN 总线和 LIN（局域互联网络）总线的应用已是一种主流发展模式，总线技术的应用带来了整车电气系统设计的革新和优化。

作为最早的控制网络之一，CAN 总线的应用最为广泛。CAN 协议的一个突出特点是其传输可靠性高。典型的汽车中会用到速度不同的 2~3 个 CAN 总线。一个低速 CAN 总线运行在 125kbit/s，用于管理车身控制电子部分，如座椅和车窗运行控制，以及其他简单的用户接口；一个高速（速率高达 1Mbit/s）的 CAN 总线运行在需要实时通信的关键功能，如变速控制、防抱制动及巡航控制。

实现整车网络化控制，其意义不只是解决汽车电子化中出现的线路复杂和线束增加问题，网络化实现的通信和资源共享能力成为新的电子与计算机技术在汽车上应用的一个基础，同时也为线控技术（X-by-Wire）提供了有力的支撑。

3. 整车轻量化技术

汽车轻量化技术是汽车节能的重要手段，试验表明，汽车质量每下降 10%，能源消耗约下降 3%~5%。轻量化技术涉及众多学科的研究领域，需要运用多学科交叉融合所形成的综合性、系统性知识体系。

整车轻量化始终是汽车技术重要的研究内容。纯电动汽车由于布置了动力蓄电池组，整车质量增加较多，轻量化问题更加突出，但可以采用以下措施减轻整车质量。

1）降低底盘、车身部件质量。汽车轻量化的手段之一就是对汽车总体结构进行分析和优化，并对汽车零部件进行精简、整体化和轻质化，针对电动汽车的总布置特点，通过整体优化可以降低底盘、车身部分零部件质量，从而降低整车质量。

2）降低动力蓄电池、电力驱动装置质量。通过对整车实际使用工况和使用要求的分析，对电池的电压、容量，驱动电机的功率、转速和转矩，整车性能等车辆参数进行整体优化，合理选择电池和电机参数，从而降低动力蓄电池、电机等部件质量，以降低整车质量。

通过结构优化和集成化、模块化优化设计，降低动力总成、车载能源系统的质量。这里包括对电机及驱动器、传动系统、冷却系统、空调和制动真空系统的集成和模块化设计，使系统得到优化；电池、电池箱、电池管理系统、车载充电机组成的车载能源系统的合理集成

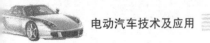

和分散，实现系统优化。

3）积极采用轻质材料。积极采用轻质材料，如电池箱的结构框架、箱体封皮、轮毂等采用轻质合金材料，将复合材料主要用于摩擦片、车身、悬架、车架等汽车结构件。如高强度有机纤维增强复合材料具有很高的机械强度，能代替钢板材料，从而减轻车身的质量，在汽车车身上得到了广泛的应用。

1.3 电动汽车的发展趋势

1.3.1 产业发展趋势

近年来，随着动力电池技术的不断创新和发展，特别是锂离子电池成本大幅下降，全球电动汽车产业发展速度明显加快，且特点鲜明。

1. 销售额持续增长

2019 年全球电动汽车销量达到 210 万辆，同比增长 6%。

2020 年，在全球汽车业遭受疫情打击表现低迷的背景下，电动汽车销售出现逆势增长，成为行业发展一大亮点。

欧洲替代燃料观察组织发布的最新报告称，2020 年欧洲电动汽车销量突破 100 万辆大关，较 2019 年增长 3 倍，电动汽车市场占有率从 2019 年的 3% 升至 10%。预计到 2035 年，电动汽车销量在欧洲汽车市场中的占比预计将达到 67.4%。

德国作为全球第三大电动汽车市场，2020 年纯电动汽车销量超过 19.4 万辆。

英国纯电动汽车和插电式混合动力车的注册量分别逆势增长 185.9% 和 91.2%。

爱尔兰电动汽车和混合动力车新车销售逆市上扬，同比分别增长 14.4% 和 16.1%。

挪威电动汽车销量近 7.7 万辆，在新车总销量中占比达到 54.3%，成为全球首个全年电动汽车销量占比过半的国家。法国新能源汽车销量为 18.53 万辆，同比增长 201.34%。

在日本，目前销售的乘用车新车中，混合动力车、电动汽车等非传统汽油车的占比约 40%，其中以混合动力车为主。

中国是全球最大的电动汽车市场，约占全球电动汽车销量的 50%。根据中国工业汽车协会的数据，截至 2020 年底，中国纯电动汽车保有量约 400 万辆，同比增加约 90 万辆。

2. 扶持政策不断出台

由于全球环保标准趋严和消费者需求提高，多国纷纷出台产业扶持政策，支持电动汽车技术研发，进一步推动电动汽车全产业链和生态建设。

欧洲汽车制造商协会最近发布报告称，根据欧盟对汽车尾气排放标准的规定，自 2021 年起，欧盟境内新乘用车的平均二氧化碳排放量不得高于 95g/km，到 2025 年和 2030 年，则需要在这一基础上再分别降低 15% 和 37.5%。对此，欧洲汽车厂商相继公布转向电动汽车的投资计划，欧盟和各成员国也提供相关政策支持。

2020 年，德国加大了对新能源汽车的购车补贴，消费者购买 4 万欧元以下的纯电动汽车和插电式混合动力车，每辆可分别享受 6000 欧元和 4500 欧元的政府补贴，补贴额度增长了 50%；车价高于 4 万欧元的车型，分别可获得每辆 5000 欧元和 3750 欧元奖励。此外，德国还计划 2030 年前在全国建设 100 万个电动汽车充电桩。

日本政府去年底发布了面向 2050 年去碳化社会的"绿色增长战略",大力推进从汽油车向电动汽车过渡。日本经济产业省把电池相关产业定位为战略产业,将推动单次充电可长距离行驶的下一代"全固态电池"实用化技术开发。除了确保稳定获得钴等材料外,日本经济产业省还将在完善国内电池供应链方面提供支援。

3. 未来趋势延续增强

从目前发展趋势看,2021 年全球电动汽车市场仍将呈现强劲增长态势。一方面,各国支持电动汽车产业发展的政策环境越来越好;另一方面,传统车企及造车新力量不断完善产品、产业链布局,消费者对新能源产品的接受度也不断提升。

汽车业咨询机构 ABI 等多家调研公司认为,智慧城市建设将加速推动电动汽车普及。随着智能技术的发展,汽车行业将采取一系列举措,如创建零排放区、只允许电动汽车进入某些特定区域等来改善空气质量和民众生活。有专家表示,随着各国汽车产业形态和消费模式的变化,汽车、交通、信息通信等多行业之间相互赋能,未来跨行业、跨领域的融合发展将成为电动汽车的一大发展趋势。

电动汽车产业在快速发展的同时仍面临不少挑战,包括基础设施不足、续驶里程短、充电时间长、安全性有待提高等。《日本经济新闻》报道称,电池技术仍有待突破。目前电动汽车所用的锂电池,其电解液易燃,存在着引火和漏液的隐患。尽管能量密度高的固态电池可以克服这些缺陷,可实现更长的续驶距离,但尚未实现量产、存在成本高等问题。充电桩数量不足及分布不均也是电动汽车产业发展面临的一大痛点。欧洲汽车制造商协会总干事马克·惠特玛表示,按照现在趋势判断,严重滞后的充电基础设施势必成为电动汽车产业快速发展的一大制约因素。

1.3.2 技术发展趋势

1. 驱动电机方面

结合当前技术发展来看,驱动电机的趋势主要如下:

1)高度集成化。具体表现为车用电子控制系统逐渐高度集成化,电机、发动机、整车等的控制器及低压 DC/DC 变换器等以不同的方式进行集成。

2)数字化。高速高性能微处理器的使用和面向用户的可视化编程使高性能的控制算法、复杂的控制理论能够实现。

3)电机功率和功率密度的提高。电机功率从几千瓦提高到了几十千瓦甚至更高,效率大幅提升。电机变得越来越小,功率密度不断提高。

4)电机回馈制动效率和运行转速的提高。混合动力机电一体化技术的特征之一就是回馈制动。使用高效的回馈制动电机及特殊的电能管理与调速系统,可以使电机能处理多种类型的工况,由此使电动汽车更加节能,也延长了行车里程。

2. 动力蓄电池技术

近年来,我国的动力蓄电池需求量呈现出爆发式增加,2019 年,动力蓄电池装机量达 62.37GW·h,同比 2018 年增长了 9.5%。动力蓄电池是新能源汽车的能量和动力来源。电动汽车的续驶里程受制于电池。目前,动力蓄电池可分为三大体系,分别是磷酸铁锂电池、三元锂电池、锰酸锂电池。其中，锰酸锂电池和磷酸铁锂电池凭借着可靠的稳定性能和较低的价格，被广泛应用在电动客车等上。同时，动力蓄电池技术的发展对新能源汽车也有着关键性的影响。

除全固态锂电池外，目前铅酸蓄电池、镍氢蓄电池、锂离子电池、太阳能电池等其他类型的电池发展也各有特色。动力蓄电池技术路线的趋势为磷酸铁锂→三元锂→固态电池，未来若想达到更高的能量密度目标，则需要转变到固态电池的技术体系。固态电极+固体电解液这种系统的能量密度高，电解质无流动性，易通过内串联组成高电压单体，预期比能量可达 $500W \cdot h/kg$，同时它的安全性高、不存在引发电解液燃烧的问题。

3. 无线充电

目前，主流的无线充电技术主要为磁共振与磁感应。高通和 WiTricity 两家企业采用技术授权的业务模式，其余企业以销售无线充电配套设备为主。无线充电技术标准主要有 Air-Fuel 与 Qi，未来充电技术标准将会统一化。无线充电技术也面临着多维度的瓶颈，除了最主要的成本问题外，充电标准不统一、充电效率和充电距离限制也阻碍了无线充电技术的发展。

4. 电池管理系统

（1）**高度集成化**　随着电池越来越多地应用于功率设备，对串联的电池数量要求越来越高，串联电池数量的增加会增加电池管理系统的复杂程度，提高管理系统的集成度可以降低电路的体积、功率、成本等。

（2）**均衡技术**　目前没有一个均衡方法能够做到兼顾均衡效率、均衡速度、均衡系统的复杂程度及均衡系统的成本。所以动力蓄电池组的均衡方法应向大电流、高效率的方向发展，在均衡策略上，应采取智能化均衡算法，把电压均衡和容量均衡结合起来，使均衡更加准确。

（3）**荷电状态**（SOC）**估算**　在电池状态估算方面，除了构建高精度电池模型外，还需在状态估算算法上进行深入研究。开发 SOC 算法时，不仅要考虑算法精度和计算效率，还应考虑快速模型在线校正能力，以减少模型不匹配带来的性能恶化。

第2章

电动汽车的基本结构与工作原理

2.1 电动汽车的分类

电动汽车主要可分为纯电动汽车（Battery Electric Vehicle，BEV）、混合动力电动汽车（Hybrid Electric Vehicle，HEV）和燃料电池电动汽车（Fuel Cell Electric Vehicle，FCEV）三大类。

2.1.1 纯电动汽车

纯电动汽车（BEV）是指以动力蓄电池为动力源，由电机驱动的电动汽车，通常简称为EV。

1. 纯电动汽车的特点

与内燃机汽车和其他类型的电动汽车相比，纯电动汽车具有以下特点：

（1）**舒适性好，使用过程中无污染** 纯电动汽车在使用过程中没有内燃机汽车工作时产生的废气，不产生排气污染，是真正意义上的零污染汽车。纯电动汽车没有内燃机产生的噪声，而电机的噪声又较内燃机小，因此纯电动汽车行驶时的噪声很小，大大提高了汽车的乘坐舒适性。

（2）**能源来源多样化，且利用效率高** 纯电动汽车以蓄电池为车载电源，向蓄电池充电的电力可以由煤炭、天然气、水力、核能、太阳能、风力、潮汐等多种能源转化。因此，纯电动汽车的应用可有效地减少对石油资源的依赖，可将有限的石油用于更重要的方面。除此之外，还可以在夜间电网用电低谷时对蓄电池充电，这有利于电网均衡负荷，提高电力资源的利用率，降低汽车的使用成本。

对纯电动汽车的研究表明，其总的能源效率已超过汽油机汽车，特别是在城市街道运行时，汽车走走停停，行驶工况变化频繁，而纯电动汽车由于停驶时不消耗电能，在制动过程中又可以实现制动能量的回收利用，所以优势更加明显。

（3）**结构简单，使用维修方便** 与内燃机汽车、混合动力电动汽车和燃料电池电动汽车相比，纯电动汽车的结构简单，动力传动部件减少，且自诊断率高，维护保养工作量小，当电机采用无刷永磁直流电机、交流异步电机或开关磁阻电机时，电机本身无须维护保养。此外，纯电动汽车的动力驱动系统、电子控制系统的故障检修比发动机及其电子控制系统要简单得多，纯电动汽车的驾驶操纵也更为简单。

（4）**动力电源使用成本高，续驶里程短** 目前，作为纯电动汽车唯一动力电源的蓄电池，其多项技术性能指标近年来虽有突破，但还远未达到人们设想的目标，且价格高，使用寿命短，不仅提高了纯电动汽车本身的价格，而且其使用成本也高。此外，蓄电池的能量密度低，储存的能量有限，一次充电后续驶里程仍不理想，并且充电的时间太长。因此，从汽车价格、使用成本等方面看，目前的纯电动汽车还不能与燃油汽车和混合动力电动汽车等相媲美。

2. 纯电动汽车的分类

纯电动汽车发展至今，种类较多，通常按车辆用途、车载电源数及驱动系统的组成和布置形式进行分类。

（1）**按用途分类**　按照用途不同，纯电动汽车可分为电动轿车、电动货车和电动客车三种。

电动轿车是目前最常见的纯电动汽车。除了一些概念车，部分纯电动轿车已经批量生产，并已进入汽车市场。

电动货车用于公路运输的目前还比较少，而在矿山、工地及一些特殊场地，则早已出现了一些大型的纯电动货车。

电动客车多用作公共汽车，在一些城市的公交线路及一些主题活动用车上，已经有了良好的表现。

（2）**按车载电源数分类**　按车载电源数不同，纯电动汽车可分为单电源电动汽车和动力蓄电池加辅助蓄能装置的多电源电动汽车两种。

单电源电动汽车上的主电源就是蓄电池，有铅酸电池、镍氢电池、锂离子电池等多种。这种电动汽车的结构较为简单，控制也比较简便，主要缺点是主电源的瞬时输出功率容易受蓄电池性能的影响，制动能量的回馈效率也会制约于蓄电池的最大可接受电流及荷电状态。

采用蓄电池加超级电容或蓄电池加飞轮电池的电源组合，可以降低对蓄电池容量、比能量、比功率等的要求。在汽车起步、加速、爬坡等行驶工况下，辅助蓄能装置（超级电容、飞轮电池）可短时间内输出大功率，协助蓄电池供电，使电动汽车的动力性大为提高；在汽车制动时，则利用辅助蓄能装置可接受大电流充电的特点，提高制动能量回馈的效率。

（3）**按驱动系统的组成和布置形式分类**　按电力驱动子系统的组成和布置形式不同，纯电动汽车分为机械传动型、无变速器型、无差速器型和电动轮型四种类型，如图 2-1 所示。

图 2-1a 所示为机械传动型电动汽车，它由发动机前置后轮驱动的燃油汽车发展而来，保留了内燃机汽车的传动系统，只是把内燃机换成了电机。这种结构可以提高纯电动汽车的起动转矩及低速时的后备功率，对驱动电机要求低，可选择功率较小的电机。

图 2-1b 所示为无变速器型电动汽车，这种驱动系统的最大特点是取消了离合器和变速器，采用固定传动比减速器，通过电机的控制实现变速功能。这种结构的优点是机械传动装置的质量较小、体积较小，但对电机的要求较高，不仅要求有较高的起动转矩，而且要求有较大的后备功率，以保证纯电动汽车的起步、爬坡、加速等动力性能。

图 2-1c 所示为无变速器型电动汽车的另外一种结构，这种结构与发动机横向前置前轮驱动的燃油汽车的布置方式类似。它把电机、固定传动比减速器和差速器集成为一个整体，两根半轴连接驱动车轮。这种结构在小型电动汽车上应用很普遍。

图 2-1d 所示为无差速器型电动汽车，这种结构采用两个轮边电机，通过固定传动比减

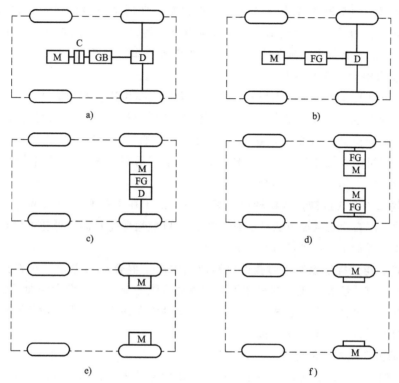

图 2-1 纯电动汽车电力驱动系统的结构形式

GB—变速器 M—电机 FG—固定传动比减速器 C—离合器 D—差速器

速器分别驱动两个车轮，每个电机的转速可以独立调节。当汽车转向时，由电子控制系统实现电子差速，因此，电机控制系统比较复杂。

图 2-1e 所示为电动轮型电动汽车，将电机直接装在驱动轮内（也称为轮毂电机），可进一步缩短电机到驱动车轮之间的动力传递路径，但需要增设减速比较大的行星齿轮减速器，以便将电机转速降低到理想的车轮转速。这种结构对控制系统控制精度和可靠性的要求较高。

图 2-1f 所示为电动轮型电动汽车的另一种结构，该结构采用低速外转子电机，去掉了减速齿轮，将电机的外转子直接安装在车轮的轮缘上。这种结构的电机与驱动车轮之间无任何机械传动装置，无机械传动损失，空间利用率最大。这种电机直接驱动车轮的形式对电机的性能要求最高，要求其具有较高的起动转矩及较大的后备功率。

2.1.2 混合动力电动汽车

混合动力电动汽车（HEV）是指同时配备电力驱动系统和辅助动力单元（Auxiliary Power Unit，APU）的电动汽车。其中 APU 是燃烧某种燃料的原动机或由原动机驱动的发电机组。

从广义上讲，在特定工作条件下，由两种或两种以上的储能器、能源或能量转换器作为驱动能源，其中至少有一种能提供电能的车辆称为混合动力电动汽车。从狭义上讲，既有内燃机又有电机驱动的车辆才称为混合动力电动汽车，即通常所说的燃料（汽油、柴油等）电能混合的油-电混合动力电动汽车。狭义的混合动力电动汽车概念将液压蓄能式混合动力电动汽车与由不同电蓄能器组成的电-电混合动力电动汽车区别开来。

1. 混合动力电动汽车的特点

混合动力电动汽车和传统的内燃机汽车及纯电动汽车相比，有如下特点：

(1) 续驶里程长，不受车载蓄能装置容量的限制　与纯电动汽车相比，混合动力电动汽车的续驶里程延长了 2~4 倍，能快速添加汽油或柴油。与传统燃油汽车相比，混合动力电动汽车的内燃机能以较高效的模式工作，在同行驶里程的条件下，燃油消耗和排放减少；也可以纯电动方式工作，实现零排放。

(2) 车辆工作方式多样，能量转化效率提高　由于在电机和内燃机两种驱动方式下可根据实际行驶状况自由切换驱动方式，使内燃机尽可能地保持在高效低排放区运行，提高了能量转换效率，降低了燃油消耗和废气排放量。

(3) 结构、电子控制系统相对复杂，制造成本高　混合动力电动汽车除具备内燃机的油路、水路等所有系统外，还额外增加了电动驱动系统的部件，这大大增加了制造成本。与纯电动汽车单一的电力驱动控制相比，混合动力电动汽车在不同工况下电机和内燃机来回切换也对汽车的电子控制系统要求更高。

2. 混合动力电动汽车的分类

根据不同的分类方法，可以区分不同的混合动力电动汽车，通常有以下四种：

(1) 根据内燃机和电机的能量流动及连接关系分类　按照内燃机与电机的能量流动及两者在结构上的连接关系，可以将混合动力电动汽车分为串联式、并联式和混联式三类。

1）串联式混合动力电动汽车。串联式混合动力电动汽车（Series Hybrid Electric Vehicle，SHEV）的驱动方式如图 2-2 所示。发动机带动发电机发电，其电能通过传输线路及控制器直接输送到电动机，由电动机产生驱动力矩驱动汽车。

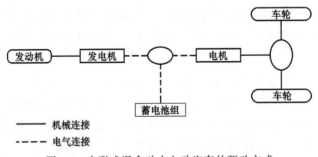

图 2-2　串联式混合动力电动汽车的驱动方式

2）并联式混合动力电动汽车。并联式混合动力电动汽车（Parallel Hybrid Electric Vehicle，PHEV）的驱动方式如图 2-3 所示。汽车可由发动机和电机共同驱动或各自单独驱动。当电机只是作为辅助驱动系统时，功率可以比较小。

3）混联式混合动力电动汽车。混联式混合动力电动汽车（Series and Parallel Hybrid Electric Vehicle，SPHEV）有时也称为复杂混合或复合混合动力电动汽车（Complex Hybrid Eletric Vehicle，CHEV），其驱动方式如图 2-4 所示。

混联式混合动力电动汽车的驱动系统是串联式与并联式的综合。发动机输出的功率一部分通过机械传动输送给驱动桥，另一部分则驱动发电机发电。发电机输出的电能输送给电动机或蓄电池。电动机产生的驱动力矩通过动力合成装置传送给驱动桥。

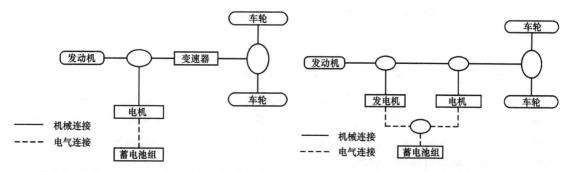

图 2-3　并联式混合动力电动汽车的驱动方式　　图 2-4　混联式混合动力电动汽车的驱动方式

（2）根据车辆的主要动力源及能量补充方式分类　根据主要动力源是发动机还是电机，以及是自身补充能量还是使用电网充电，可将混合动力电动汽车分为电量维持型和电量消耗型两类。

1）电量维持型（或内燃机主动型）混合动力电动汽车。在电量维持型混合动力电动汽车中，内燃机功率占整个系统功率的比例较大，电机功率占整个系统功率的比例较小，蓄电池组仅提供车辆行驶时的峰值功率。其蓄电池组容量一般较小，车辆行驶前后的蓄电池组荷电状态（SOC）主要依靠内燃机带动发电机发电或能量回馈来维持，一般不需外界能量源给蓄电池组补充充电。

2）电量消耗型（或电力主动型）混合动力电动汽车。在电量消耗型混合动力电动汽车中，蓄电池组容量较大，电机功率占整个系统功率的比例较大，内燃机功率占整个系统功率的比例较小，不足以维持蓄电池组荷电状态，车辆行驶后的蓄电池组荷电状态低于初始值，需外界能量源给蓄电池组补充充电。

在第一种分类方法中提到的串联式混合动力电动汽车与并联式混合动力电动汽车既可以是电量维持型也可以是电量消耗型。

直接使用车载充电设备从电网补充能量的电量消耗型混合动力电动汽车又称为插电式混合动力电动汽车（Plug-in HEV）。

（3）根据内燃机和电机的功率大小及混合程度分类　按照内燃机与电机的额定功率及混合程度，可以将混合动力电动汽车分为微度混合、轻度混合和深度混合三类。

1）微度混合（Micro Hybrid）动力电动汽车也称为起-停（Stop-Start）混合动力电动汽车。在微度混合动力电动汽车中，电机仅作为内燃机的起动机或发电机使用，不为汽车行驶提供持续的动力，通常是在传统内燃机的起动电机（电压一般为12V）上加装传动带驱动起动电机（Belt-alternator Starter Generator，BSG）。该电机为发电/起动一体式电机，用来控制发动机的起动和停止，从而取消发动机的怠速，降低了油耗和排放量。

2）轻度混合（Mild Hybrid）动力电动汽车也称为辅助驱动混合动力电动汽车。与微度混合动力电动汽车相比，在驱动车辆的两种动力源中，电池-电机功率所占的比例增大，内燃机功率所占的比例相对减小。通常，此种混合动力系统采用集成起动电机（Integrated Starter Generator，ISG 或 Integrated Motor Assist，IMA），车辆以发动机为主要动力来源。辅助电机被安装在发动机和变速器之间，作为辅助动力源与主要动力相连，当行驶中需要更大的驱动力时，被用作电动机；当需要重新起动发动机时，被用作起动机；在减速制动进行能量回收时，被用作发电机。

3）深度混合动力电动汽车也称为全面混合（Full Hybrid）或强混合（Strong Hybrid）动力电动汽车。深度混合动力电动汽车通常采用大容量电池，以供给电机以纯电动模式运行，同时还具有动力切换装置，用于发动机、电机各自动力的耦合和分离。在起步、倒车、起步-停车、低速行驶等情况下，车辆可以纯电动模式行驶；在急加速时，电机和内燃机一起驱动车辆，并具有制动能量回收的能力。深度混合动力电动汽车与轻度混合动力电动汽车相比，在驱动车辆的两种动力源中，电机的功率更大。

这一分类方法主要针对并联式混合动力电动汽车。为更好地区分并联式混合动力电动汽车的混合程度，引入混合度（Degree of Hybridization，DOH）的概念。

假设并联式混合动力电动汽车中内燃机与电机的额定功率分别为 P_{eICE} 和 P_{eMOT}，则混合度的表达式为

$$DOH = 1 - \frac{|P_{eICE} - P_{eMOT}|}{P_{eICE} + P_{eMOT}} \qquad (2\text{-}1)$$

如果以内燃机和电机的额定功率之差与额定功率之和的比值为横坐标，以混合度为纵坐标，可以得到图 2-5 所示的混合度分布。

由图 2-5 可以得出以下结论：

① 当 $P_{eMOT} = 0$ 时，DOH = 0，对应于传统内燃机汽车。

② 当 $P_{eICE} = 0$ 时，DOH = 0，对应于纯电动汽车。

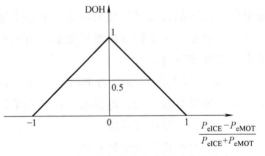

图 2-5　混合动力电动汽车的混合度分布

③ 当 $P_{eMOT} = P_{eICE}$ 时，DOH = 1，对应于深度混合动力电动汽车。

④ 当横坐标为正时，对应于内燃机额定功率大于电机额定功率。

⑤ 当横坐标为负时，对应于内燃机额定功率小于电机额定功率。

⑥ DOH 越大，内燃机与电机的额定功率越接近。

⑦ 一般地，当 DOH<0.1 时，混合动力电动汽车为微度混合型；当 0.1≤DOH<0.5 时，混合动力电动汽车为轻度混合型；当 DOH≥0.5 时，混合动力电动汽车为深度混合型。

关于混合度的问题，有以下两点需要说明：

① 关于混合度的概念，还存在其他定义，如将混合度定义为电机的功率与两动力源总功率的比值。这种定义也是从动力源功率大小的角度来区分混合动力类型的。根据这种混合度定义，混合度为 30% 及以下的为轻度混合动力电动汽车，混合度为 30% 以上的为深度混合动力电动汽车。

② 有些将插电式混合动力电动汽车也划入按混合度分类的混合动力车型中。

（4）**根据车辆所使用的动力蓄电池、驱动电机及发动机的不同分类**　根据所用动力蓄电池的不同，混合动力电动汽车可分为铅酸电池混合动力电动汽车、锂电池混合动力电动汽车、镍氢电池混合动力电动汽车、飞轮电池混合动力电动汽车、超级电容混合动力电动汽车。

根据车辆使用的驱动电机类型，混合动力电动汽车又可以分为直流电机混合动力电动汽车、交流异步电机混合动力电动汽车、永磁电机混合动力电动汽车、开关磁阻电机混合动力电动汽车。

根据车辆所使用的发动机类型，混合动力电动汽车还可以分为汽油机混合动力电动汽车、柴油机混合动力电动汽车、涡轮机混合动力电动汽车、混合燃料混合动力电动汽车。

2.1.3　燃料电池电动汽车

燃料电池电动汽车（Fuel Cell Electric Vehicle，FCEV）是指采用车载燃料电池装置产生的电力作为动力的汽车。虽然燃料电池电动汽车的发展历史不长，但是与纯电动汽车相比，燃料电池电动汽车无须依赖蓄电池技术性能的完善；与内燃机汽车相比，则具有环保、节能的优势。因此，燃料电池电动汽车已成为世界范围内新能源汽车开发的热点，且不断涌现出不同结构的燃料电池电动汽车。

1. 燃料电池电动汽车的特点

相比于内燃机汽车，燃料电池电动汽车主要有以下优点：

1）因燃料直接通过电化学反应产生电能，无热能转换过程，故不受卡诺循环的限制，能量转换效率高，实际能量转换效率高达 50%~70%。

2）当燃料电池使用氢燃料时，其排放的是水，无污染；当使用甲醇、汽油等其他燃料时，排放的 CO_2 比汽油机少约 1/2。

3）燃料电池堆可由若干个单元电池串联或并联而成，可根据质量分配均衡和空间有效利用的原则，机动灵活地进行配置。

4）燃料电池无运动部件，振动小，噪声低，零部件对机械加工精度要求不高。

2. 燃料电池电动汽车的分类

（1）**按有无蓄能装置分类**　根据燃料电池电动汽车是否配备蓄能装置，可把燃料电池电动汽车分为纯燃料电池电动汽车和混合型燃料电池电动汽车两大类。

1）纯燃料电池电动汽车。纯燃料电池电动汽车的燃料电池是电动汽车上电能的唯一来源。这种类型的燃料电池电动汽车，要求燃料电池的功率大，并且无法回收汽车制动能量。因此，纯燃料电池电动汽车目前应用较少。

2）混合型燃料电池电动汽车。混合型燃料电池电动汽车上除燃料电池外，同时配备了蓄能装置（如蓄电池、超级电容和飞轮电池等）。由于蓄能装置可协助供电，可适当减小燃料电池的功率，且蓄能装置还可用于汽车制动时的能量回收，所以可提高燃料电池电动汽车的能量利用率。因此，燃料电池电动汽车多采用混合型结构。

（2）**按燃料电池与蓄电池的结构关系分类**　根据混合型燃料电池电动汽车中燃料电池和蓄电池的电路结构，可将混合型燃料电池电动汽车分为串联式和并联式两种，如图 2-6所示。

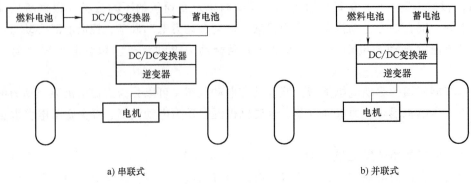

a) 串联式　　　　　　　　　　　b) 并联式

图 2-6　串联式和并联式燃料电池电动汽车动力系统示意图

1）串联式燃料电池电动汽车。串联式燃料电池电动汽车动力系统示意图如图 2-6a 所示。其燃料电池相当于车载发电装置，通过 DC/DC 变换器进行电压变换后对蓄电池充电，再由蓄电池向电机提供驱动车辆的全部电力。串联式燃料电池电动汽车的特点与普通的串联式混合动力电动汽车相似，其优点是可采用小功率的燃料电池，但要求蓄电池的容量和功率要足够大，且燃料电池发出的电能需要经过蓄电池的电化学转换过程，从中有能量的转换损失。目前，串联式燃料电池电动汽车较为少见。

2）并联式燃料电池电动汽车。并联式燃料电池电动汽车动力系统示意图如图 2-6b 所示。它由燃料电池和蓄电池共同向电机提供电力。根据燃料电池与蓄电池能量大小的配置不同，又可将其分为大燃料电池型和小燃料电池型两种。大燃料电池型主要由燃料电池提供电力，蓄电池的容量较小，只是在电动汽车起步、加速、爬坡等行驶工况时协助供电，并在车辆减速与制动时进行能量回收；小燃料电池型则必须采用大容量的蓄电池，由蓄电池提供主要的电力，而燃料电池只是协助供电。并联式是目前燃料电池电动汽车采用较多的形式。

（3）按提供的燃料不同分类　根据燃料电池所提供的燃料不同，燃料电池电动汽车又可分为直接燃料电池电动汽车和重整燃料电池电动汽车两大类。

1）直接燃料电池电动汽车。直接燃料电池电动汽车的燃料主要是纯氢，也可以用甲醇等燃料。采用纯氢作为燃料的燃料电池电动汽车，氢燃料的储存方式有压缩氢气、液态氢和合金（碳纳米管）吸附氢等几种。

2）重整燃料电池电动汽车。重整燃料电池电动汽车的燃料主要有汽油、天然气、甲醇、甲烷、液化石油气等。重整燃料电池电动汽车的结构要比氢燃料电池电动汽车复杂得多。例如，甲醇重整燃料电池电动汽车需要对甲醇进行 200℃ 左右的加热以分解出氢，汽油重整燃料电池电动汽车需要对汽油进行 1000℃ 左右的加热以分解出氢。无论采用什么燃料，重整燃料电池电动汽车都需设置重整装置，将其他燃料转化为燃料电池所需的氢。

2.2　纯电动汽车的基本结构与工作原理

2.2.1　纯电动汽车的基本结构系统

纯电动汽车的基本结构系统可分为三个子系统，即主能源子系统、电力驱动子系统和辅助控制子系统，如图 2-7 所示。

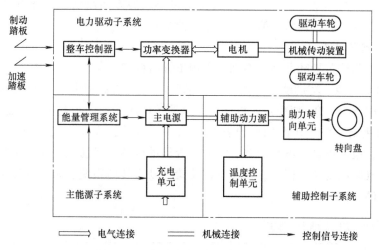

图 2-7　纯电动汽车的基本结构系统

1. 主能源子系统

纯电动汽车的主能源子系统包括主电源和能量管理系统，带有车载充电设备的纯电动汽车还应包括充电单元。

（1）主电源　主电源是纯电动汽车的能量来源，通过功率变换器向电机提供电能，同时，也是能量管理系统和整车电子控制系统的电源。目前，纯电动汽车的主电源通常采用铅酸电池、镍氢电池、锂离子电池等蓄电池。有些纯电动汽车配备超级电容或飞轮电池等辅助蓄能装置，以提高能量源的瞬时供电能力和能量回馈的效率。

（2）能量管理系统　能量管理系统的主要作用是对蓄电池进行监测与管理，包括对蓄电池 SOC、电压、电流、温度等参数的监测和存电量显示，终止放电显示与报警，能量回馈控制，充放电控制等。对于配备辅助蓄能装置的纯电动汽车，能量管理系统还具有能量协调控制的功能。

（3）车载充电设备　车载充电设备用于向主电源充电，充电的电能由工业或民用电力电网提供。因此，车载充电设备应具有变压、调压、整流、滤波等基本功能。功能较为完备的车载充电设备还接受能量管理系统的控制，可自动进行充电方式（定压、定流、均衡充电等）选择、充电终了判别、自动停止充电控制、充电异常（温度、电压、电流异常）判别和自动停充保护控制等。

2. 电力驱动子系统

电力驱动子系统由整车控制器、功率变换器、电机、机械传动装置和驱动车轮等部分组成，其中机械传动装置因纯电动汽车结构类型的不同而差别较大。

整车控制器根据从制动踏板和加速踏板输入的信号，发出相应的控制指令来控制功率变换器中功率开关的通断，进而对电机的转速和转矩进行控制。同时，整车控制器通过对能量管理系统和功率变换器的协调控制，实现能量回馈控制和能量匹配控制。

功率变换器的主要功能是控制电机和电源之间的功率流。当电动汽车处于驱动工况时，功率变换器的功率开关在控制器输出的控制信号触发下适时地通断，以控制电机的转矩、转速及转向；当电动汽车制动时，功率变换器使功率流的方向反向，以使电机工作在发电状态，将再生制动的动能转换为电能，并被主电源吸收。

3. 辅助控制子系统

辅助控制子系统包括辅助动力源和车载用电设备两部分。

（1）辅助动力源 辅助动力源用于向电动汽车上的电器和电子控制装置提供电力。辅助动力源通常配备 DC/DC 变换器，以便将主电源的电压变换为车载用电设备所需的电压。

（2）车载用电设备 车载用电设备除了照明、信号、仪表等汽车必须装备的电器外，还包括刮水器、电动车窗、电动门锁、收放机等辅助电器。目前纯电动汽车的安全性和舒适性可以与燃油汽车相媲美，因此，汽车空调装置、助力转向系统、防抱制动系统等也构成了车载用电设备的一部分。

2.2.2 电力驱动的结构形式

电力驱动系统是纯电动汽车的核心，其作用是将电能转化为机械能驱动车辆行驶，与传统动力系统的主要区别在于动力源由电机替代发动机，传统驱动系统中的离合器、变速器、传动轴和驱动桥等总成部件在不同类型的电驱动总成中得到了简化。

电力驱动系统由驱动电机、电机控制器和减变速机构组成，通过高低压线束、冷却管路与整车其他系统连接。其作用是在驾驶人的控制下，高效率地将动力蓄电池的能量转化为车轮的动能，或者将车轮上的动能回馈到动力蓄电池中。

电力驱动系统较传统驱动系统总成具有体积小、功率密度高、布置空间需求小的特点，因此在整车上的布置方式非常灵活，可以很容易地布置在前桥或后桥上以实现前轮驱动、后轮驱动和四轮驱动这三种模式。当前电力驱动系统在整车上的布置构型有三种，即前置前驱、后置后驱和前后桥双电力驱动系统（四驱），如图 2-8 所示。

图 2-8a 所示为前置前驱的整车电力驱动系统布置构型，其将电力驱动总成直接布置在前桥上，分别驱动两侧半轴实现整车行驶。

图 2-8b 所示为后置后驱的布置构型，与前置前驱的工作模式相同。

图 2-8c 所示为前后桥双电力驱动系统布置四驱的整车布置构型。此种构型不仅可以实现整车四轮驱动，还可以实现单独前轮驱动模式和单独后轮驱动模式，适应性强，具有根据整车实际工况灵活调整驱动方式的优势。

纯电动汽车的驱动方式主要有两大类，即集中式驱动和分布式驱动。

集中式驱动对车辆本身改动小，开发周期短，难度小，是目前纯电动汽车的主流驱动方式，其中轿车多采用单电机+减速器/变速器系统，客车多采用电机与车桥连接的系统。集中式驱动系统的关键零部件由分体式向集成式发展，需要对电机系统与减速器/变速器和驱动桥深度集成技术进行深入研究，以提升加工制造水平。

分布式驱动的传动链简化，整车空间利用率高，动力性能和控制性能优越。随着电机集成及控制技术的不断发展和对车辆布置空间要求的进一步提升，分布式驱动构型将会是纯电动汽车的发展方向。

电力驱动系统设计原则：

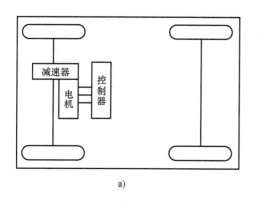

a)

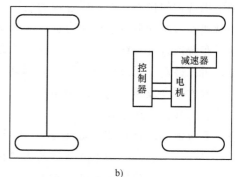

b)

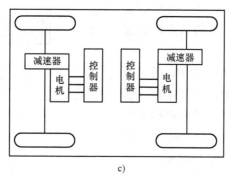

c)

图 2-8 整车电力驱动系统布置构型

1）满足整车动力性要求，如爬坡度、加速性能等。

2）满足整车经济性要求，在大部分工况下保持较高的系统工作效率，以提升纯电动汽车的续驶里程。

3）功率密度高，调速范围大，稳定性和控制精度好。

4）体积小，质量小，成本低。

5）可靠性高，安全性高，寿命长，噪声低。

电力驱动总成的设计应根据整车工况和目标需求，确定选定系统构型和总成参数，根据总成及部件设计要点进行设计后试验验证。

1. 集中式驱动系统

集中式驱动系统是目前国内外市场上纯电动汽车的主要动力系统形式。轿车多采用电机、减速器和电机控制器三合一的电力驱动系统构型；商用车集中式驱动系统主要有电机直驱、电机+变速器形式；商用货车多采用电机+车桥集成的电驱动桥构型。目前集中式驱动主要分为电机直驱、电机+变速器，电机+减速器、电机+车桥系统四大类。

（1）电机直驱 电机直驱构型中取消了传统燃油汽车的发动机、离合器、变速器等动力传动部件，使动力系统结构简化，维修保养方便。如图 2-9 所示，

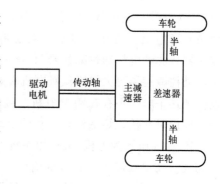

图 2-9 电机直驱构型

在驱动电机端盖的输出轴处，通过传动轴连接后桥的主减速器和差速器组成驱动部分，通过后桥主减速器对驱动电机输出动力进行减速增矩。这种布置形式具有结构简单及传动部分布置紧凑、可靠性高、无级变速、驱动效率高等优点，且部件基本成熟，整车故障率低。但该系统成本相对较高、质量较大、功率冗余。

直驱系统的匹配计算流程如图 2-10 所示。主减速比是指汽车驱动桥中主减速器的齿轮传动比，等于传动轴的旋转角速度与车桥半轴的旋转角速度之比，也等于转速之比。后桥中主减速比的选择根据车辆布置、后桥承受转矩范围来选定。

（2）电机+变速器（AMT） 电机+变速器构型与电机直驱构型相比，增加了变速器，驱动电机输出动力通过变速器和主减速器传至车轮，驱动车辆行驶。相对于电机直驱构型增加了变速比，兼具低速爬坡和高速行驶能力。电机+机械式自动变速器（AMT）系统构型如图2-11 所示。纯电动客车变速器一般采用机械式自动变速器（AMT），能根据车速、加速踏板、驾驶人命令等参数确定最佳档位，实现自动换档。

图 2-12 所示为电机+机械式自动变速器（AMT）系统参数选定及校核流程，主减速比和电机的选定流程与直驱系统相同。在主减速比 i_0 和电机参数已知的前提下，选定 AMT 的档位及其传动比。

（3）电机+减速器 电机+减速器系统与电机+变速器系统的构型类似，不同之处是采用高转速电机，将变速器换为固定传动比的

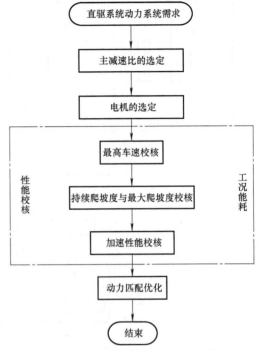

图 2-10　直驱系统的匹配计算流程

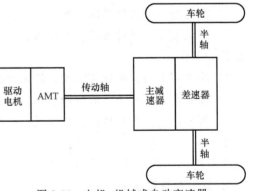

图 2-11　电机+机械式自动变速器
（AMT）系统构型

减速器，驱动电机通过减速器和后桥主减速器驱动车辆行驶。相对于电机直驱而言，增加固定传动比减速器可大幅降低对电机转矩的要求，进而降低电机的质量和成本。固定传动比减速器加速平顺，不存在动力中断，且由于高转速电机高效区范围更宽，整车能耗也具备优势，所以可在传统燃油汽车的基础上对动力系统进行改造。

图 2-13 所示为电机+减速器系统的选定及校核流程，主减速比的确定方法和电机直驱系统相同。在主减速比 i_0 已知的前提下，确定主减速器输入端的动力需求和电机功率。

（4）电机+车桥（同轴、平行轴集成式电驱动桥） 集成式电驱动桥是近年来兴起的新型驱动构型，与传统集中式驱动构型相比，减少了传动轴、主减速器等机构，把高转速电机

和减速器/变速器与车桥集成，使动力传动系统大幅简化，提升了底盘总装效率，具有结构紧凑、传动效率高、质量小、体积小、安装方便等优点。但因为电机和减速器集成到车桥，所以增加了非簧载质量，降低了整车平顺性。

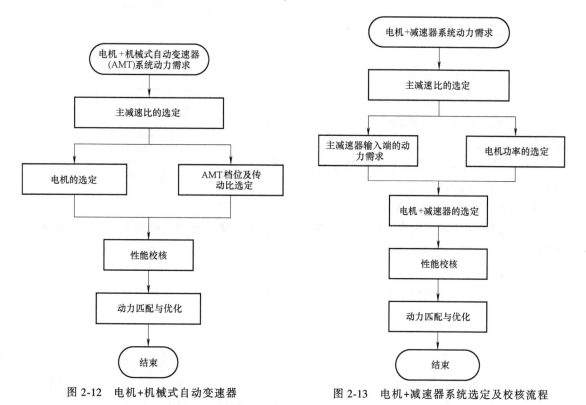

图 2-12 电机+机械式自动变速器（AMT）系统参数选定及校核流程

图 2-13 电机+减速器系统选定及校核流程

图 2-14 所示为同轴式驱动桥，图 2-15 所示为平行轴式驱动桥。

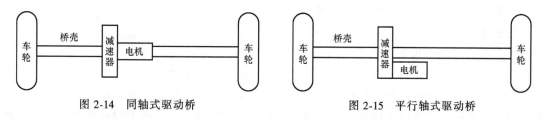

图 2-14 同轴式驱动桥

图 2-15 平行轴式驱动桥

电机+车桥系统选定及校核流程如图 2-16 所示。电机+车桥系统没有主减速器，系统选定及校核过程选定同电机+减速器系统。

2. 分布式驱动系统

分布式驱动系统目前主流的设计分为轮边驱动和轮毂电机驱动，主要结构特征是将驱动电机直接安装在驱动轮内或者驱动轮附近，具有驱动传动链短、传动效率高、结构紧凑等突出优点。

（1）**轮边驱动**（独立悬架、刚性桥） 与集中式驱动系统相比，轮边驱动系统（图 2-17）将动力系统深度集成于轮边，简化了传动系统，提高了传动效率，多用于纯电动客车，可实现低地板大通道宽度。轮边驱动系统便于实现电子差速与转矩协调控制，可回收制动能量，具有能量利用率高的独特优势。轮边驱动系统相对于电机直驱系统具有以下优点：

1）以电子差速控制实现转弯时内外车轮不同转速运动，而且精度更高。

2）取消机械差速装置有利于动力系统减轻质量，提高传动效率，降低传动噪声。

3）有利于整车总布置的优化和整车动力学性能的匹配优化。

4）降低了对电动汽车电机的性能指标要求，且具有冗余可靠性高的特点。

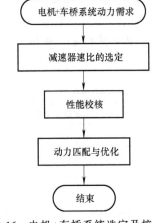

图 2-16　电机+车桥系统选定及校核流程

轮边驱动系统存在以下缺点：

1）采用两个电机、两个控制器，为满足各轮运动协调，对两个电机的同步协调控制要求高，增加了电控系统的设计难度。因此将两个电机控制器融合在一起，做成双电机控制器是非常有必要的。

2）电机的分散安装需要解决结构布置、热管理、电磁兼容及振动控制等多方面的技术难题。

（2）轮毂电机驱动　轮毂电机驱动作为先进的电动汽车驱动技术，是将动力总成布置于车轮内部，动力、传动、制动装置都整合在轮毂内，将电动汽车的机械部分大大简化。轮毂电机驱动系统分为两种，即低速电机直驱和高速电机集成减速机构。

低速电机直驱多采用低速大转矩外转子电机，转子与轮辋连接，车轮的转速与电机相同，也称外转子式轮毂驱动。但外转子电机的机构特性决

图 2-17　轮边驱动系统

定了其体积较大，导致占用空间大、质量偏大，这是其最大的问题。

高速电机集成减速机构，也称内转子式轮毂驱动，是在电机和车轮之间安装固定传动比减速器。为获得较高的功率密度，电机的转速可高达 10000r/min。随着结构更为紧凑的行星轮减速器的出现，内转子式轮毂电机在功率密度方面比低速外转子式更具竞争力。

轮毂驱动进一步缩短了电机到车轮的动力传动路径，减小了动力系统在轮边的占用空间。在控制方面，轮毂驱动和轮边驱动均具有力矩独立控制、整车控制性能优越、可具有更多智能驾驶功能的优点。但轮毂电机将机电结构集成于轮毂内，应用环境恶劣、振动、冲击、防水、润滑等问题导致机电耦合结构设计难度高、加工制造困难。具体设计难点如下：

1）轮毂驱动系统集驱动、制动、承载等多种功能于一体，优化设计难度大。

2）车轮内部空间有限，对电机功率密度要求高，设计难度大。

3）电机与车轮集成导致非簧载质量较大及悬架隔振性能恶化，并会影响不平路面行驶

条件下的车辆操控性和安全性。同时，轮毂驱动系统将承受很大的路面冲击载荷，对抗振要求较高。

4）车辆大负荷低速爬长坡工况下，容易出现冷却不足导致的轮毂电机过热烧毁问题，因此需要重视电机的散热和强制冷却问题。

5）水和污物等容易集存在车轮部位，导致驱动系统腐蚀损坏，寿命可靠性受影响。驱动系统运行转矩的波动可能会引起汽车轮胎、悬架及转向系统的振动及噪声。

2.2.3　纯电动汽车储能装置的结构形式

纯电动汽车储能装置是向纯电动汽车提供电能的电储能系统和辅助部件的总称。电储能系统是通过电能与化学能互相转化实现电能存储和利用的装置。目前，纯电动汽车电源系统通常由具有高比能量特性的动力蓄电池作为储能系统。该系统主要包括动力蓄电池组、电池管理系统（BMS）、机械结构、冷却系统等，能够满足纯电动汽车长续驶里程的需求。然而单一电源系统难以兼顾部分类型车辆对高比能量和高比功率的双重需求。为解决该问题，某些电源系统由两种或两种以上的电源组成，如动力蓄电池和超级电容、能量型和功率型动力蓄电池等。在以下电源系统描述中，若不做特殊说明，均为单一电源系统。

1. 蓄电池管理系统的总体组成

蓄电池管理系统简称电池管理系统，是以某种方式对动力蓄电池进行管理和控制的产品或技术。BMS由各类传感器、执行器、固化有各种算法的控制器及信号线等组成，其主要任务是确保动力蓄电池系统的安全可靠，提供汽车控制和能量管理所需的状态信息，而且在出现异常的情况下对电池系统采取适当的干预措施；通过采样电路实时采集电池模块及电芯的端电压、工作电流、温度等信息，并运用既定的算法和策略进行电池模块荷电状态（SOC）、健康状态（SOH）、功率状态（SOP）及剩余使用寿命（Remaining Useful Life, RUL）等的估计，输出到整车控制器，为电动汽车的能量管理和动力分配控制提供依据。

电动汽车电池管理系统的工作原理如图2-18所示。

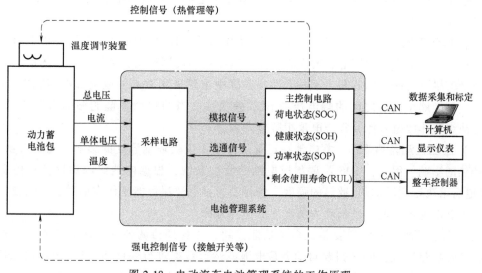

图 2-18　电动汽车电池管理系统的工作原理

BMS 主要功能包括数据采集、状态监测、安全保护、充电控制、能量控制管理、均衡管理、温度检测与热管理及信息管理等。

(1) 数据采集 蓄电池在电动汽车中的工作环境及工作状况十分复杂。电动汽车需要适应复杂多变的气候环境，这意味着电池包的运行需要经常面对复杂多变的温湿度环境，此外，随着路况和驾驶人操作的改变，电池包需要时刻适应急剧变化的负载。为了准确获取电池包的工作状况，更好地实施管理，BMS 需要通过采样电路实时采集电池包及电芯的端电压、工作电流、温度等信息。

(2) 状态监测 蓄电池是一个复杂的非线性时变系统，具有多个实时变化的状态量，准确而高效地监测蓄电池的状态量是电源系统及电池成组管理的关键，也是电动汽车能量管理和控制的基础。因此，BMS 需要基于实时采集的电池数据，运用既定的算法和策略进行电池组的状态估计，从而获得每一时刻动力蓄电池的状态信息，具体包括蓄电池的 SOC、SOH、SOP 及 SOE（能量状态）等，为蓄电池的实时状态分析提供支撑。

(3) 安全保护 蓄电池安全保护功能主要指电芯及模块的实时故障诊断及安全控制。动力蓄电池的在线故障诊断是指通过采集到的传感器信号，根据诊断算法诊断故障类型。BMS 需要诊断的故障通常包括过电压（过充电）、欠电压（过放电）、烟雾、过电流、超高温、短路故障、接头松动、绝缘性能降低及电解液泄漏，还涉及传感器、执行器及控制器等电子元器件的故障。在诊断出故障类型后，BMS 需要进行早期预警，并尽可能采取相应的措施进行及时干预，以保证电动汽车的行驶安全。

(4) 充电控制 电池包的充电过程直接影响电池的寿命和安全。因此，BMS 通常需要集成一个充电管理模块，根据动力蓄电池的实时特性、温度高低及充电机的功率等级，控制充电机对电池包进行安全充电。

(5) 能量控制管理 电动汽车的行驶工况十分复杂，急加速、急制动、上下坡等驾驶操作的随机触发将造成复杂多变的动态负载。为了保证车辆安全、经济地运行，BMS 需要根据采集到的数据和实时状态信息，合理控制动力蓄电池的能量输出及再生制动的能量回收。若电动汽车存在复合电源，BMS 还需根据复合电源各自的状态信息优化分配各自的能量，以保证复合电源的最佳性能。

(6) 均衡管理 由于生产工艺、运输储存及电子元器件的误差积累，电芯之间难免存在不一致性。为了充分发挥电芯的性能，保证电池包的使用安全，会根据电芯的信息，采取一定的措施尽可能缩小电芯间的不一致性，实际中主要采用对部分或全部电芯充电/放电的形式，尽可能缩小电芯之间的端电压或 SOC 差值。适当的均衡管理能够提高电池组容量，优化电池组整体放电效能，延长电池组整体寿命。

(7) 温度检测与热管理 蓄电池在正常工作中不仅受环境温度的影响，还受自身充电/放电产热的影响。因此，BMS 需要集成电池热管理系统，根据电池组内温度分布信息及充电/放电需求决定主动加热/散热的强度，使得动力蓄电池尽可能工作在最适合的温度，充分发挥动力蓄电池的性能，延长动力蓄电池的使用寿命。

(8) 信息管理 BMS 需要集成多个功能模块，并合理协调各模块之间的通信工作。由于运行的数据量庞大，BMS 需要对动力蓄电池的运行数据进行处理和筛选，储存关键数据，并保持与整车控制器等网络节点进行通信。随着大数据时代的来临，BMS 还需要与云端平台进行实时交互，以便更好地处理动力蓄电池的管理问题，提高管理品质。

2. 蓄电池的热管理

(1) 蓄电池热管理的必要性　蓄电池性能的发挥与蓄电池的温度有密切的关系。

1）蓄电池温度过高、过低的影响。蓄电池的温度高，可使蓄电池的活性增加，使能量得到更充分的利用。但是，蓄电池长时间工作在较高温度环境下寿命会明显地缩短，当温度过高时，蓄电池还会出现严重损坏的现象。因此，蓄电池在工作中应避免温度过高。低温时，蓄电池活性明显降低，欧姆内阻和极化内阻增加，放电能力下降，使蓄电池的实际可用容量减小，能量利用效率下降。对锂离子电池而言，在低温下充电时，由于蓄电池的活性差，特别是蓄电池负极石墨的嵌入能力下降，正极反应放出的锂离子可能在蓄电池负极沉积下来，造成锂枝晶的形成，使得可用的锂离子减少，严重时还会造成蓄电池内部短路。

2）蓄电池温度控制方法。由上述内容可知，蓄电池在工作中应保持在适当的温度范围之内。当蓄电池的工作温度或者温度的上升率达到预先设置的值后，蓄电池就需要进行散热处理，包括采取风冷和水冷等措施，以保证蓄电池的温度和温升控制在一定的范围内。在蓄电池的温度管理失效以后，当蓄电池的温度达到最高允许值时，应有可靠的措施断开电路，停止对蓄电池的使用操作，以保证蓄电池的使用安全。

(2) 蓄电池热管理的原理　对于锂离子电池而言，其工作的温度范围，在充电时为 $-10\sim45℃$，在放电时为 $-30\sim55℃$。所以，需要通过一定的管理措施，保证锂离子电池的工作温度基本上都在上述范围之内。

1）蓄电池高温控制原理。通常采取强制风冷的方法来降低蓄电池的温度。蓄电池管理系统通过实时监测，得到蓄电池组中各蓄电池的温度信息。当蓄电池温度达到设定的高限值时，蓄电池管理系统便起动风机对蓄电池进行降温，直到温度降到设定的低限值，此时蓄电池管理系统立即关闭风机。蓄电池管理系统的风机控制原理如图 2-19 所

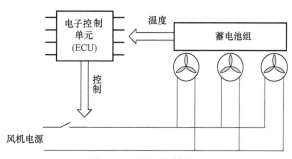

图 2-19　风机控制原理

示。如果蓄电池温度达到故障的极限值，则蓄电池管理系统就会发出报警信号，并会控制蓄电池停止充放电，以确保蓄电池的安全。

2）蓄电池低温控制原理。在低温时，蓄电池的活性差。对锂离子电池来说，由于负极石墨的嵌入能力下降，此时大电流充电很可能出现锂离子电池热失控甚至出现安全事故。为了避免这一问题，当蓄电池管理系统监测到蓄电池的温度过低时，会向充电装置发出控制信号，充电装置根据蓄电池管理系统的控制信号，转入小电流充电状态。另外，在低温环境（温度<10℃）下，蓄电池的内阻增大，在充电过程中，蓄电池的欧姆极化增大，充电效率下降，而这部分能量转化为热量，使蓄电池的温度逐渐升高。因此，当蓄电池管理系统监测到环境温度过低时，也会控制充电装置转入小电流充电状态，直至蓄电池管理系统监测到正常温度时，再控制充电装置恢复至正常电流模式充电。

对于锂离子电池而言，低温主要是对充电有负面影响，对放电的影响并不大。因为锂离

子电池放电过程释放热量，再加上低温下增大的内阻产生的热量也增大，锂离子电池的工温度会很快上升到适宜温度，呈现负反馈机制。因此，对于锂离子电池的低温状态，往往不需要主动地去管理。

（3）蓄电池热管理系统散热结构设计 蓄电池组安放在箱体内通过风机降温，如果通风不当，则容易造成箱内各蓄电池的温度不一致，进而导致蓄电池的容量、内阻的不一致。在蓄电池的使用过程中，容量较小的蓄电池容易产生过充电和过放电，进而影响其性能和寿命，并造成安全隐患。因此，蓄电池箱体内蓄电池的布置、散热风道的布局，均要尽量保证蓄电池组的散热均匀性。蓄电池组的通风有串行通风和并行通风两种方式。

1）串行通风方式。串行通风方式如图 2-20 所示，当蓄电池需要散热时，风机工作使空气从一侧进入，从另一侧排出。冷空气进入后，在经过蓄电池时不断地被加热。这样，在空气入口一侧

图 2-20 串行通风方式

被空气带走的热量相对较多，而在空气出口一侧的散热效果要差于空气入口一侧。因此，采用串行通风方式的蓄电池，其温度会沿空气的流向逐渐升高，蓄电池的散热均匀性不太理想，目前已较少采用。

2）并行通风方式。并行通风方式如图 2-21 所示，通过对蓄电池的布置及对楔形进排气通道的合理设计，可以确保进入蓄电池之间缝隙的空气流量均匀，蓄电池组各蓄电池散热程度一致，蓄电池温度的一致性好。并行通风方式是目前采用较多的蓄电池散热方式。

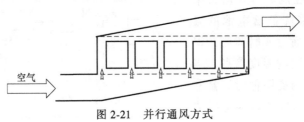

图 2-21 并行通风方式

2.3 混合动力电动汽车的基本结构与工作原理

2.3.1 混合动力电动汽车的基本结构

混合动力电动汽车（HEV）具有两种或两种以上的动力源，主要结构包括发动机、驱动电机、辅助电源。

1. 发动机
发动机是混合动力电动汽车的主要动力源，可以广泛地采用四冲程内燃机、二冲程内燃机、转子发动机、燃气轮机和斯特林发动机等。一般转子发动机和燃气轮机的燃烧效率比较高，排放也比较洁净，采用不同的发动机就可以组成不同的混合动力电动汽车。

2. 驱动电机
驱动电机是混合动力电动汽车的辅助动力源。混合动力电动汽车的驱动电机可以是交流

感应电机、永磁电机、开关磁阻电机、直流电机和特种电机等。随着混合动力电动汽车的发展，直流电机已经很少采用，多数采用交流感应电机、永磁电机和开关磁阻电机。发动机的动力和驱动电机的"混合"是混合动力电动汽车的动力"混合"的另一种形式。采用不同的电机可组成不同的混合动力电动汽车。

3. 辅助电源

混合动力电动汽车可以装备各种不同的蓄电池和超级电容等作为"辅助电源"，只有在混合动力电动汽车电机起动发动机或辅助驱动时才使用辅助电源。

与纯电动汽车相比，混合动力电动汽车具有以下优点：

1）与纯电动汽车相比，混合动力电动汽车增加了内燃机提供动力，因此电池较少，降低了整车质量，对提高动力性有利。

2）由于采用辅助动力驱动，打破了纯电动汽车续驶里程的限制，其长途行驶能力可与传统汽车相媲美。

3）在混合动力电动汽车上采用高度实时和动态的优化控制策略，优化控制的结果尽量使动力系统各部件工作在最佳状态和最高效率区域，大大降低了内燃机在恶劣工况下的燃油消耗率和尾气排放量，大大提高了混合动力电动汽车的燃油经济性。在排放限制严格的地区，还可关闭辅助动力，以纯电动方式工作，成为零排放汽车。

4）空调系统等附件由内燃机直接驱动，有充分的能源供应，保证了汽车的乘坐舒适性。

5）在控制策略的作用下，辅助动力可以向储能装置（一般为电池组）提供能量，从而保证混合动力电动汽车无须停车充电，因此可利用现有加油站，不需要进行专门充电设施的建设。

6）混合动力电动汽车的电池组在使用过程中是浅充浅放，因此可以延长电池的使用寿命。

未来可能的优点：当电池科技更发达且成本更低时，不需要起动内燃机就可以提供上下班距离所需的所有能量，届时可以让车辆在上下班时处于纯电动模式（夜间回车库充电），假日游玩等长途使用才会开启内燃机，车辆甚至可以在电力尖峰时间提供电力给办公室（或住家）；若能普及，深夜充电需求会让电力系统负荷更平均，这不但使电力行业获利，而且会增加电厂效率并降低污染，而电力也可以使用再生能源提供。

2.3.2 串联式混合动力电动汽车的组成与工作原理

1. 串联式混合动力电动汽车的组成

串联式混合动力电动汽车由发动机、发电机、整流器、蓄电池组（或其他类型的动力蓄电池）、驱动电机、机械传动装置等组成，如图 2-22 所示。如果蓄电池组可外插电网充电，则属于插电式串联混合动力电动汽车。发动机和发电机之间是机械连接，驱动电机与机械传动装置（主减速器、差速器等）之间也是机械连接，燃油箱与发动机之间是管路连接，其余部分是电缆连接。

发动机-发电机组有时称为辅助动力单元（APU）。其主要功能是将发动机输出的机械能通过发电机转化为电能。转化的电能或用于蓄电池充电，或经驱动电机和机械传动装置驱动

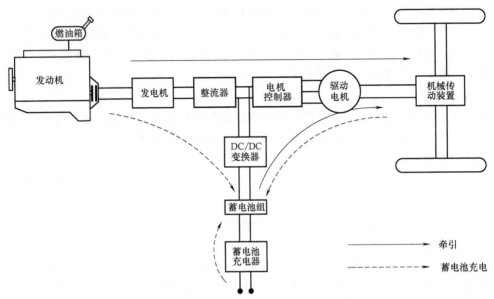

图 2-22　串联式混合动力电动汽车的组成

车辆行驶。

　　图 2-22 中带箭头的实线和虚线表达了车辆在行驶过程中能量的流动情况。从燃油箱、发动机、发电机、整流器流出的能量是单向的，可以经电机控制器、驱动电机直到机械传动装置，提供车辆行驶所需要的能量，也可以经 DC/DC 变换器到达蓄电池组，提供维持蓄电池组 SOC 的能量。从蓄电池组、DC/DC 变换器、电机控制器、驱动电机直到机械传动装置，能量流动可以是双向的。根据路况及控制策略，驱动电机被控制为电动机或发电机，在驱动时，作为电动机使用，提供整车行驶所需要的动力；在制动减速时，作为发电机使用，将整车动能的一部分转化为电能，经 DC/DC 变换器给蓄电池组充电，这样就实现了能量的双向流动。

　　2. 串联式混合动力电动汽车的工作模式与运行工况

　　（1）**串联式混合动力电动汽车的工作模式**　串联式混合动力电动汽车根据行驶负荷的不同，存在以下几种工作模式：

　　1）纯粹的电驱动模式。发动机关闭，车辆仅由蓄电池组供电、驱动。

　　2）纯粹的发动机驱动模式。车辆驱动功率仅源于发动机-发电机组，而蓄电池组既不供电也不从传动系统中获取任何能量。

　　3）混合驱动模式。驱动功率由发动机-发电机组和蓄电池组共同提供。

　　4）发动机驱动和蓄电池充电模式。发动机-发电机组除提供车辆行驶所需的功率外，还向蓄电池组充电。

　　5）再生制动模式。发动机-发电机组关闭，而驱动电机运行在发电机状态，通过消耗车辆的动能产生电功率，用于向蓄电池组充电。

　　6）蓄电池停车充电模式。驱动电机不接收功率，车辆停驶，发动机-发电机组仅向蓄电池组充电。

　　7）蓄电池混合充电模式。发动机-发电机组和运行在发电机状态下的驱动电机两者都向蓄电池组充电。

在以低负荷行驶时，串联式混合动力电动汽车可采用纯粹的电驱动模式或纯粹的发动机驱动模式。纯粹的电驱动模式主要用于对排放要求较高的市区道路环境。在以高负荷行驶时（如超车或满载爬坡时），串联式混合动力电动汽车则采用混合驱动模式，电能来自于发动机-发电机组和蓄电池组。在正常行驶时，串联式混合动力电动汽车一般采用发动机驱动和蓄电池充电模式运行。此时，发动机可以始终工作在效率较高、排放量较低的单一工况，并带动发电机发电。在电机控制器的调节下，发电机发出的电能主要用于驱动电机，再通过机械传动装置驱动汽车行驶。当发电机发出的电能有多余时，可以同时向蓄电池组充电。

（2）**串联式混合动力电动汽车的运行工况** 结合汽车的运行工况，对工作模式和能量流动的具体分析如下：

1）起动/正常行驶/加速工况。发动机通过发电机和蓄电池一起输出电能并传递给功率变换器，然后用于驱动电机，再通过机械传动装置驱动车轮。起动/正常行驶/加速工况下的能量流动如图 2-23 所示。

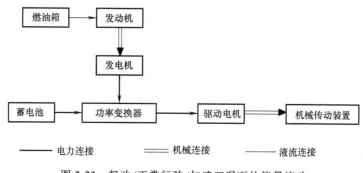

图 2-23 起动/正常行驶/加速工况下的能量流动

2）低负荷工况。发动机输出的功率大于车辆所需的功率，多余的能量通过发电机给蓄电池充电，直到 SOC 达到预定的限值。低负荷工况下的能量流动如图 2-24 所示。

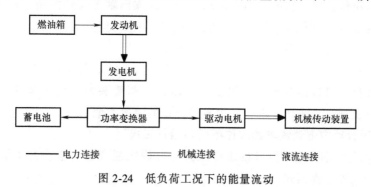

图 2-24 低负荷工况下的能量流动

3）减速/制动工况。驱动电机把驱动轮的动能转化为电能，并通过功率变换器给蓄电池充电。减速/制动工况下的能量流动如图 2-25 所示。

4）停车充电工况。停车时，发动机可通过发电机和功率变换器给蓄电池充电。停车充电工况下的能量流动如图 2-26 所示。

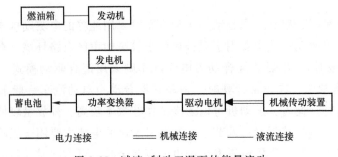

图 2-25　减速/制动工况下的能量流动

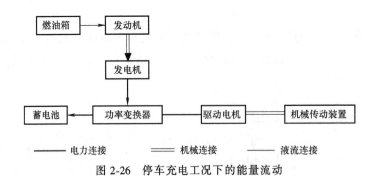

图 2-26　停车充电工况下的能量流动

2.3.3　并联式混合动力电动汽车的组成与工作原理

1. 并联式混合动力电动汽车的组成

并联式混合动力电动汽车由发动机、驱动电机、电机控制器、蓄电池组（或其他类型的动力蓄电池）、动力合成器、机械传动装置等组成，如图 2-27 所示。如果蓄电池组可外插电网充电，则属于插电式并联混合动力电动汽车。发动机与驱动电机的输出轴分别与动力合成器输入端进行机械连接，输出动力通过动力合成器输出轴传递到机械传动装置（变速器、主减速器、差速器等），驱动车辆行驶。燃油箱与发动机之间是管路连接，驱动电机与电机控制器、电机控制器与蓄电池组之间均是电缆连接。

并联式混合动力电动汽车与串联式混合动力电动汽车的最大区别在于发动机与机械传动装置存在机械连接，直接参与车辆的驱动。图 2-27 中带箭头的实线和虚线表达了车辆在行驶过程中能量的流动，与串联式混合动力电动汽车的情况类似。

2. 并联式混合动力电动汽车的工作模式与运行工况

（1）并联式混合动力电动汽车的工作模式　并联式混合动力电动汽车根据行驶负荷的不同，存在以下几种工作模式：

1）纯粹的电驱动模式。发动机关闭，离合器分离，驱动电机通过动力合成器提供动力，驱动汽车行驶。

2）纯粹的发动机驱动模式。车辆的驱动功率仅源于发动机，而蓄电池组既不供电也不从传动系统中获取任何能量。此时，驱动电机关闭。

3）混合驱动模式。驱动功率由发动机和蓄电池组共同提供，并通过动力合成器合成，

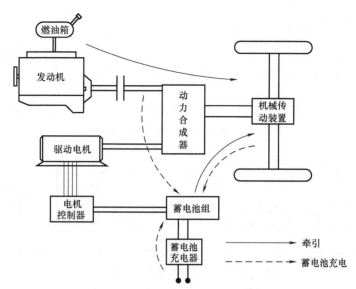

图 2-27　并联式混合动力电动汽车的组成

向机械传动装置提供动力。

4）发动机驱动和蓄电池充电模式。发动机除提供车辆行驶所需的功率外，还向蓄电池组提供充电功率。此时，发动机的功率由动力合成器分成两路，一路用于驱动汽车，另一路用于带动运行在发电状态的驱动电机发电。

5）再生制动模式。发动机关闭，而驱动电机运行在发电机状态，通过消耗车辆的动能产生电功率，用于向蓄电池组充电。

6）停车充电模式。车辆停驶，发动机通过动力合成器带动驱动电机发电，向蓄电池组充电。此时，机械传动装置应备有空档或在动力合成器与机械传动装置之间装有离合器。

在以低负荷行驶时，并联式混合动力电动汽车可采用纯粹的电驱动模式或纯粹的发动机驱动模式。纯粹的电驱动模式主要用于对排放要求较高的市区道路环境。在以高负荷行驶时（如超车或满载爬坡时），并联式混合动力电动汽车则采用混合驱动模式。在正常行驶时，并联式混合动力电动汽车一般采用发动机驱动和蓄电池充电模式运行。此时，发动机的工作效率与工作区间随着负荷的变化而不断变化，不能像串联式混合动力电动汽车那样工作在单一工况。当发动机输出的功率有多余时，可以同时向蓄电池组充电。

（2）并联式混合动力电动汽车的运行工况　结合汽车的运行工况，对工作模式和能量流动的具体分析如下：

1）起动/加速工况。当车辆起动或节气门全开加速时，发动机和驱动电机同时工作，共同分担驱动车辆所需的动力，如发动机和驱动电机分别承担总功率的80%和20%。起动/加速工况下的能量流动如图 2-28 所示。

2）正常行驶工况。当车辆正常行驶时，驱动电机关闭，仅由发动机工作，提供车辆行驶所需的动力。正常行驶工况下的能量流动如图 2-29 所示。

3）减速/制动工况。当车辆减速行驶或制动时，驱动电机工作于发电机模式进行再生制动，通过功率变换器给蓄电池充电。减速/制动工况下的能量流动如图 2-30 所示。

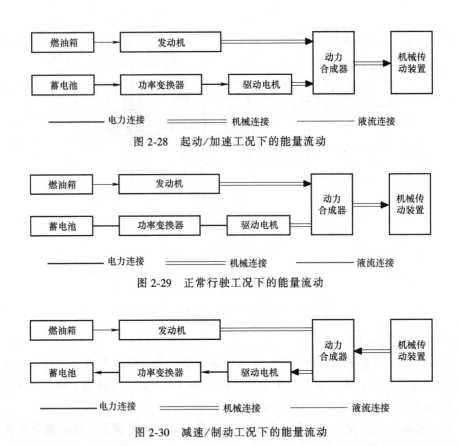

图 2-28　起动/加速工况下的能量流动

图 2-29　正常行驶工况下的能量流动

图 2-30　减速/制动工况下的能量流动

4）行驶中给蓄电池充电工况。当车辆轻载时，发动机输出功率驱动车辆行驶，同时发动机输出的多余功率通过驱动电机发电而向蓄电池充电。行驶中给蓄电池充电工况下的能量流动如图 2-31 所示。

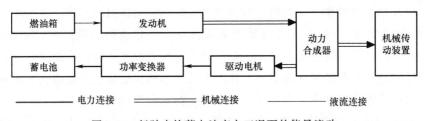

图 2-31　行驶中给蓄电池充电工况下的能量流动

3. 并联式混合动力电动汽车的动力合成器

动力合成器有时也称为动力分配器，其作用主要有以下两个，分别对应于不同的控制策略或工作模式：

1）将发动机和驱动电机的两条动力传递路线合成为一条动力传递路线，最后驱动汽车行驶。

2）将发动机的转矩分解为两条路线，一条路线用于驱动车辆行驶，另一条路线用于向蓄电池充电。

4. 并联式混合动力电动汽车驱动系统的布置分析

根据内燃机、驱动电机动力合成的方式及有无离合器等情况，并联式混合动力电动汽车的驱动系统存在较大差别。

当动力合成器单独采用转矩耦合时，并联式混合动力电动汽车驱动系统可采用两轴式、单轴式和分离轴式三种布置形式。当动力合成器单独采用速度耦合或同时采用转矩耦合与速度耦合时，并联式混合动力驱动系统主要采用两轴式布置形式。

（1）转矩耦合的混合动力驱动系统

1）两轴式结构的混合动力驱动系统。发动机和驱动电机通过动力合成器的两输入轴进行动力合成，再经过机械传动装置驱动汽车行驶。图 2-27 所示为典型的两轴式混合动力驱动系统。变速器与动力装置的布置形式多样，使得驱动系统结构也多样化，主要有以下两种结构：

① 变速器位于转矩耦合器之前的两轴式混合动力驱动系统。图 2-32 所示的两轴式混合动力驱动系统应用了两个变速器。变速器 1 位于发动机和转矩耦合器之间，变速器 2 位于驱动电机和转矩耦合器之间。两个变速器可以是单档或多档。多档变速器能形成多种牵引力转速特性曲线。两个多档变速器为发动机和驱动电机驱动系统运行于各自的最佳区域提供了更多的可能性，使该混合动力驱动系统的性能和整体效率可超过其他类型的混合动力驱动系统。但两个多档变速器将使混合动力驱动系统复杂化，且两个变速器换档复杂。为此，常见的布置形式是变速器 1 为多档，变速器 2 为单档，或者变速器 1 与变速器 2 均为单档。变速器 1 为单档而变速器 2 为多档的布置形式是不合适的，因为这种布置形式不能充分发挥发动机和电动机的优势。

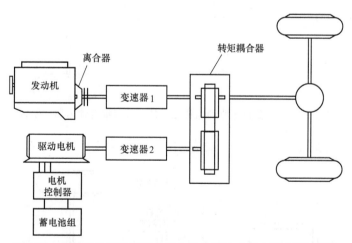

图 2-32　变速器位于转矩耦合器之前的两轴式混合动力驱动系统

② 变速器位于转矩耦合器之后的两轴式混合动力驱动系统。图 2-33 所示的两轴式混合动力驱动系统只有一个变速器，位于转矩耦合器之后，能以相同传动比提高发动机和驱动电机两者的转矩。转矩耦合器传动比 k_1 和 k_2 的合理选择，将使驱动电机和发动机能工作在各自的额定转速范围内且最大限度地发挥两者的动力优势。这种布置形式适用于采用小型发动机和驱动电机的情况。多档变速器的作用是增大低速时混合动力驱动系统的牵引力。

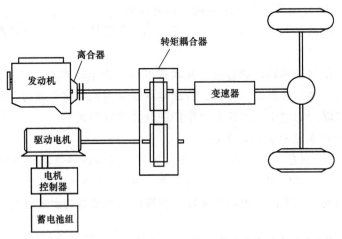

图 2-33　变速器位于转矩耦合器之后的两轴式混合动力驱动系统

2）单轴式结构的混合动力驱动系统。对于转矩耦合的并联式混合动力驱动系统，其简单且紧凑的构造是单轴式结构，其中驱动电机转子起着转矩耦合装置的作用。图 2-34 所示为变速器位于驱动电机之后的单轴式混合动力驱动系统。

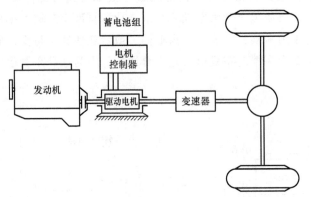

图 2-34　变速器位于驱动电机之后的单轴式混合动力驱动系统

图 2-35 所示为变速器位于驱动电机之前的单轴式混合动力驱动系统。

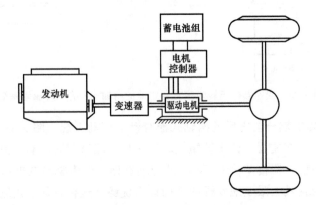

图 2-35　变速器位于驱动电机之前的单轴式混合动力驱动系统

在变速器位于驱动电机之后的结构中，发动机转矩和驱动电机传递到驱动桥的转矩、转速均由变速器调节。此时，发动机和驱动电机必须有相同的转速范围。这一结构常用于小型驱动电机的情况，属于轻度混合动力驱动系统。其中，驱动电机起着起动机、发电机、发动机的辅助动力和再生制动的多重集成作用。

在变速器位于驱动电机之前的结构中，当驱动电机转矩直接传递给主减速器时，变速器仅能调节发动机转矩。这一结构可用于有大范围恒功率区的大型驱动电机的混合驱动系统。变速器仅用于改变发动机的运行工作点，以改进车辆性能和发动机的运行效率。应该注意，当车辆停止并且驱动电机刚性地连接到驱动轮时，发动机不能带动驱动电机使其作为发电机而向蓄电池组充电。

3）分离轴式结构的混合动力驱动系统。另一种并联式混合动力驱动系统是分离轴式结构。其中，一根轴由发动机驱动，另一根轴则由驱动电机驱动，牵引力通过前后驱动轮在路面上合成，如图2-36所示。

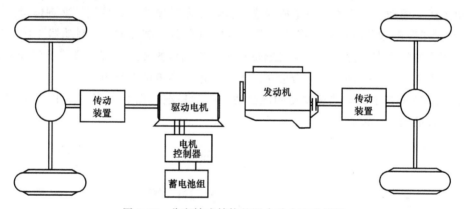

图2-36　分离轴式结构的混合动力驱动系统

分离轴式结构可以保持原始发动机和传动装置不变，只是在另一轴上加装一套电机驱动系统，成为四轮驱动形式。但这种结构势必占据原有车辆的大量空间，使装载乘客和行李的有效空间减小。

（2）**速度耦合的混合动力驱动系统**　图2-37所示为速度耦合的两轴式混合动力驱动系统。

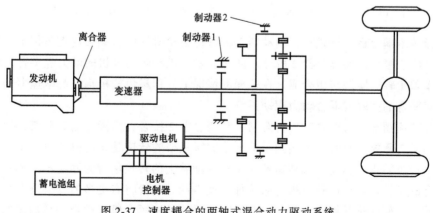

图2-37　速度耦合的两轴式混合动力驱动系统

发动机通过离合器和变速器与行星齿轮机构的太阳轮连接。其中,变速器用来调整发动机的转矩特性,以满足动力匹配的要求。驱动电机通过一对齿轮与齿圈连接,制动器1和制动器2将太阳轮和齿圈与静止的车架锁定。其工作原理如下:

1)混合驱动模式。当制动器1和制动器2被释放时,太阳轮和齿圈可以旋转,发动机和驱动电机都向驱动轮供给正向转速和转矩。此时,由行星齿轮机构的行星架提供的输出转速是太阳轮与齿圈转速的加权和;行星架输出的转矩正比于发动机转矩和驱动电机转矩。

2)纯粹的发动机驱动模式。当制动器2将齿圈锁定在车架上而制动器1被释放时,发动机通过太阳轮和齿圈单独向驱动轮提供动力。此时,通过一对齿轮与齿圈相连的驱动电机不工作。

3)纯粹的电驱动模式。当制动器1将太阳轮锁定在车架上而制动器2被释放时,驱动电机通过齿圈和行星架向驱动轮提供动力。此时,与太阳轮相连的发动机关闭。

4)再生制动模式。制动器1和制动器2的状态同于纯粹的电驱动模式时的状态。此时,发动机也关闭,驱动电机工作在发电机状态,按再生制动模式予以控制,实现能量回收。

5)发动机驱动和蓄电池充电模式。发动机的离合器和制动器1、制动器2的状态同于混合驱动模式时的状态。此时,发动机通过行星齿轮机构的转速分解,将其功率分离为两部分,一部分用于驱动,一部分用于带动驱动电机发电,向蓄电池充电。

(3)既有转矩耦合又有速度耦合的混合动力驱动系统 图2-38所示为同时采用转矩耦合与速度耦合的两轴式混合动力驱动系统。

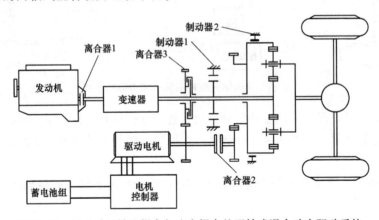

图2-38 同时采用转矩耦合与速度耦合的两轴式混合动力驱动系统

当选择转矩耦合运行模式时,制动器2将行星齿轮机构的齿圈锁定在车架上,同时离合器1和离合器3接合,而离合器2脱开。此时,发动机和驱动电机的动力经耦合齿轮、离合器3直到太阳轮轴,实现转矩合成。在这样的情况下,行星齿轮机构仅起减速器的作用,为典型的转矩耦合的并联式混合动力驱动系统。

当选择转速耦合运行模式时,离合器1和离合器2接合,而离合器3分离,同时,制动器1和制动器2释放。此时,连接到驱动车轮的行星架的转速是发动机转速和驱动电机转速的组合,发动机转矩、驱动电机转矩及作用于驱动轮上的转矩保持为固定不变的关系。

动力合成器转矩耦合或转速耦合的选择,使得动力装置将有更多的可供选择的运行模式和运行区域,以便优化其性能。例如,在低车速时,转矩耦合模式适合于高加速性能和爬坡能力的需求；在高车速时，则应采用转速耦合模式，以保持发动机转速处于其最佳运行区。

2.3.4 混联式混合动力电动汽车的组成与工作原理

1. 混联式混合动力电动汽车的组成

混联式混合动力电动汽车是在串联式混合动力电动汽车和并联式混合动力电动汽车的基础上综合而成的一种混合动力电动汽车，其结构示意图如图 2-39 所示。

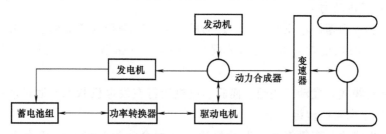

图 2-39　混联式混合动力电动汽车的结构示意图

在混联式混合动力系统中，动力合成器一般也称为动力分配器或功率分配器。发动机输出的功率一部分通过动力合成器分配给传动装置，驱动汽车行驶，另一部分则分配给发电机发电。发电机输出的电能输送给驱动电机或蓄电池组。驱动电机从蓄电池组或发电机获取电能，产生驱动力，通过动力合成器传递给驱动桥。

混联式混合动力电动汽车的动力合成器一般采用行星齿轮机构。如图 2-40 所示，行星齿轮机构将发动机、发电机、驱动电机连接起来，太阳轮与发电机相连，齿圈与驱动电机及传动装置相连，行星架与发动机相连。发动机的一部分动力通过行星齿轮传给齿圈，然后通过机械传动装置传给驱动车轮，另一部分动力传给太阳轮经发电机转化为电能。驱动电机的动力直接通过与齿圈一体的齿轮传给驱动装置。

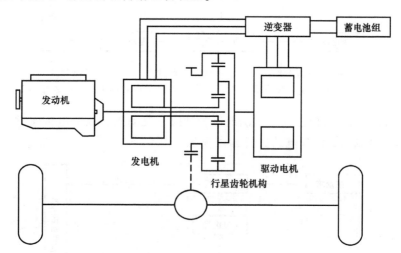

图 2-40　行星齿轮机构作为动力合成器的混联式混合动力电动汽车结构示意图

2. 混联式混合动力电动汽车的工作原理

（1）混联式混合动力电动汽车的工作模式　混联式混合动力电动汽车根据行驶负荷的

不同，存在以下几种工作模式：

1）纯粹的电驱动模式。发动机、发电机关闭，驱动电机通过动力合成器提供动力，驱动汽车行驶。

2）纯粹的发动机驱动模式。车辆驱动功率仅源于发动机，而蓄电池组既不供电也不从传动系统中获取任何能量。此时，发电机、驱动电机关闭。

3）混合驱动模式。驱动功率由发动机和蓄电池组共同提供，并通过动力合成器合成，向机械传动装置提供动力。

4）发动机驱动和蓄电池充电模式。发动机除提供车辆行驶所需的功率外，还向蓄电池组充电。此时，发动机的功率由动力合成器分成两路，一路用于驱动汽车，一路用于带动发电机发电。

5）再生制动模式。发动机关闭，而驱动电机运行在发电机状态，通过消耗车辆的动能产生电功率，用于向蓄电池组充电。

6）停车充电模式。车辆停驶，发动机通过动力合成器带动发电机发电，向蓄电池组充电。

（2）混联式混合动力电动汽车的运行工况 结合汽车运行工况，根据混联式混合动力电动汽车是发动机主动型还是电力主动型，其工作模式是有区别的，具体分析如下：

1）发动机主动型混联式混合动力电动汽车的工作模式。

① 起动工况。发动机关闭，由蓄电池给驱动电机提供电能驱动车辆，其能量流动如图 2-41 所示。

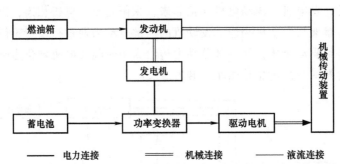

图 2-41 发动机主动型混联式混合动力电动汽车在起动工况下的能量流动

② 加速工况。当节气门全开，车辆加速行驶时，发动机和驱动电机同时工作，共同分担车辆行驶所需的动力。能量流动如图 2-42 所示。

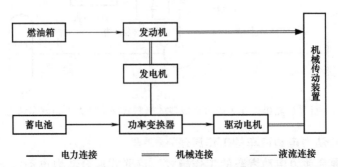

图 2-42 发动机主动型混联式混合动力电动汽车在加速工况下的能量流动

③ 匀速工况。驱动电机关闭，发动机工作，提供车辆所需动力。能量流动如图 2-43 所示。

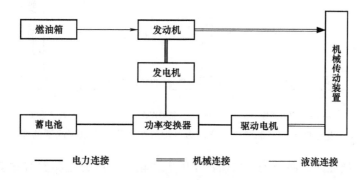

图 2-43 发动机主动型混联式混合动力电动汽车在匀速工况下的能量流动

④ 减速/制动工况。驱动电机工作于发电模式进行再生制动，通过功率变换器给蓄电池充电。能量流动如图 2-44 所示。

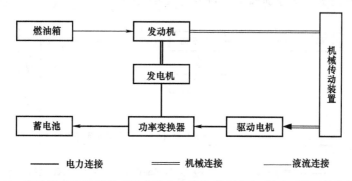

图 2-44 发动机主动型混联式混合动力电动汽车在减速/制动工况下的能量流动

⑤ 行驶中给蓄电池充电工况。发动机一部分动力用于驱动车辆，另一部分动力由发电机经功率变换器给蓄电池充电。能量流动如图 2-45 所示。

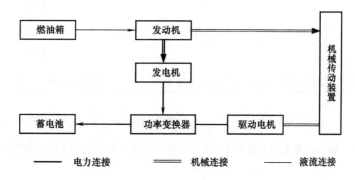

图 2-45 发动机主动型混联式混合动力电动汽车在行驶中给蓄电池充电工况下的能量流动

⑥ 停车充电工况。当停车时，发动机可通过发电机给蓄电池充电。能量流动如图 2-46 所示。

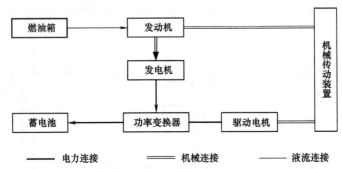

图 2-46　发动机主动型混联式混合动力电动汽车在停车充电工况下的能量流动

2）电力主动型混联式混合动力电动汽车的工作模式。电力主动型与发动机主动型混联式混合动力电动汽车工作模式的主要区别在匀速工况和加速工况方面，其他工况下的工作模式是相同的。

在匀速和加速行驶时，电力主动型混联式混合动力电动汽车的发电机发电，提供驱动电机所需的电能，其能量流动分别如图 2-47 和图 2-48 所示。

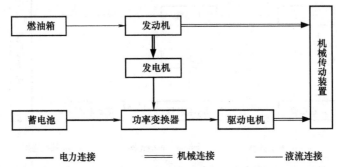

图 2-47　电力主动型混联式混合动力电动汽车在加速工况下的能量流动

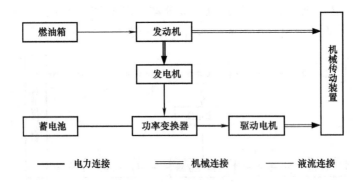

图 2-48　电力主动型混联式混合动力电动汽车在匀速工况下的能量流动

2.3.5　插电式混合动力电动汽车

1. 插电式混合动力电动汽车的特点

插电式混合动力电动汽车（Plug-in HEV）是可从电网充电的混合动力电动汽车，是在上述三种基本混合动力电动汽车的基础上发展出来的，可以是串联插电式、并联插电式和混联插电式三种形式。其基本结构与基本型混合动力电动汽车差别不大。插电式混合动力电动汽车的基本结构如图 2-49 所示。

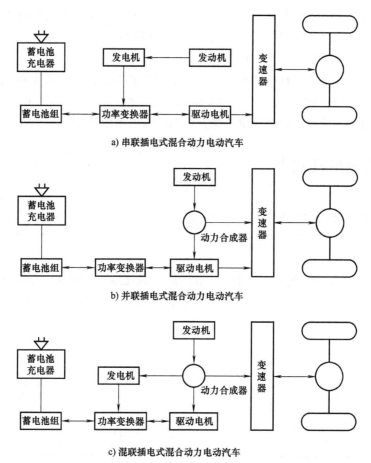

a) 串联插电式混合动力电动汽车

b) 并联插电式混合动力电动汽车

c) 混联插电式混合动力电动汽车

图 2-49　插电式混合动力电动汽车的基本结构

相比而言，插电式混合动力电动汽车有以下三个突出的特点：

1）可以直接由电网充电。基本型混合动力电动汽车大多数通过发动机或能量回馈方式为电池充电，需要消耗燃油，产生废气，而插电式混合动力电动汽车可以直接由电网充电。

2）电力驱动在插电式混合动力电动汽车中所占比例较高，对发动机的依赖较少，控制策略相对简单。

3）蓄电池容量较大，以保证有足够的纯电动里程。

根据纯电动里程的大小，也可以将插电式混合动力电动车分为 Plug-in HEV0，Plug-in HEV20，Plug-in HEV60 等，分别对应 0km、20km 和 60km 纯电动里程。纯电动里程越大，蓄电池和发电机的功率越大，发动机功率和燃油箱容积则相对越小。

2. 插电式混合动力电动汽车的工作模式

根据蓄电池 SOC 的变化特点，插电式混合动力电动汽车的工作模式可分为电量消耗模式、电量保持模式和常规充电模式三种。

1）电量消耗模式分为电量消耗-纯电动模式和电量消耗-混合动力模式两种。在电量消耗-纯电动模式中，发动机关闭，蓄电池是唯一的能量源，SOC会逐渐降低。该模式适合于起动、低速和低负荷等工况。

在电量消耗-混合动力模式中，发动机和驱动电机同时工作，蓄电池提供整车功率需求的主要部分，SOC也会降低，发动机用来补充蓄电池输出功率不足的部分，直至SOC达到所允许的最低限值。该模式适合于加速、大负荷等工况。

2）在电量保持模式下，插电式混合动力电动汽车的工作模式与基本型混合动力电动汽车的工作模式类似，发动机通过发电机给蓄电池充电以维持SOC基本不变。

3）常规充电模式就是用电网通过车载充电机给蓄电池组充电。

2.4 燃料电池电动汽车

2.4.1 燃料电池的发电原理

1. 燃料电池的基本原理

燃料电池的核心部分是燃料（阳极）、电解质、氧化剂（阴极），其发电原理如图2-50所示。燃料电池工作时，向阳极供给燃料（氢气），向阴极供给氧化剂（空气），在其内部产生电化学反应。

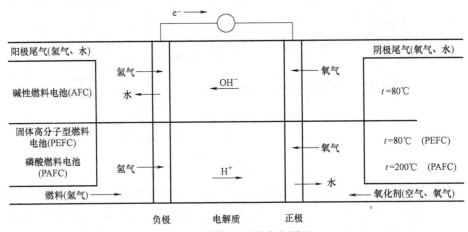

图2-50 燃料电池的发电原理

（1）阳极进行氧化反应 进入阳极的氢气（燃料）在催化剂的作用下分解成氢离子 H^+ 和电子 e^-，H^+ 进入电解质中。其电化学反应为

$$H_2 \rightarrow 2H^+ + 2e^- \tag{2-2}$$

（2）阴极进行还原反应 在阴极，进入的空气（氧化剂）进行还原反应，空气中的氧与电解质中的氢离子吸收抵达阴极的电子而生成水，这正是水的电解反应的逆过程。其电化学反应为

$$\frac{1}{2}O_2 + 2H^+ + 2e^- \rightarrow H_2O \tag{2-3}$$

（3）**外电路电子运动形成电流** 当在正、负极之间连接外电路后，电子就沿外电路移向正极，形成电流，向连接在外部电路中的负载提供电能。

燃料电池的总反应为

$$H_2 + \frac{1}{2}O_2 \rightarrow H_2O \qquad (2-4)$$

2. 燃料电池的电动势及工作电压

（1）**燃料电池的电动势** 燃料电池内部阳极和阴极的电化学反应，使正极电位和负极电位发生改变，正、负电极之间产生电位差（电动势 E），即

$$E = \varphi_e^+ - \varphi_e^- \qquad (2-5)$$

式中，φ_e^+ 为正极平衡电极电位；φ_e^- 为负极平衡电极电位。

无论是哪种电解质，氢氧燃料电池的电动势都为 1.229V。如果反应产物水为气态，则电动势为 1.18V。

（2）**燃料电池的工作电压** 工作时，燃料电池通过外电路形成放电电流，这时燃料电池正、负极之间的电位差（工作电压 U）为

$$U = \Delta\varphi^+ - \Delta\varphi^- - IR \qquad (2-6)$$

式中，$\Delta\varphi^+$ 为正极极化电位差；$\Delta\varphi^-$ 为负极极化电位差；I 为电流；R 为电池内阻。

电极产生的极化包括活化极化和浓差极化。活化极化是由电极反应所必需的活化能所产生的极化；浓差极化是指因反应物的供应速度或生成物的排出速度缓慢而产生的极化。

燃料电池工作时，随着放电电流 I 的增大，正、负电极的极化电位差会增大，电池内阻上的电压降也随之增加。燃料电池的放电特性如图 2-51 所示。

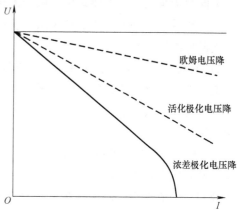

图 2-51 燃料电池的放电特性

2.4.2 燃料电池电动汽车的构成

燃料电池电动汽车与普通燃油汽车相比，其外形和内部空间几乎没有什么区别，不同之处在于动力系统。燃料电池电动汽车动力系统的基本组成部分有燃料电池系统、电子控制系统、辅助蓄能装置及驱动电机。

1. 直接燃料电池电动汽车

典型的直接燃料电池电动汽车动力系统的基本构成如图 2-52 所示。

（1）**燃料电池系统** 燃料电池系统的核心是燃料电池电堆，此外，还配备了氢气供给系统、氧气供给系统、气体加湿系统、水循环及反应物生成处理系统等，用以确保燃料电池电堆正常工作。

1）氢气供给系统。氢气供给系统的功能包括氢的储存、管理和回收。由于气态氢需要采用高压的方式储存，储氢气瓶必须有较高的强度。储氢气瓶的容量决定了一次充氢的行驶里程。轿车一般采用 2~4 个高压储氢气瓶，大客车上通常采用 5~10 个高压储氢气瓶来储存

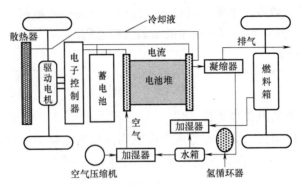

图 2-52　典型的直接燃料电池电动汽车动力系统的基本构成

所需的氢气量。

液态氢比气态氢需要更高的压力进行储存，且要保持低温，因此，在使用液态氢时对储氢气瓶的要求更高，还需要有较复杂的低温保温装置。

不同的储氢压力，需要采用不同的减压阀、调压阀、安全阀、压力表、流量表、热量交换器、传感器及管路等组成氢气供给系统。从燃料电池电堆排出的水中含有少量的氢，可通过氢气循环器将其回收。

2）氧气供给系统。氧气有纯氧和空气两种供给方式。当以纯氧的方式供给时，需要用氧气罐；当从空气中获得氧气时，需要用压缩机来提高压力，以确保供氧量，增加燃料电池反应的速度。空气供给系统除了需要有体积小、效率高的空气压缩机外，还需配备相应的空气阀、压力表、流量表及管路，并对空气进行加湿处理，以确保空气具有一定的湿度。

3）水循环系统。燃料电池反应过程中会产生水和热量，需要通过水循环系统中的凝缩器加以冷凝并进行气水分离处理，部分水可用于反应气体的加湿。水循环系统还用于燃料电池的冷却，以使燃料电池保持在正常的工作温度。

（2）辅助蓄能装置　混合式燃料电池电动汽车还配备了辅助蓄能装置。辅助蓄能装置可采用蓄电池、超级电容和飞轮电池中的一种，组成双电源的混合动力系统，或采用蓄电池+超级电容、蓄电池+飞轮电池的三电源系统。

燃料电池电动汽车配备辅助蓄能装置的作用如下：

1）在燃料电池电动汽车起动时，由辅助蓄能装置提供电能，带动燃料电池起动或带动车辆起步。

2）在燃料电池电动汽车运行过程中，当燃料电池输出的电能大于驱动车辆所需的能量时，辅助蓄能装置可用于储存燃料电池剩余的电能。

3）在燃料电池电动汽车加速和爬坡时，辅助蓄能装置可协助供电，以弥补燃料电池输出功率的不足，使驱动电机获得足够的电能，产生满足车辆加速和爬坡所需的转矩。

4）向车辆的各种电子设备、电器提供工作所需的电能。

5）在车辆制动时，将驱动电机转换为发电工作状态，将车辆的动能转换为电能并向辅助蓄能装置充电，以实现车辆制动时的能量回收。

（3）驱动电机　驱动电机用于将电源所提供的电能转换为电磁转矩，并通过传动装置驱动车辆行驶。与纯电动汽车和混合动力电动汽车相同，燃料电池电动汽车用驱动电机也可采用直流有刷电机、交流异步电机、交流同步电机、永磁无刷直流电机和开关磁阻电机等。

不同类型的电机具有不同的性能特点。燃料电池电动汽车通常是结合整车的开发目标，综合考虑各种电机的结构与性能特点及电机的驱动控制方式和控制器结构特点等，选择适宜的驱动电机。

（4）电子控制系统 直接燃料电池电动汽车的电子控制系统包括燃料电池系统控制、DC/DC变换器控制、辅助蓄能装置能量管理、电机驱动控制及整车协调控制等控制功能，各控制功能模块通过总线连接，如图2-53所示。

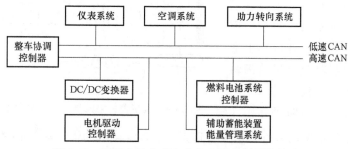

图2-53 燃料电池电动汽车的电子控制系统构成

1）燃料电池系统控制。燃料电池系统控制器用来控制燃料电池的燃料供给与循环系统、氧化剂供给系统、水/热管理系统，并协调各系统工作，以使燃料电池系统能持续向外供电。

2）DC/DC变换器控制。DC/DC变换器用于改变燃料电池的直流电压，由电子控制器控制。电子控制器的作用是通过调节DC/DC变换器的输出电压，将燃料电池电堆较低的电压升至电机所需的电压。DC/DC变换器的作用不仅仅是升压和稳压，在工作时，通过控制器的实时调节，可使其输出电压与蓄电池的电压相匹配，协调燃料电池和蓄电池负荷，起限制燃料电池最大输出电流和最大功率的作用，以避免燃料电池因过载而损坏。

3）辅助蓄能装置能量管理。辅助蓄能装置能量管理系统对蓄电池的充电、放电、存电状态等进行监控，使辅助蓄能装置能正常地起作用，实现车辆在起动、加速、爬坡等工况下的协助供电，并在车辆运行时储存燃料电池富余电能，实现汽车制动时的能量回馈。蓄电池能量管理系统通过对蓄电池电压、电流、温度等参数的监测，还可实现蓄电池的过充电、过放电控制，进行蓄电池荷电状态的估计与显示。

4）电机驱动控制。电机的类型不同，其控制系统的电路结构和工作原理也有所不同。总体上，电机驱动控制系统的主要控制功能有电机的转速与转矩调节、电机工作模式控制（设有制动能量回馈的电动汽车）、电机过载保护控制等。

5）整车协调控制。整车协调控制系统基于设定的控制策略对各控制功能模块进行协调控制。一方面，控制器根据加速踏板传感器、制动踏板传感器、档位开关送入的电信号判断驾驶人的驾驶意图，并输出控制信号，通过相关的控制功能模块实现车辆的行驶工况控制；另一方面，控制器根据相关传感器和开关输入的电信号，获取车速、电机转速、是否制动、蓄电池和燃料电池的电压和电流等信息，判断车辆的实际行驶工况和动力系统的状况，并按设定的多电源控制策略输出相应的控制信号，通过相应的功能模块实现能量分配控制。此外，整车协调控制还包括整车故障自诊断功能。

直接以纯氢为燃料的燃料电池电动汽车对储氢装置的要求较高。但与重整燃料电池电动汽车相比，直接燃料电池电动汽车的结构简单，质量小，能量效率高，成本低。因此，目前的燃料电池电动汽车大都以纯氢为车载氢源。

2. 重整燃料电池电动汽车

（1）**重整燃料电池电动汽车动力系统的构成**　重整燃料电池电动汽车与直接燃料电池电动汽车的主要区别在于其使用汽油、天然气、甲醇、甲烷、液化石油气等燃料，在汽车上通过重整器产生氢，再将氢提供给燃料电池电堆。重整燃料电池电动汽车动力系统的基本组成如图2-54所示。

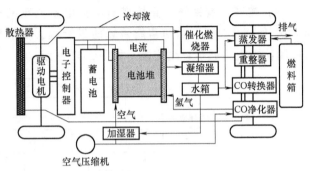

图 2-54　重整燃料电池电动汽车动力系统的基本组成

重整燃料电池系统中的氧气供给及管理系统、反应生成的水和热量处理系统和电力管理系统等与直接燃料电池系统基本相同，只是增加了重整器、加热器、CO（一氧化碳）转换器与净化器等装置，用以将汽油、天然气、甲醇、甲烷、液化石油气等燃料转换为纯氢。

（2）**重整燃料电池氢气产生的过程**　重整燃料电池电动汽车采用的燃料不同，其制氢过程（重整技术）也会有所不同。

1）车载醇类制氢过程。醇类燃料（甲醇、乙醇、二甲醚等）的车载制氢过程大体相同，均需经重整、变换、一氧化碳脱除等几个步骤。以甲醇为燃料的车载制氢过程如图2-55所示。

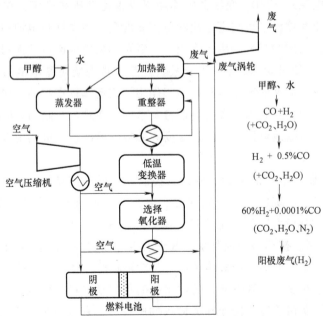

图 2-55　以甲醇为燃料的车载制氢过程

注：图中的百分数为体积分数。

储存在普通容器中的甲醇在进入重整器以前通过加热器加热，使甲醇和纯水的混合物在高温（621℃）下变成混合气，然后进入重整器分离出氢。由于重整器产生的氢气中含有少量CO，需要通过转换器中的催化剂将CO转换为CO_2后排出。使之最终进入燃料电池的H_2中CO的含量不能超过规定的低限值（0.0001%，体积分数）。

2）车载烃类制氢过程。烃类燃料（汽油、柴油、液化石油气及天然气等）制氢通常包括氧化重整、高温变换、脱硫、低温变换、CO净化及燃烧等过程。以汽油为燃料的车载制氢过程如图2-56所示。

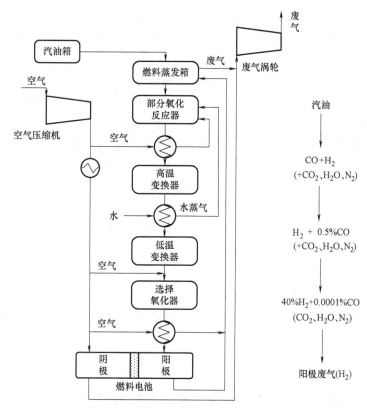

图2-56 以汽油为燃料的车载制氢过程

烃类车载制氢需要高温和脱硫，因此，其重整过程比醇类难度大。由于天然气是气体燃料，车载储运较为困难，因而很少用作燃料电池电动汽车的燃料。

（3）重整燃料电池电动汽车的优缺点 使用车载重整器制氢的燃料电池电动汽车，其主要优点是燃料存储方便，只需要普通的容器，不需要加压或冷藏。但是，车载重整器制氢也存在一些不足，主要有：

1）燃料电池系统起动时间较长，动态响应较慢。当然，对于配备辅助蓄能装置的重整燃料电池电动汽车来说，辅助蓄能装置可以很好地解决这一问题。

2）重整装置需要复杂的控制过程，而且配备该装置会减小车辆可利用的空间，增加更多的能量消耗。

3）当制取的氢气纯度不高时，可能会使催化剂中毒并产生一些污染。

由于上述不足，在现已推出的燃料电池电动汽车中，采用重整技术的相对较少。

2.4.3　燃料电池电动汽车的工作方式

1. 燃料电池电动汽车的储氢方式

目前的燃料电池电动汽车大都以纯氢为燃料，为使燃料电池电动汽车能达到所需的续驶里程，在车上就需要有一定储量的氢。车载储氢主要有压缩氢气、液态氢和金属储氢三种形式。

（1）压缩氢气形式　氢气的密度小，需要通过压缩来增加其储存量。压缩氢气的压力一般为20~30MPa或更高，因而要求储氢气瓶能承受高压，且质量小、使用寿命长。高压储氢气瓶由铝或石墨材料制造，通常制成环形压力容器。这有助于提高容积效率，满足续驶里程的要求，而且便于在车上安装。

不同类型的燃料电池电动汽车，高压储氢气瓶的布置形式也有所不同。燃料电池电动轿车的高压储氢气瓶通常安装在后座椅下或行李舱下，而大型客车的高压储氢气瓶通常安装在车辆的顶部或裙部。

（2）液态氢形式　相对于气态氢，液态氢具有较高的能量密度，可显著提高单位容积氢的质量，有利于降低运输成本，提高燃料电池电动汽车的续驶里程。但是，液态氢需要将气态氢冷却至-253℃才能得到，氢气的液化过程时间较长，而且需要消耗大量的能量。另一个问题是液态氢难于较长时间储存，只能储存在供应站，而在运输时也需要专用运输车辆。因此，液氢储存罐需要有良好的绝热性能，其外壳通常也用绝热材料包裹，其内部设有液位计和压力调节（控制）装置等。

液态氢需要转换为氢气才能提供给燃料电池，而液态氢的汽化过程需要吸收热量，因此，在供氢系统中，还需要设置热交换器和压力调节系统。

（3）金属储氢形式　利用金属氢化物储氢，就是将氢气加压至3~6MPa，使进入容器的氢在高压下附在金属小颗粒上，完成氢与金属的结合，同时放出热量。从金属小颗粒中释放出氢时，需要吸收外部的热量，因此金属储氢容器不仅需要有一定的耐压强度，还要有足够的换热面积，以满足充氢和放氢时的热量传递要求。为了尽可能多地储存氢，需要储氢金属表面呈小颗粒状，并在适当的温度范围和压力范围内能够储存或释放氢气。

金属储氢通常被认为是最安全的储氢方式。相比于高压储氢罐储氢，金属储氢的特点如下：

1）单位体积的储氢容量有所提高，但单位质量的储氢量并不高。金属储氢罐包括容器和储氢材料，其单位质量的储氢量要低于高性能材料制成的高压储氢气瓶。

2）储氢的压力较低（1~2MPa），远低于压缩储氢气瓶的压力，因而其安全性较高，降低了对充氢设备的要求，充氢的能耗也较小。

3）金属氢化物对氢气中少量杂质（如 O_2、H_2O、CO 等）的敏感度高于燃料电池电极催化剂的敏感度，因此，对氢的纯度要求更高。

4）金属氢化物的机械强度较低，反复充放氢后会出现粉碎现象。目前金属储氢装置的金属氢化物反复充放的次数不多，而且价格较高。

总体上看，燃料电池电动汽车采用金属储氢方式的运行成本很高，因此，目前采用这种车载储氢方式的燃料电池电动汽车较少。

2. 燃料电池电动汽车的工作方式

目前燃料电池电动汽车多采用燃料电池+蓄电池的混合动力模式。在电动汽车起步、加速、匀速、滑行、减速、制动等不同的行驶工况下，燃料电池的工作模式是不同的，大体可分为燃料电池模式、混合动力模式、蓄电池模式、能量回馈模式等，如图 2-57 所示。

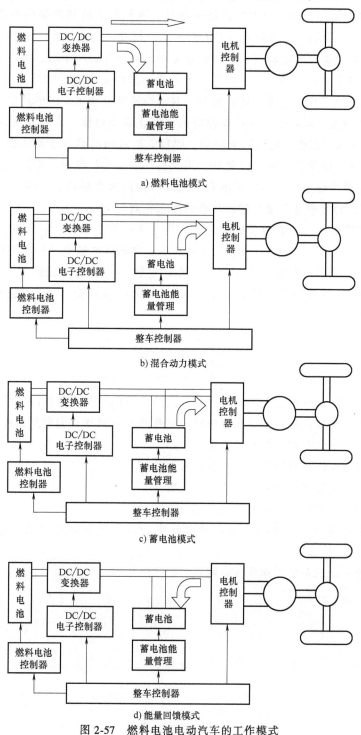

图 2-57　燃料电池电动汽车的工作模式

（1）**燃料电池模式** 当燃料电池电动汽车工作在燃料电池模式时，电机的电力全部由燃料电池提供。当蓄电池在非充足电状态（SOC<1），且燃料电池的电能供给电机后尚有富余时，燃料电池还可向蓄电池充电，如图2-57a所示。燃料电池电动汽车在低负荷、匀速、滑行等行驶工况下，通常工作在燃料电池模式。

（2）**混合动力模式** 混合动力模式是指燃料电池和蓄电池共同提供电机所需电力的工作方式，如图2-57b所示。在燃料电池电动汽车加速行驶、高速行驶、上坡、超车或重载的工况下，当燃料电池输出的电功率已不能满足驱动车辆所需的功率时，由蓄电池提供瞬时能量来补充燃料电池电动汽车加速、上坡的动力需要，或由蓄电池持续地协助燃料电池供电，以满足燃料电池电动汽车在持续高速或重载下对电源持续电功率输出的需求。

（3）**蓄电池模式** 蓄电池模式是指燃料电池停止输出电能，车辆单独由蓄电池提供电力，如图2-57c所示。当燃料电池还未起动，而蓄电池的SOC值大于最小临界值时，由蓄电池提供电动汽车起步时所需的电能。此外，当燃料耗尽或燃料电池电堆发生故障时，若蓄电池的SOC值大于最小临界值，则也可由蓄电池短时间内独立供电。工作在蓄电池模式的燃料电池电动汽车，对蓄电池容量和输出功率的要求相对较高。

（4）**能量回馈模式** 能量回馈模式是指电机工作在发电状态，将车辆的动能转换为电能，并向蓄电池充电的工作方式，如图2-57d所示。在燃料电池电动汽车下坡、遇红灯减速及非紧急制动等工况下，当蓄电池又处于非充足电状态（SOC值在最大临界值以下）时，电机控制器就将电机转换为发电机工作方式，将车辆的动能转换为电能，通过向蓄电池充电来实现能量回馈。

思 考 题

1. 纯电动汽车的主能源子系统主要由哪几大部分组成？其主要作用是什么？

2. 电池管理系统（BMS）的主要组成部分有哪些？如何对动力蓄电池进行监控管理？

3. 温度过高和过低对蓄电池有什么影响？

4. 混合动力电动汽车与纯电动汽车相比有哪些优点？

5. 混合动力的主要结构有哪些？主要分为哪几类？

6. 混合动力电动汽车动力合成器的作用有哪些？

7. 重整燃料电池电动汽车与直接燃料电池电动汽车的区别是什么？主要的优缺点有哪些？

8. 燃料电池电动汽车的工作模式有哪些？

第3章

电动汽车驱动电机及控制系统

3.1 概述

3.1.1 电动汽车驱动电机系统

驱动电机及其控制系统是电动汽车动力总成系统的核心零部件，用于实现电能与机械能的相互转换，简称驱动电机系统。通常来说，驱动电机系统包括驱动电机、驱动电机控制器（以下简称电机控制器）两部分。从应用角度说，驱动电机系统与变速器、减速器等耦合形成了电驱动总成系统；从产品和产业角度说，驱动电机系统还涉及上游的关键材料和关键零部件。电动汽车对驱动电机系统提出了高功率密度、轻量化、高效率、高可靠性、低噪声等应用需求。应用于电动汽车的驱动电机主要有直流电机、交流永磁电机和交流异步电机。动力系统的驱动形式主要分为集中驱动和分布式驱动两大类。当前，集中驱动是电动汽车的主要驱动形式，分布式驱动因其控制灵活、空间节省的特点成为行业的研究热点之一。

GB/T 18488.1—2015《电动汽车用驱动电机系统 第1部分：技术条件》对电动汽车用驱动电机、电机控制器及驱动电机系统的定义如下：

（1）驱动电机 将电能转换成机械能为车辆行驶提供驱动力的电气装置，该装置也可具备将机械能转换成电能的功能。

（2）电机控制器 控制动力电源与驱动电机之间能量传输的装置，由控制信号接口电路、驱动电机控制电路和驱动电路组成。

（3）驱动电机系统 驱动电机、驱动电机控制器及它们工作必需的辅助装置（如线束、接插件）的组合。

3.1.2 电动汽车驱动电机系统要求

工业用电机系统与电动汽车驱动电机系统的主要差别见表3-1。

表 3-1 工业用电机系统与电动汽车驱动电机系统的主要差别

对比项目	工业用电机系统	电动汽车驱动电机系统
封装尺寸	空间不受限制，可用标准封装配套多种应用	布置空间有限，必须根据具体产品需求和布置空间进行特殊设计
工作环境	环境温度适中（-20~40℃）	环境温度变化大（-40~105℃）
可靠性	较高，目的是保证生产效率	很高，目的是保证驾乘人员安全

（续）

对比项目	工业用电机系统	电动汽车驱动电机系统
冷却方式	通常为风冷，体积大	通常为液冷，体积小
控制性能	多为变频调速控制，定工况运行	精确的转矩控制，动态性能要求高
功率密度	较低，0.5~1.5kW/kg	较高，2.0~4.5kW/kg
性价比	一般	极高

驱动电机系统通常要求能够实现车辆频繁起动/停车、加速/减速，低速或爬坡时要求高转矩，高速行驶时要求恒功率，车速变化范围大，同时还需要有高速超车时峰值功率输出，如图 3-1 所示。

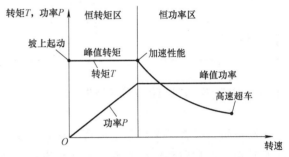

图 3-1　车用工况对驱动电机系统的性能要求

电动汽车驱动电机系统在负载要求、产品性能、可靠性及工作环境等方面有特殊的要求，具体要求如下：

（1）**低速大转矩、高速宽调速**　为了满足电动汽车的加速和爬坡性能，要求驱动电机系统在低速时输出大转矩，高速巡航时则需要具有恒功率输出，因而要求驱动电机系统具有宽调速范围。

（2）**高功率密度、轻量化**　由于电动汽车安装空间和整车质量限制，要求驱动电机及电机控制器具有高的功率/体积比密度和高的功率/质量比密度。

（3）**高效率**　为了提高电动汽车的续驶里程，要求驱动电机系统在整个调速范围内都具有很高的效率。

（4）**能够实现能量回馈**　电动汽车的特点和优势之一在于其能够在车辆减速或制动时将车辆的部分制动能量回收，能量回馈性能的好坏直接影响车辆的续驶里程、运行性能和能源利用率等。在车辆减速时，通过再生制动将制动能量回收，再生制动回收的能量一般可达到车辆总能量的 15%~25%，这在内燃机汽车上是不能实现的。

（5）**控制精度高、动态响应快**　电动汽车要求驱动电机系统可控性高、稳态精度高、动态性能好，能够适应路面变化及频繁起动和制动等复杂运行工况，而工业用电机系统只有某一个或者某几个特定的工况要求。

（6）**高可靠性与安全性**　电动汽车与传统燃油汽车相同，驱动电机系统的工作环境极为恶劣，对其机械强度、抗振性、冷却等方面均提出了很高的要求。车载动力蓄电池组和电机的工作电压可以达到 300~600V，要求车辆电气系统和控制系统必须符合国家（或国际）有关车辆电气控制的安全性能标准和规定，并满足对高电压和转矩控制的功能安全需求。

（7）**低成本**　电动汽车要取得与现代燃油汽车的竞争优势，在满足性能要求的前提下，必须考虑降低各个零部件的成本。以纯电动汽车为例，驱动电机系统成本占整车制造成本的 8%~12%，是决定电动汽车是否具有市场竞争力的一个重要因素。

（8）**低噪声**　振动噪声性能是评价电动汽车品质的关键指标之一，电动汽车应在全工况范围内具有良好的振动噪声性能。

3.2 直流电机及其驱动技术

直流电机是指通入直流电流而产生机械运动的电动机，或者是能输出直流电流的发电机。按励磁方式来分，直流电机分为绕线磁极式和永磁式直流电机，又可称电励磁直流电机和永磁直流电机，前者的励磁磁场是可控的，后者的励磁磁场是不可控的。由于控制方法简单，控制技术成熟，直流电机驱动系统被广泛用于电动汽车的各种电气传动装置之中。

3.2.1 直流电机的结构

直流电机包括定子和转子两部分，这两者之间由空气隙分开。定子的作用是产生主磁场和在机械上支撑电机，其组成部分有主磁极、换向极、机座、端盖和轴承等，电刷也用电刷座固定在定子上。转子的作用是产生感应电动势或机械转矩以实现能量的转换，其组成部分有电枢铁心、电枢绕组、换向器、轴和风扇等。直流电机的结构如图3-2所示。

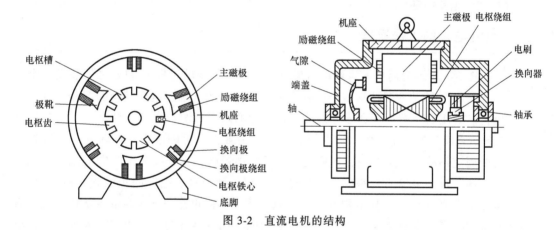

图3-2 直流电机的结构

1. 主磁极

主磁极包括主磁极铁心和套在上面的励磁绕组，其作用是产生主磁场。绝大多数直流电机的主磁极不是用永久磁铁，而是由励磁绕组通以直流电来建立磁场。磁极下面扩大的部分称为极靴或极掌，其作用是使通过空气隙的磁通分布最为合适，并使励磁绕组能牢固地固定在铁心上。磁极是磁路的一部分，采用厚度为 $1.0 \sim 1.5\text{mm}$ 的钢片叠压制成，励磁绕组用绝缘铜线绕成。

2. 换向极

换向极是安装在两个相邻主磁极之间的一个小磁极，用来改善电枢电流的换向性能，使电机运行时不产生有害的电火花。换向极结构与主磁极类似，由换向极铁心和套在铁心上的换向极绕组构成，并用螺杆固定在机座上。

3. 机座

机座一方面用来固定主磁极、换向极和端盖等，并作为整个电机的支架用地脚螺栓将电机固定在基础上，另一方面也是电机磁路的一部分。为了保证具有良好的导磁性能和力学性能，机座一般用铸钢或钢板压制而成。

4. 电枢绕组

电枢绕组是直流电机产生感应电动势及电磁转矩以实现能量转换的关键部分，由许多个完全相同的线圈按照一定的规律连接组成。绕组一般由铜线绕成，包上绝缘层后嵌入电枢铁心的槽中，为了防止离心力将绕组甩出槽外，用槽楔将绕组导体楔在槽内。

5. 换向器

换向器的作用对发电机而言是将电枢绕组内感应的交流电动势转换成电刷间的直流电动势；对电动机而言则是将外加的直流电流转换为电枢绕组的交流电流，并保证每一磁极下电枢导体电流的方向不变，以产生恒定的电磁转矩。换向器由很多彼此绝缘的铜片组合而成，这些铜片被称为换向片，每个换向片都和电枢绕组连接。

6. 电刷装置

电刷装置的作用是将转动的电枢中的电压和电流引出来，或将外加电源的电流输入转动的电枢中。电刷装置包括电刷和电刷座，固定在定子上，电刷与换向器保持滑动接触，以便将电枢绕组和外电路接通。

3.2.2 直流电机的工作原理

直流电机
工作原理

图 3-3 所示为简单的直流电机模型。在一对静止的磁极 N 和 S 之间装设一个可以绕 Z-Z′轴转动的圆柱形铁心，在上面装有矩形的线圈，这个转动的部分通常称为电枢。线圈的两端点 a 和 d 分别接到换向片的两个半圆形铜环 1 和 2 上，而换向片 1 和 2 之间是彼此绝缘的，和电枢装在同一根轴上，可随电枢一起转动。A 和 B 是两个固定不动的碳质电刷，和换向片之间滑动接触，来自直流电源的电流通过电刷和换向片流到电枢的线圈中。当电刷 A 和 B 分别与直流电源的正极和负极接通时，电流从电刷 A 流入，从电刷 B 流出。这时线圈中的电流方向是从 a 端流向 b 端，再从 c 端流向 d 端。载流导体在磁场中要受到电磁力的作用，其方向由左手定则来确定。当电枢在图 3-3b 所示的位置时，线圈 ab 边的电流从 a 端流向 b 端，用 ⊕ 表示，cd 边的电流从 c 端流向 d 端，用 ⊙ 表示。根据左手定则可以判断出，ab 边受力的方向是从右向左，cd 边受

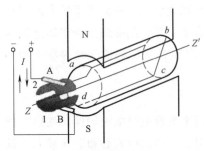

a) 直流电机工作原理

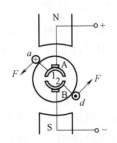

b) 逆时针转动的电枢受力分析图

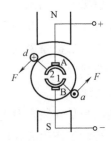

c) 顺时针转动的电枢受力分析图

图 3-3　直流电机模型

I—电流　*F*—电磁力

力的方向是从左向右。这样，在电枢上就产生了逆时针方向的转矩，因此电枢将沿着逆时针方向转动起来。

电枢转到使线圈的 ab 边从 N 极下面进入 S 极，cd 边从 S 极下面进入 N 极时，与线圈 a 端连接的换向片 1 与电刷 B 接触，与线圈 d 端连接的换向片 2 与电刷 A 接触，如图 3-3c 所示。这样，线圈内的电流方向变为从 d 端流向 c 端，再从 b 端流向 a 端，从而保持在 N 极下面的导体中的电流方向不变。因此转矩的方向也不改变，电枢仍然按照原来的逆时针方向继续旋转。由此可以看出，换向片和电刷在直流电机中起着改换电枢线圈中电流方向的作用。

3.2.3 直流电机的工作特性

电励磁直流电机根据励磁绕组接线方式可以分为他励、串励、并励和复励四种形式，其额定电压下的转矩-速度特性如图 3-4 所示。下面分别介绍这四种直流电机的基本特征和工作特性。

1. 他励直流电机

他励直流电机的励磁绕组和电枢绕组分别由不同电源供电。图 3-5 所示为他励直流电机的等效电路。当励磁绕组接到一个恒定的电源时，通过调节 R_f 的大小，可以调节励磁电流的大小。

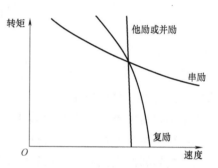

图 3-4 直流电机转矩-速度特性

他励直流电机稳态运行时的电压方程为

$$V_f = R_f I_f \tag{3-1}$$

$$V_a = r_a I_a + \omega_r L_{AF} I_f \tag{3-2}$$

式中，V_f 为励磁电路电源电压；R_f 为励磁电路的电阻；I_f 为励磁电流；V_a 为电枢电路电源电压；r_a 为电枢绕组的内阻；I_a 为电枢绕组的电流；ω_r 为电机转速；L_{AF} 为电枢绕组和励磁绕组之间的互感。

图 3-5 中，L_{AA} 为电枢绕组的自感，L_{FF} 为励磁绕组的自感。

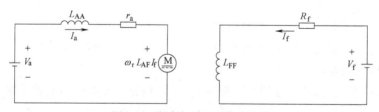

图 3-5 他励直流电机等效电路

永磁直流电机和他励直流电机类似，不同的是其没有励磁电路电压方程，电枢电路电压方程中 $L_{AF}I_f$ 项被一个常量 K_V 取代，若制造厂商没有给出，可以通过试验测量得到。小型直流电机大都是这种类型，可以通过控制电枢电压来调节其转速。

2. 串励直流电机

串励直流电机是将直流电机的励磁绕组和电枢绕组串联起来，其电枢电流也就是励磁电流。由于励磁绕组和电枢绕组串联，为了减小其电压降，绕组采用电阻较小的线圈绕成。

图 3-6 所示为串励直流电机的等效电路。其电压和电流满足以下方程：

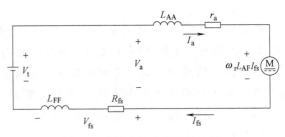

图 3-6　串励直流电机等效电路

$$V_t = V_{fs} + V_a \qquad (3-3)$$

$$I_a = I_{fs} \qquad (3-4)$$

式中，V_t 为电源电压；V_a 和 I_a 分别为电枢绕组的电压和电流；V_{fs} 和 I_{fs} 分别为励磁绕组的电压和电流。

在稳态情况下，串励直流电机的电压方程为

$$V_t = (r_a + R_{fs} + L_{AF}\omega_r)I_a \qquad (3-5)$$

电磁转矩为

$$T_e = L_{AF}I_a^2 = \frac{L_{AF}V_t^2}{(r_a + R_{fs} + L_{AF}\omega_r)^2} \qquad (3-6)$$

式中，r_a 为电枢绕组内阻；R_{fs} 为励磁绕组内阻；L_{AF} 为电枢绕组和励磁绕组之间的互感；I_a 为电枢回路电流；T_e 为电磁转矩。

电磁转矩与电枢回路电流的二次方成正比，因此串励直流电机的起动转矩很大。但由于过大的电枢回路电流会导致铁磁材料饱和，实际转矩比计算出来的转矩要小一些。当电机转速很高时，电磁转矩就会随转速上升而很快下降。实际驱动系统中，如果负载转矩很小，串励直流电机会加速到很高的转速，但过高的转速会对电机产生损害，因此串励直流电机大多应用于电力拖动，如电车、公交车和起重机等需要较高起动转矩的场合。

3. 并励直流电机

并励直流电机的等效电路如图 3-7 所示。电枢绕组和励磁绕组并联连接，因此 $V_a = V_f$。在电机稳态运行时满足以下方程：

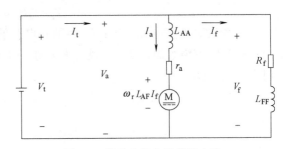

图 3-7　并励直流电机等效电路

$$V_a = R_f I_f \qquad (3-7)$$

$$I_t = I_a + I_f \qquad (3-8)$$

式中，V_a 为电枢绕组端电压；R_f 为励磁回路电阻；I_f 为励磁回路电流；I_t 为电路总电流；I_a 为电枢回路电流。

由式（3-2）和式（3-7）分别可以得到 I_a、I_f。稳态时该电机的电磁转矩为

$$T_e = L_{AF}I_f I_a = \frac{L_{AF}V_a^2}{r_a R_f}\left(1 - \frac{L_{AF}}{R_f}\omega_r\right) \qquad (3-9)$$

式中，T_e 为电磁转矩；L_{AF} 为电枢绕组和励磁绕组的互感。

并励直流电机的励磁绕组与电枢绕组共用同一个电源，与他励直流电机性能相同，具有硬的机械特性，常用于要求转速不受负载影响，又可在大范围内调速的场合。

4. 复励直流电机

复励直流电机的励磁绕组具有串励和并励的特点，如图 3-8 所示。在大多数复励直流电

机中，并励磁场起主导作用，串励磁场起辅助作用。当串励绕组产生的磁通增强并励绕组产生的磁通时，该连接方式称为积复励；当串联绕组产生的磁通削弱并励绕组产生的磁通时，该连接方式称为差复励。如果复励电机作为发电机运行，则串励绕组用来增强并励绕组产生的磁场；如果复励电机作为电动机运行，则串励绕组用来削弱并励绕组产生的磁场。如果设计得当，从电机空载到满载，这种类型的连接可以提供一个近似恒定速度的工作特性。

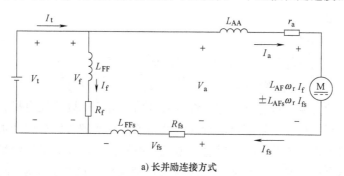

a) 长并励连接方式

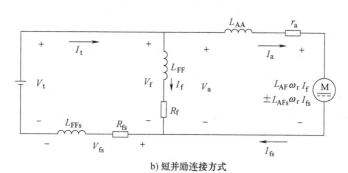

b) 短并励连接方式

图 3-8　复励直流电机等效电路

复励直流电机的电压方程为

$$\begin{pmatrix} V_f \\ V_t \end{pmatrix} = \begin{pmatrix} R_f + pL_{FF} & \pm pL_{FS} & 0 \\ \omega_r L_{AF} + pL_{FS} & \pm \omega_r L_{AFs} + R_{fs} + pL_{FFs} & r_a + pL_{AA} \end{pmatrix} \begin{pmatrix} I_f \\ I_{fs} \\ I_a \end{pmatrix} \tag{3-10}$$

式中，ω_r 为电机转速；V_f 为并励绕组的端电压；V_t 为电源电压；R_f 为并励绕组的内阻；$p = \dfrac{d}{dt}$ 为微分算子，L_{AA} 为电枢绕组的自感；L_{FF} 为并励绕组的自感；L_{FS} 为并励绕组和串励绕组的互感；L_{FFs} 为串励绕组的自感；R_{fs} 为串励绕组的内阻；L_{AF} 为电枢绕组和并励绕组的互感；L_{AFs} 为电枢绕组和串励绕组的互感；r_a 为电枢绕组的内阻；I_f 为并励绕组的电流；I_{fs} 为串励绕组的电流；I_a 为电枢绕组的电流。

式（3-10）中，正负符号分别表示两个励磁绕组的连接为积复励和差复励。

并励绕组有两种连接方式，一种是长并励连接，另一种是短并励连接，如图 3-8 所示。一般都采用长并励连接方式，在这种情况下，电压和电流满足以下方程：

$$V_t = V_f = V_{fs} + V_a \tag{3-11}$$

$$I_t = I_f + I_{fs} \tag{3-12}$$

式中，$I_{fs} = I_a$。

稳态运行时，长并励连接方式的电压可表示为

$$V_t = \frac{(r_a + R_{fs} \pm L_{AFs}\omega_r)I_a}{1 - (L_{AF}/R_f)\omega_r} \tag{3-13}$$

其电磁转矩可以表示为

$$
\begin{aligned}
T_e &= L_{AF}I_f I_a \pm L_{AF}I_{fs}I_a \\
&= \frac{L_{AF}V_t^2[1-(L_{AF}/R_f)\omega_r]}{R_f(r_a+R_{fs}\pm L_{AFs}\omega_r)} \pm \frac{L_{AFs}V_t^2[1-(L_{AF}/R_f)\omega_r]^2}{(r_a+R_{fs}\pm L_{AFs}\omega_r)^2}
\end{aligned}
\tag{3-14}
$$

上述几种类型的直流电机，其驱动特性各有区别。对于他励直流电机，其励磁绕组电压和电枢绕组电压均独立可控，转矩速度特性线性相关，转速随着转矩的增加而下降，通过调节电枢回路的电阻可以调节转速。串励直流电机的电枢绕组电流和励磁绕组电流相等，转矩的增加会引起电枢电流的增加，从而引起励磁磁通的增加，最终会引起转速的下降。可见，转矩与速度特性呈反比关系。串励直流电机由于励磁绕组和电枢绕组串联，电机的起动转矩和低速区转矩相对较大，被广泛用于传统低速电动汽车驱动领域，在直流电机中，这类电机转矩电流比最高，在车辆加速和爬坡阶段，这个特性可以在很大程度上减小电池损耗。

将电励磁直流电机中的励磁绕组用永磁体取代，就变成了永磁直流电机。与电励磁直流电机相比，永磁体节省空间且没有励磁损耗，因此具有较高的功率密度和效率，而且永磁体具有和空气一样的低磁导率，电枢反应因而减弱，换向性能得以提升。但永磁直流电机的励磁磁场不可控，因此难以实现像电励磁直流电机那样的工作特性。

由于换向器和电刷的存在，电励磁直流电机和永磁直流电机均存在同样的问题：换向器引起转矩波动，限制了转速的快速提升；电刷增大了摩擦，会引起电磁干扰；由于机械磨损，换向器和电刷需要定期维护。这些缺点降低了这类电机的可靠性和适用范围，一定程度上也限制了其在现代电动汽车领域的应用。

但如前所述，直流电机最大的优点是控制技术成熟，控制方法简单。控制方法简单是因为通过调节励磁磁通 Φ 和电枢电流 I_a，可以独立控制电机转速 ω_r 和转矩 T_e。不论是绕组式直流电机还是永磁直流电机，均满足以下基本方程：

$$E = K_e\Phi\omega_r \tag{3-15}$$

$$V_a = E + r_a I_a \tag{3-16}$$

$$T_e = K_e\Phi I_a \tag{3-17}$$

式中，E 为反电动势；V_a 为电枢电压；r_a 为电枢电阻；K_e 为反电动势常数或转矩常数。

对于绕组式直流电机，Φ 和励磁电流 I_f 线性相关。对于他励直流电机，I_f 独立可控；对于串励直流电机，I_f 取决于 I_a；对于并励直流电机，I_f 取决于 V_a；对于复励直流电机，I_f 取决于 I_a 和 V_a。但对于永磁直流电机，励磁磁通 Φ 是不可控的。

3.2.4　变换器

DC/DC 变换器采用斩波模式，因此通常被称为直流斩波器，广泛应用于直流电机驱动

系统中，以控制电压。这些直流斩波器可以分为单象限型、二象限型和四象限型。单象限型直流斩波器适用于电动模式，能量从能量源流向负载。二象限型直流斩波器适用于再生制动模式，能量从负载流向电源。二象限型直流斩波器非常适用于电动汽车驱动和再生制动。四象限型直流斩波器不需要借助于机械式接触器，通过电子控制可以实现正向的电动模式和反向的再生制动模式。下面分别介绍单象限型、二象限型、四象限型直流斩波器，由于篇幅限制，只讨论直流斩波器的连续导通模式（CCM）。

1. 单象限型直流斩波器

图 3-9 所示为一个单象限型直流斩波器驱动电路原理图，开关 S 是一个带辅助控制电路的功率开关器件。假设开关 S 与二极管 VD 均为理想器件，若开关 S 闭合，电流 i_s 从零开始逐渐增大到稳态。当开关 S 断开时，由于电枢是感性负载，负载电流通过二极管 VD 续流。在分析中，假定

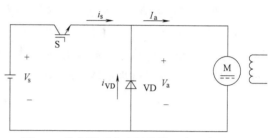

图 3-9 单象限型直流斩波器驱动电路原理图

直流电机是永磁电机或并励且具有恒定励磁电流的电机，因此电机常数为 k_V 而不是 $L_{AF}i_f$。

图 3-10 所示为单象限型直流斩波器开关逻辑，一个锯齿波发生器，产生周期为 T、幅值为 1 的单位锯齿波，然后输入到一个产生周期性控制信号的比较器，两个信号调制以后，其输出信号用来控制开关 S。周期控制信号 k 可以在 0 到 1 之间变化（$0 \leqslant k \leqslant 1$）。从图 3-10 中可以看出，当 k 大于锯齿波幅值时，比较器输出高电平，开关 S 闭合，相应的时间段为 t_{on}。由于锯齿波信号在 0 到 1 之间变化，而 $0 \leqslant k \leqslant 1$，可以计算相关的 k、T 和 t_{on}：

$$t_{on} = kT \tag{3-18}$$

也可以写成

$$t_{on} = \frac{k}{f_s} \tag{3-19}$$

式中，f_s 为单象限型直流斩波器的开关频率（$f_s = 1/T$）。

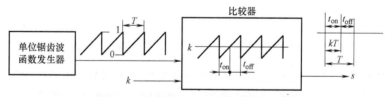

图 3-10 单象限型直流斩波器开关逻辑

当 k 比锯齿波信号小时，比较器输出为低电平，开关 S 断开，相应的时间段为 t_{off}。因此，存在以下等式：

$$t_{on} + t_{off} = T \tag{3-20}$$

也可以写成

$$t_{off} = (1-k)T = (1-k)\frac{1}{f_s} \tag{3-21}$$

由上述内容可以看出，如果 k 恒为 1，开关 S 常闭；如果 k 恒为 0，开关 S 常开。

单象限型直流斩波器是单向的，即电枢电压 V_a 和电枢电流 I_a 只能取非负值（$V_a \geqslant 0$，$I_a \geqslant 0$）。当斩波器工作在连续导通模式时，$I_a > 0$；当斩波器工作在不连续导通模式时，I_a 会在开关 S 断开到闭合过程中有一段时间为 0。

2. 二象限型直流斩波器

图 3-11 所示为一个二象限型直流斩波器驱动电路原理图。图 3-12 所示为二象限型直流斩波器不同变量在稳态时的波形。对于二象限型直流斩波器来说，电枢电压值总为非负值（$V_a \geqslant 0$），但是电枢电流可正可负。二象限型直流斩波器工作在单象限型直流斩波器连续导通情况时，电流 I_1 和 I_2 均为正值；或者电流 I_1 为负值，电流 I_2 为正值；又或者电流 I_1 和 I_2 均为负值。如图 3-12 所示，电流 I_1 为负值，电流 I_2 为正值，电流 i_a 的平均值为正。由于 V_a 的平均值为正，此时电机正转（$\omega_r > 0$）。

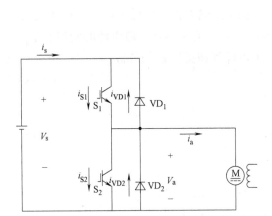

图 3-11　二象限型直流斩波器驱动电路原理图

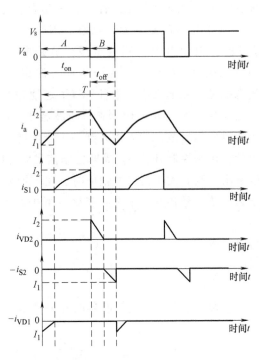

图 3-12　二象限型直流斩波器不同变量在稳态时的波形

在一个二象限型直流斩波器中，有两个功率开关器件和两个二极管，它们的连接情况如图 3-11 所示。与分析单象限型直流斩波器类似，也假设这些器件是理想的。开关信号逻辑也可采用图 3-10 所示比较器的输出信号。当比较器输出为高电平时，开关 S_1 闭合，开关 S_2 断开（时间段为 A，图 3-12）；当比较器输出为低电平时，开关 S_1 断开，开关 S_2 闭合（时间段为 B，图 3-12）。需要指出的是，通常电子开关闭合和断开需要一段时间，断开的时间要比闭合的时间长。因此，开关控制逻辑必须调整使闭合信号延迟一段时间，避免两个开关同时闭合而导致电源短路。尽管延迟时间很短，但是设计中必须要考虑到，这并不影响在分析时假设开关的断开和闭合没有延时的理想情况。

如图 3-12 所示，在时间段 A 中，S_1 闭合，S_2 断开，在时间段 A 刚开始的阶段，电流 $i_a = I_1$ 为负值，这是因为 S_2 断开，负电流 $i_a(I_1)$ 可以通过二极管 VD_1 续流。图 3-12 中也画

出了 $-i_{VD1}$ 和 $-i_{S2}$ 的波形图，用来与 i_a 的波形图做比较。从时间段 A 的起始点开始分析，在上一个时间段 B 中，S_2 闭合，S_1 断开，造成电枢两端短路，电枢两端反向电动势使电流反向流动，即 i_a 为负值。因此，当 S_1 闭合，S_2 断开时，i_a 不能突变，二极管 VD_1 续流。由于 S_1 闭合，电机两端接在电源两端，而电源电压大于反向电动势，因此，电枢电流 i_a 缓慢增加，当 i_a 增加到 0 时，续流二极管 VD_1 停止导通，此时，电流通过开关 S_1 流向电枢，此时的电枢电流 i_a 为 i_{S1}，一直增大到时间段 A 的终点。

在时间段 B 的起点，S_2 闭合，S_1 断开，由于 S_2 的单向导电性，正向电流 I_2 通过二极管 VD_2 续流，此时电枢短路，于是正向电流 I_2 持续减小，当 I_2 减小到 0 时，续流二极管 VD_2 停止导通，电流通过开关 S_2 流向电枢，一直持续到时间段 B 的终点。

当电流 I_1 和 I_2 均为正值时，电机工作在电动状态，ω_r 为正。在这种工作模式下，电流通过 S_1 或 VD_2。当电流 I_1 和 I_2 均为负值时，电机工作在发电状态，向电源回馈能量，ω_r 为正。在这种工作模式下，电流通过 S_2 或 VD_1。

3. 四象限型直流斩波器

图 3-13 所示为一个简单的四象限型直流斩波器驱动电路原理图。图 3-14 所示为四象限型直流斩波器各变量在稳态时的波形。这种直流斩波器可以使电机在四象限运行，即电枢的电压 V_a 和电流 i_a 既可以为正，也可以为负。一般情况下，I_1 为负，I_2 为正；在时间段 A 中，$V_a = V_s$，在时间段 B 中，$V_a = -V_s$，但是，电压 V_a 和电流 i_a 的平均值为正。因此，从平均值的观点来看，图 3-13 所示的直流驱动电路工作在电动状态时，电机转子速度 ω_r 为正。这是平均电压和平均电流的单象限运行模式，尽管从电压 V_a 和电流 i_a 瞬时值来看，它工作在四个象限，因此必须区分在一个周期 T 中的四象限运行和四象限平均值运行两种模式。

PWM
脉宽调制

以 V_a 和 i_a 为坐标作图，如果 V_a 为正，i_a 为负（平均值或瞬时值），那么电机工作在第四象限；如果 ω_r 为正，那么电机工作在发电状态。在第二象限，V_a 为负，i_a 为正，如果 ω_r 为负，那么电机工作在发电状态。在第三象限，V_a 为负，i_a 为负，如果 ω_r 为负，那么电机工作在电动状态。以 T_e 和 ω_r 为坐标作图，电机在第一、第三象限工作在电动状态，在第二、第四象限工作在发电状态。以 V_a 和 i_a 为坐标作图，以上情况只在 V_a 和 ω_r 同时为正或同时为负时成立。可以验证如下：如果 V_a 和 i_a 都为正，ω_r 为正，那么电机工作在第一象限；如果 V_a 和 i_a 都为正，而 ω_r 为 0，那么电机此时既不工作在电动状态，也不工作在发电状态，可能是在外力作用下 ω_r 略微为负，此时 V_a 和 i_a 仍都为正，电机工作在发电状态，因为 T_e 为正，而 ω_r 为负。因此，在以 V_a 和 i_a 为坐标的四象限图中，必须知道 ω_r 的符号，这样才能确定电机工作在何种状态。

针对四象限型直流斩波器的开关控制策略有很多，图 3-14 所示为其中的一种。在这种情况下有两种状态：一种是当开关 S_1 和 S_2 信号为高电平，开关 S_3 和 S_4 信号为低电平时，S_1 和 S_2 闭合，S_3 和 S_4 断开；另一种是当开关 S_3 和 S_4 信号为高电平，开关 S_1 和 S_2 信号为低电平时，S_1 和 S_2 断开，S_3 和 S_4 闭合。同样地，分析其工作特性时，也假定这些开关和二极管是理想的。

在时间段 A 中，S_1 和 S_2 闭合，S_3 和 S_4 断开。在时间段 A 的起始阶段，$i_a(I_1)$ 为负，因为 S_1 和 S_2 不能导通负向电流，I_1 只能通过续流二极管 VD_1 和 VD_2。图 3-14 所示为

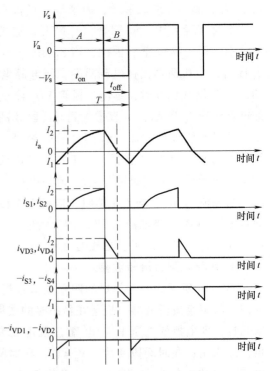

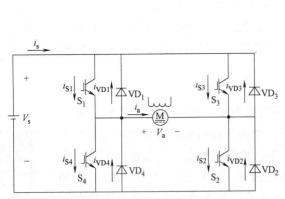

图 3-13 四象限型直流斩波器驱动电路原理图 图 3-14 四象限型直流斩波器各变量在稳态时的波形

$-i_{VD1}$、$-i_{VD2}$、i_{VD3} 和 i_{VD4} 波形，用来与 i_a 的波形图做比较。在时间段 A 期间，电压 V_a 为电源电压 V_s，因为 V_s 大于反向电动势，电枢电流由负值 I_1 逐渐增大到 0，在这段过程中，电源电流 i_s 为 $-i_{VD1}$，也为 $-i_{VD2}$。当 i_a 到达 0 时，续流二极管 VD_1 和 VD_2 停止导通，此时电流通过开关 S_1 和 S_2 继续流通，电流由 0 逐渐增至 I_2。在这段过程中，电源电流 i_s 为 i_{S1}，也为 i_{S2}。

在时间段 B 中，V_a 是 $-V_s$，此时 S_1 和 S_2 断开，S_3 和 S_4 闭合。在时间段 B 的起始阶段，$i_a(I_2)$ 为正，但是 S_3 和 S_4 不能导通正向电流，I_2 只能通过续流二极管 VD_3 和 VD_4，直到 i_a 减小到 0。在这段过程中，电源电流 i_s 为 $-i_{VD3}$，也为 $-i_{VD4}$。当 i_a 到达 0 时，续流二极管 VD_3 和 VD_4 停止导通，此时电流通过开关 S_3 和 S_4 继续流通，电流由 0 逐渐降至 I_1。在这段过程中，电源电流 i_s 为 i_{S3}，也为 i_{S4}。

I_1 和 I_2 可表示为

$$I_1 = \frac{V_s}{V_a} \frac{2e^{-(1-k)T/\tau_a} - e^{-T/\tau_a} - 1}{1 - e^{-T/\tau_a}} - \frac{k_V \omega_r}{r_a} \tag{3-22}$$

$$I_2 = \frac{V_s}{V_a} \frac{1 - 2e^{-kT/\tau_a} - e^{-T/\tau_a}}{1 - e^{-T/\tau_a}} - \frac{k_V \omega_r}{r_a} \tag{3-23}$$

式中，τ_a 为系统的时间常数。

如果从一个开关周期到另一个开关周期，k 和 V_s 变化不大，那么平均电枢电压可以表示为

$$\overline{V_a} = \frac{1}{T}\left[\int_0^{kT} V_s \mathrm{d}\xi + \int_{kT}^{T} - V_s \mathrm{d}\xi\right]$$

$$= \frac{1}{T}\left[kTV_s - (1-k)TV_s\right]$$

$$= (2k-1)V_s \tag{3-24}$$

式中，ξ 为积分变量；k 为占空比。

现以二象限型直流斩波器为例说明其开关逻辑控制方法。如图 3-15 所示，有三种方法可以使斩波输出电压改变，即脉宽调制（PWM）、频率调制、峰值电流限制控制。第一种方法保持斩波频率不变，调节脉宽；第二种方法保持脉宽不变，调节斩波频率；第三种方法斩波频率和脉宽均可调，以达到控制负载电流工作在最大值和最小值之间的目的。二象限型直流斩波器 PWM 控制多用于传统的电动汽车直流电机驱动系统。其控制是基于可变的周期 δ：

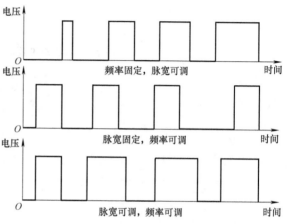

图 3-15 直流斩波器控制输出电压的三种方法

$$V_a = \delta V_s \tag{3-25}$$

式中，V_s 为直流电源电压。

$$I_a = \frac{V_a - E}{R_a} \tag{3-26}$$

式中，E 为电机感应电动势

当 $\delta > E/V_s$ 时，电机处于电动状态（$I_a > 0$）；当 $\delta < E/V_s$ 时，电机处于发电（再生制动）状态（$I_a < 0$）；当 $\delta = E/V_s$ 时，电机空载运行。由于电流总是存在，间断情形不会发生。

直流斩波器的功率开关在开通和断开阶段，电压和电流变化率都很大，因此消耗掉很多能量。为了降低开关损耗，提出了软开关技术。软开关 DC/DC 变换器的研究大多集中于开关电源方面，在直流电机驱动系统方面的研究和应用很少。另外，现成的软开关 DC/DC 变换器无法处理再生制动时反向电流流动。图 3-16 所示为一种应用于直流电机驱动系统的二象限型软开关 DC/DC 变换器，即二象限型零电压变换器（2Q-ZVT），该变换器对于电汽车直流电机驱动系统来说，无论在电动状态还是在再生制动状态下，都具有较高的效率，较小的电压和电流应力。在电动状态和再生制动状态下，它的等效电路和稳态波形分别如图 3-17 和图 3-18 所示。这种变换器的输出电压 V_o 在电动状态时由电压变换系数 $\mu_m = V_o/V_i$ 决定。μ_m 和可变的周期 δ 有关：

$$\mu_m = \delta_m + \frac{f}{4\pi} + \left(\pi - 2 + \frac{1}{\lambda_m}\right) \tag{3-27}$$

式中，δ_m 为归一化后的总周期 S_3、S_4、S_6；f 为归一化的开关频率；λ_m 为归一化的负载电流。

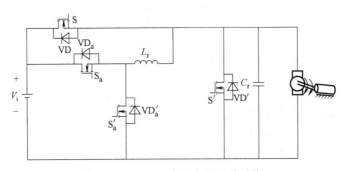

图 3-16　2Q-ZVT 直流电机驱动系统

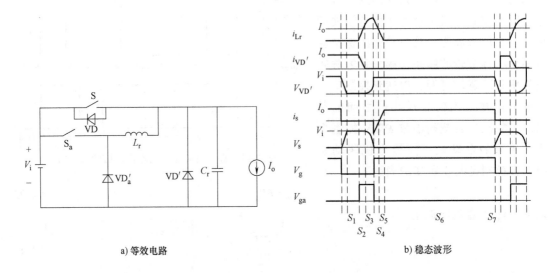

a) 等效电路　　　　　　　　　　　　b) 稳态波形

图 3-17　电动状态下的等效电路和稳态波形

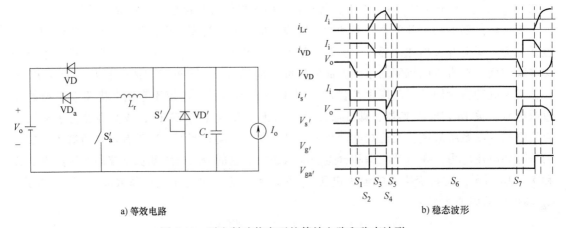

a) 等效电路　　　　　　　　　　　　b) 稳态波形

图 3-18　再生制动状态下的等效电路和稳态波形

图 3-19 所示为当 $f = 0.04$ 时，λ_m 和 δ_m 为横坐标，μ_m 为纵坐标的工作特性。类似地，再生制动阶段的电压变换比 μ_r 可以表示为

$$\mu_{\mathrm{r}}=\cfrac{1}{1-\left[\delta_{\mathrm{r}}+\cfrac{f}{4\pi}+\left(\pi-2+\cfrac{1}{\lambda_{\mathrm{r}}}\right)\right]} \tag{3-28}$$

式中，δ_{r} 为占空比，也被定义为归一化后的总周期 S_4、S_3、S_6；λ_{r} 为归一化后的再生负载电流。

图 3-20 所示为当 $f=0.04$ 时，λ_{r} 和 δ_{r} 为横坐标，μ_{r} 为纵坐标的工作特性。

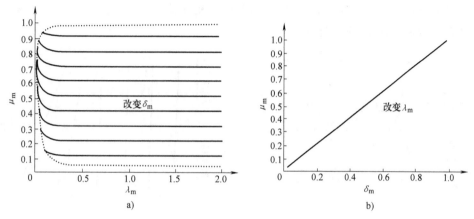

图 3-19　电动状态下的运行特性

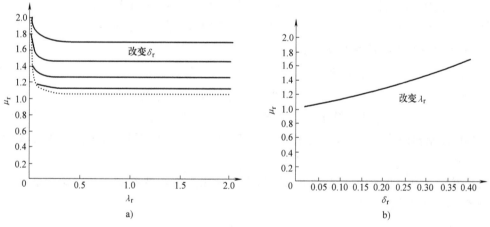

图 3-20　再生制动状态下的运行特性

3.2.5　电机速度控制

一般来说，直流电机驱动系统的速度控制大致分为电枢控制和磁场控制两种方法。当直流电机的电枢电压减小时，电枢电流和电机转矩也相应减小，电机转速也因此减小。相反地，当电枢电压增加时，电机转矩增加，转速上升。由于电枢所允许的最大电流是固定值，磁场也是固定不变的，电枢电压控制策略具有在所有速度时均可以保持最大转矩的优点。但是，由于电枢电压只能在额定电压值以下调节，这种控制策略仅仅适用于系统工作在其基速以下的阶段。

从另一方面来说，当励磁绕组电压减小，电枢电压保持不变时，电机的感应电动势减小。由于电枢绕组的电阻比较小，电枢电流增加量会比磁场减小量大得多，电机转矩增加。

因为电枢所允许的最大电流是固定值,所以当电枢电压保持不变时,感应电动势在所有转速下均为恒定值。电机最大功率因此为常量,而最大转矩和转速成反比变化。为了能在较大范围内调节电动汽车直流电机驱动系统的转速,电枢控制必须和磁场控制结合起来。维持磁场为额定值,调节电枢电压,可以控制电动汽车从静止到其基速的变化。维持电枢电压为额定值,磁场控制用于电动汽车工作在基速以上阶段。图 3-21 所示为电枢控制和磁场控制结合时相应的最大容许转矩和功率,图 3-22 所示为一个他励直流电机驱动系统在电动状态和再生制动状态时响应的转矩-速度特性。

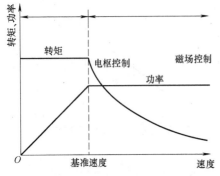

图 3-21　直流驱动系统电枢和磁场联合控制

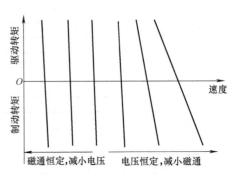

图 3-22　他励直流电机驱动特性

现在一般用直流斩波器来控制电枢电压或励磁电压来达到调节速度的目的。下面分别介绍电压控制直流斩波器和带电压前馈的电压控制直流斩波器驱动系统。

1. 电压控制直流斩波器驱动系统

直流电机速度控制框图如图 3-23 所示。其中,ω^* 是速度参考信号;τ_a 为系统的时间常数;p 为转子极对数;k 为占空比;B 为黏滞阻尼系数;T_e 为电机电磁转矩;$\overline{\omega}$ 为转子平均参考速度;r_a 为相电阻;J 为转子转动惯量;误差信号输入到 PID(比例-积分-微分)控制器中。PID 控制器的输出是一个占空比信号,然后输入直流斩波器 A。直流斩波器 A 的输出是平均电压。

可以看出,直流斩波器 A 的输出电压依赖于所用直流斩波器的类型。对于单象限型直流斩波器,平均电压表达式为

$$\overline{V}_a = kV_a + (1-k-\beta)k_V\overline{\omega} \tag{3-29}$$

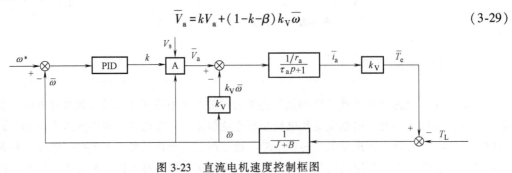

图 3-23　直流电机速度控制框图

对于二象限型直流斩波器,平均电压表达式为

$$\overline{V}_a = kV_s \tag{3-30}$$

对于四象限型直流斩波器，平均电压表达式为

$$\overline{V}_a = (2k-1)V_s \qquad (3\text{-}31)$$

根据负载计算出来的转子平均参考速度$\overline{\omega}$也是直流斩波器 A 的一个输入信号。对于单象限型直流斩波器来说，需要计算断续状态下电流持续因子β；而对于第二象限、四象限型直流斩波器来说，不需要计算β。很明显，只有四象限型直流斩波器才可以用来实现正反向速度控制。

2. 带电压前馈的电压控制直流斩波器驱动系统

带电压前馈的直流电机速度控制框图如图 3-24 所示。与图 3-23 相比，该框图在 PID 控制器和直流斩波器 A 之间多了一个电压前馈环节 B。在这种情况下，PID 控制器输出的是期望的电压信号。电压前馈环节 B 输出的是一个占空比信号，该信号是直流斩波器 A 的输入信号。

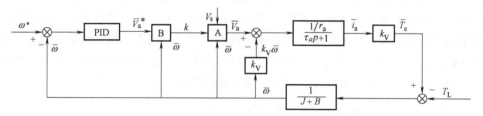

图 3-24　带电压前馈的直流电机速度控制框图

电压前馈环节 B 通过计算得到一个占空比信号来控制直流斩波器的电子开关。对于单象限型直流斩波器，输出信号 k 的公式为

$$k = \frac{\overline{V}_a - k_V\overline{\omega}(1-\beta)}{V_s - k_V\overline{\omega}} \qquad (0 \leqslant \overline{V}_a^* \leqslant V_s) \qquad (3\text{-}32)$$

对于二象限型直流斩波器，计算公式为

$$k = \frac{\overline{V}_a^*}{V_s} \qquad (0 \leqslant \overline{V}_a^* \leqslant V_s) \qquad (3\text{-}33)$$

对于四象限型直流斩波器，计算公式为

$$k = \frac{1}{2} + \frac{\overline{V}_a^*}{2V_s} \qquad (0 \leqslant \overline{V}_a^* \leqslant V_s) \qquad (3\text{-}34)$$

对于二象限、四象限型直流斩波器来说，计算占空比不需要知道转子平均速度信号。

前馈控制的目的很明显，下面以图 3-23 来解释。当电源电压 V_s 减小时，直流斩波器 A（图 3-23）的输出电压 $\overline{V}_a$ 将以同样比例减小，因为占空比不会改变来补偿电源电压的下降，直到转速下降后 PID 控制器才增大占空比 k。有了前馈电压控制，通过电压前馈环节 B（图 3-24）的计算感知到电源电压 V_s 的下降，及时增加占空比 k 来补偿。因此，虽然 V_s 发生变化，但是 $\overline{V}_a$ 保持不变，所以转矩和转速就不会受电源电压下降的影响。

需要指出的是，对于单象限型直流斩波器，电压前馈环节 B 输出开关信号 k 的计算公式可能不同于式（3-32）。如果工作在不连续导通模式（DCM），那么输出可能不能完全补偿

电源电压的变化。此时就要用式（3-33）来计算占空比。

3.3 交流感应电机及其驱动技术

与前面介绍的换向器直流电机驱动系统相比，无换向器交流电机在电动汽车驱动系统中具有很多优势。目前，在众多无换向器交流电机驱动技术中，交流感应电机驱动技术最为成熟。交流感应电机一般分为绕线转子和笼型两种类型，绕线转子感应电机成本高，结构复杂，故障率较高；而笼型感应电机结构简单，使用方便，运行可靠，效率较高，制造容易，成本低。通常，笼型感应电机被笼统地称为感应电机，交流感应电机除了具有无换向器电机驱动的共同优点外，还有成本低、坚固耐用等优点。尽管其控制相对复杂，但这些优点仍使得交流感应电机在电动汽车驱动中得到广泛的应用。

交流感应电机的缺点是不能平滑调速，调速范围小。由于交流感应电机是一个高阶、非线性、强耦合的多变量复杂系统，早期的交流电机控制多建立在电机稳态模型的基础上，其系统控制规律是从电机的稳态等效电路和稳态转矩公式出发推导出的平均值控制，一般不考虑过渡过程。因而在系统设计时，不得不做出较多的假设，忽略较多因素，这就使得设计结果与实际相差较大，系统的稳定性、起动及动态响应等方面的性能较差。

3.3.1 笼型感应电机的基本结构与工作原理

三相异步
电机工作
原理

交流感应电机的基本结构包括定子、转子和气隙。定子包括定子铁心和绕组，转子包括转子铁心、转子绕组和轴，定子铁心和转子铁心均由硅钢片叠压而成。图 3-25 所示为笼型感应电机的截面图。笼型感应电机的组成部分还包括机座、外壳、轴承及位置传感器、冷却装置等。

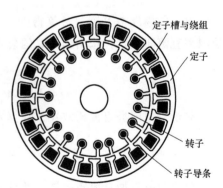

图 3-25　笼型感应电机的截面图

在定子铁心内圆周开有均匀分布的槽，在槽中嵌放三相绕组，每相绕组按照一定的规律分布于槽中，当通入电流时能产生沿圆周近似正弦分布的磁场。三相绕组在空间彼此错开 120°电角度。笼型转子通常是在转子铁心外圆周的槽中通过铸铝或铸铜等工艺制成转子导条，在转子的两端分别用端环将所有导条短接。

当在定子绕组中通入三相对称电流时，在电机内部产生旋转磁场。这个旋转磁场又在转子导体内部产生感应电动势。由于转子绕组短路连接，进而形成转子电流。磁场对其范围内通电流的导体会产生力的作用，从而形成了转矩输出，这就是感应电机的基本工作原理。

所产生的电磁转矩可表示为

$$T_{em} = \frac{m}{\omega_m} \frac{V_1^2}{(R_1 + R_2'/s)^2 + (X_1 + X_2')^2} \frac{1-s}{s} R_2' \tag{3-35}$$

式中，ω_m 为转子角速度；s 为转差率；R_1、R_2' 分别为定子绕组和转子绕组电阻；X_1、X_2' 分别为定子绕组和转子绕组电抗；V_1 为相电压；m 为电机相数。

由此可得到在恒压恒频条件下感应电机的转矩-转差率特性曲线，如图 3-26 所示。在"电动"区域内，转子沿旋转磁场的方向转动，转速在 0 与同步转速之间，对应的转差率在 1 与 0 之间；当 $s=1$ 时，转速为 0，对应的转矩为起动转矩；在 $s>1$ 的区域，转速为"－"，电机为反向制动；当在外力驱动下转子速度大于同步转速时，对应的 $s<0$，则电机处于发电状态，为正向制动，当电动汽车下长坡驱使电机不断加速至同步转速以上时，便属于此状态。

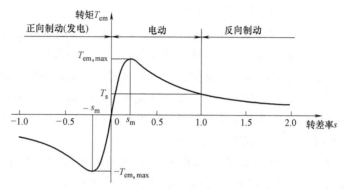

图 3-26 感应电机的转矩-转差率特性曲线

3.3.2 电动汽车用感应电机的设计特点

交流感应电机的主要结构参数包括内径和外径、铁心长度、气隙长度、磁极数、定子槽数、转子槽数、定子齿宽和槽深、转子齿宽和槽深、每相绕组匝数、槽满率、单位磁路的磁通密度、单位回路的热阻抗、速度、转矩和效率、单位质量的转矩及铜材料和铁心的质量等。

用于电动汽车驱动的感应电机在原理上与工业中用的感应电机基本相同。然而，这种电动机需要专门设计，一般转子铁心和定子铁心由薄硅钢片叠加而成，以减小铁心损耗，笼型绕组一般采用铜条，以降低线圈损耗，定子铁心采用 C 级绝缘，可直接用低黏度的油冷却，采用铸铝基座来减小电机总质量。尽管电机的电压等级受电动汽车电池数量、质量和类型的限制，但一般仍需要合理地采用高电压和低电流的电机设计，以降低功率逆变器的体积和成本。尽管轴承摩擦、通风损耗及驱动桥配合公差等因素影响电机的最大转速，但仍然需要采用高转速电机以使电动汽车的尺寸和质量最小化。

为了优化电机的几何形状和参数，通常使用计算机辅助设计（CAD）技术，一般可采用二维有限元法（FEM）实现静态和动态电磁场分析。目前，三维有限元法能有效应用于交流电机的优化和设计中。此外，以三维有限元法为基础的交流电机温度场分析也是研究的热点之一。其原因是起动过程中，由于集肤效应的影响，电机各个位置的损耗密度分布随时间的变化有很大的差异，图 3-27 所示为永磁同步电机热力场分析。

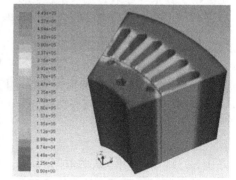

图 3-27 电动汽车永磁同步电机热力场分析

3.3.3　逆变器

逆变器的
工作原理

电动汽车驱动中，感应电机使用的几乎都是专用的三相电压型逆变器，逆变器的设计在很大程度上依赖于功率器件技术。目前，基于 IGBT 的逆变器最受青睐。为了提高逆变效率，存储在负载电感中的能量应能反馈回电源，因此要求逆变器应为一个功率可以双向流动的变换器，即既可以把直流电源传输到交流负载侧，也可以把交流负载中的电能反馈回直流电源。

由于硬开关逆变器拓扑结构几乎是固定的，逆变器的设计通常取决于功率器件的选择和脉宽调制开关方案。选择功率器件的标准是：由于变换过程中会产生浪涌电压，器件的额定电压至少是蓄电池额定电压的两倍；要求单个器件的电流等级足够大，不需要并联数个功率器件来分流；为抑制谐波和噪声，要求开关速度足够高。另一方面，选择脉宽调制（PWM）开关方案时，要求其输出基波的幅值和频率能平稳变化；输出谐波失真最小；在蓄电池电压波动大的情况下，能实现宽电压范围控制。

逆变器的脉宽调制技术通常以频率和期望波形相同的正弦波、梯形波或方波等作为"调制波"（Modulating Wave），以频率比调制波频率高得多的等腰三角波或锯齿波为"载波"（Carrier Wave）。由于正三角波或锯齿波的上下宽度是线性变化的，它与调制波相交时，就可以得到一组幅值相等而宽度正比于调制波函数值的矩形脉冲序列，并用来等效调制波。用开关量取代模拟量，并通过对逆变器开关管的通断控制，把直流电变成交流电，这一技术就称为脉宽调制技术。脉宽调制技术可以用于电压型逆变器，也可以用于电流型逆变器，它对于逆变技术的发展起了很大的推动作用。

现在有许多脉宽调制策略可以使用，如正弦脉宽调制（Sinusoidal PWM）、均衡脉宽调制（Uniform PWM）、优化脉宽调制（Optimal PWM）、三角波脉宽调制（Delta PWM）、随机脉宽调制（Random PWM）、等面积脉宽调制（Equal-area PWM）、滞环脉宽调制（Hysteresis-band PWM）和空间矢量脉宽调制（Space Vector PWM）等。电流控制的滞环脉宽调制和空间矢量脉宽调制已经被广泛地应用于电动汽车感应电机的驱动。

电压控制型等面积脉宽调制策略是专门为电动汽车中电池供电的感应电机驱动设计的。等面积脉宽调制的优点是谐波失真小，所需软件和硬件费用最少，能实时执行并允许直流电压波动。其基本原理是把一个正弦波分成若干份来估计脉宽，因此每个脉冲的面积等于同一参考系下正弦波对应部分的面积，如图 3-28 所示。

用正弦波表示的输出电压为

$$V_o = V_d + V_a \sin\omega t \tag{3-36}$$

式中，V_d 为直流电压源的电压幅值；V_a 为要求输出的正弦电压的幅值；ω 为输出角频率。

因此，该正弦波的阴影面积为

$$A_j = \int_{t_j}^{t_{j+1}} (V_d + V_a \sin\omega t)\,\mathrm{d}t \tag{3-37}$$

式中，t_j 到 t_{j+1} 为第 j 次的时间间隔。

脉宽调制波形对应的阴影面积为

$$B_j = 2V_d P_j \tag{3-38}$$

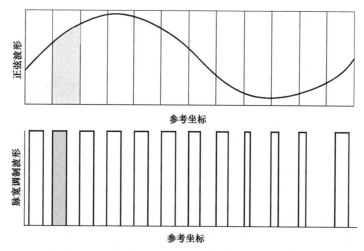

图 3-28　等面积脉宽调制

式中，P_j 为第 j 次脉冲宽度。

令 A_j 和 B_j 相等，可得

$$P_j = \frac{1}{\omega}\left(\frac{\theta_{j+1}-\theta_j}{2}+\frac{V_a\cos\theta_j-\cos\theta_{j+1}}{V_d} \right) \tag{3-39}$$

式中，$\theta_j=\omega$；θ_{j+1} 为相应的第 $j+1$ 次间隔角度，$\theta_{j+1}=\omega t_{j+1}$。

同样，对应脉冲的间隔宽度 N_j 为

$$N_j = \frac{1}{\omega}\left(\frac{\theta_{j+1}-\theta_j}{2}-\frac{V_a\cos\theta_j-\cos\theta_{j+1}}{V_d} \right) \tag{3-40}$$

计算后第 j 个脉冲位于第 j 个分割的中间部分，而且在 $0\sim\pi$ 范围内，脉冲以 $\pi/2$ 为对称轴对称，在 $\pi\sim2\pi$ 范围内，脉冲以 $3\pi/2$ 为对称轴对称，因此只要给出 $\pi/2$ 和 $3\pi/2$ 之间部分的输出，根据对称性可以得到 $0\sim\pi/2$ 和 $3\pi/2\sim2\pi$ 的输出，这样就可以减少计算量。另外，在脉宽和脉宽间隔的表达式中，只有第二个分式的符号不同，其他都是相同的，这样可以进一步减少计算量。从脉宽的数学方程式可以看出，脉宽直接取决于瞬时的直流电压值和间隔角度，因此实时计算所需的硬件和软件最少，并且能随蓄电池电压的变化自动调节。

自 1986 年直流电路的逆变器问世以来，人们就一直为感应电机驱动开发软开关逆变器。然后人们又提出了许多改进的软开关逆变器拓扑结构，如谐振直流电路、串联谐振直流电路、并联谐振直流电路、同步谐振直流电路、谐振变换、辅助谐振整流极和辅助谐振缓冲（Auxiliary Resonant Snubber，ARS）逆变器。其中，ARS 逆变器是专门为电动汽车驱动开发的。

通过采用辅助开关、谐振感应线圈和谐振缓冲电容可得到软开关的条件，ARS 逆变器的两种三相拓扑结构如图 3-29 所示。逆变器拓扑结构可使主功率器件和辅助开关在零电压开关（ZVS）状态下工作。而且，这些拓扑结构的寄生电感和杂散电容作为谐振分量的一部分，用来减小过电流或过电压给主功率开关带来的危害。因此，ARS 逆变器拓扑技术在电动汽车驱动中有很好的应用前景。

三角形联结 ARS 逆变器比星形联结 ARS 逆变器在电动汽车驱动中的应用更广泛，因为

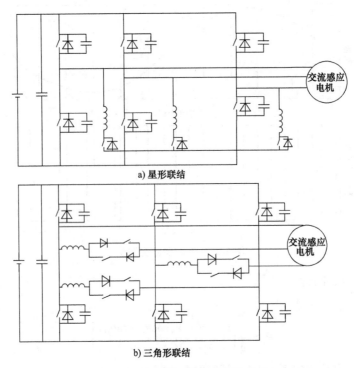

a) 星形联结

b) 三角形联结

图 3-29　ARS 逆变器三相拓扑结构

三角形联结 ARS 逆变器有大的功率容量，没有漂移电压或过电压给辅助功率开关带来的危害，不需要另外安装电压或电流传感器，它的谐振开关没有跨接反并联的快速可逆恢复二极管等。其拓扑电路如图 3-30 所示。

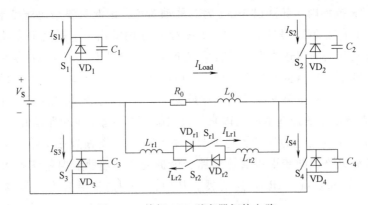

图 3-30　单相 ARS 逆变器拓扑电路

图 3-31 所示为一个完整周期的 10 种工作模式。

（1）**模式 0**（$t < t_0$）　初始阶段，S_1 和 S_4 导通。

（2）**模式 1**（$t_0 \sim t_1$）　开关 S_{r1} 闭合，谐振电感的电流开始线性增加。

（3）**模式 2**（$t_1 \sim t_2$）　S_1 和 S_4 关断，谐振电感和缓冲电容之间产生共振；当 C_1 和 C_4 充电至直流电压 V_S 时，C_1 和 C_2 放电至零，这给开关 S_2 和 S_3 提供了零电压变换的条件。

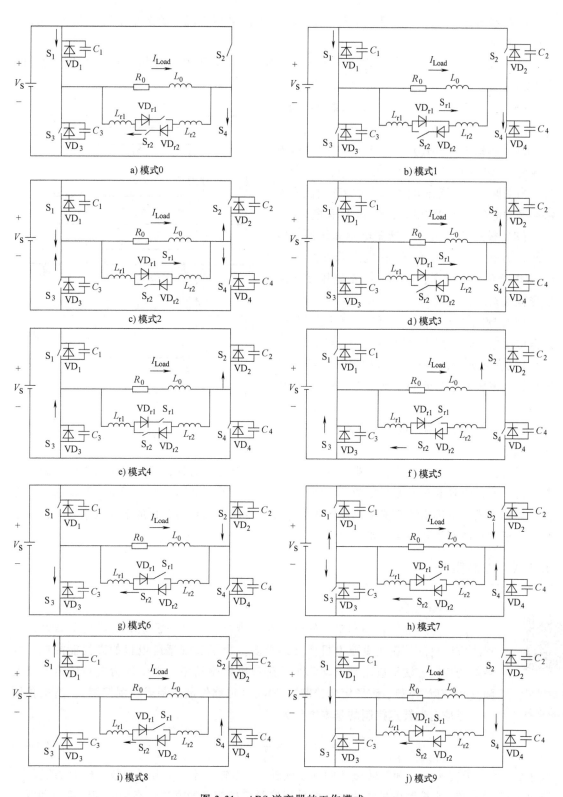

图 3-31　ARS 逆变器的工作模式

（4）**模式3**（$t_2 \sim t_3$）　S_2 和 S_3 零电压导通，谐振电感电流开始线性下降，同时 VD_2 和 VD_3 导通续流。

（5）**模式4**（$t_3 \sim t_4$）　谐振电感电流为零，使 S_{r1} 可以零电流关断，负载电流通过 VD_2 和 VD_3 续流。

（6）**模式5**（$t_4 \sim t_5$）　S_2 和 S_3 继续导通，S_{r2} 闭合，谐振电感电流开始线性增加。

（7）**模式6**（$t_5 \sim t_6$）　S_2 和 S_3 中的电流方向改变，谐振电感电流继续增加，并超过负载电流。当谐振电感电流充分大，即它储存的能量能够给缓冲电容充电和放电时，S_2 和 S_3 关断。

（8）**模式7**（$t_6 \sim t_7$）　谐振电感和缓冲电容之间开始谐振。当 C_2 和 C_3 充电至满时，C_1 和 C_4 放电至零，提供了使 S_1 和 S_4 零电压闭合的理想变换条件。

（9）**模式8**（$t_7 \sim t_8$）　S_1 和 S_4 零电压闭合，谐振电感电流开始减小，VD_1 和 VD_4 导通。

（10）**模式9**（$t_8 \sim t_9$）　谐振电流继续线性下降，当谐振电感电流减小到零时，S_{r2} 零电压关断。

下一阶段是模式0，依次循环下去，波形如图 3-32 所示。

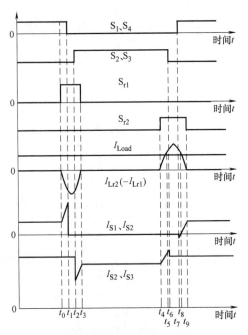

图 3-32　ARS 逆变器拓扑波形

尽管基于软开关技术的逆变器在电动汽车驱动中有应用前景，但实际应用之前还需要不断完善，尤其应降低它的控制复杂性，同时还需要结合不同的驱动特点调整脉宽调制开关方案，以确保感应电机驱动系统变速控制的可靠性。目前，实际商业化的电动汽车电力驱动系统中，还没有使用软开关逆变器。

3.3.4　控制策略

异步电机
变频调速

1. 转速控制

由于感应电机直轴和交轴的磁场相互耦合，其动态模型具有高度非线性，使得感应电机的控制比直流电机要复杂得多。为了实现感应电机的高性能控制，许多新的控制方法被应用到电动汽车的感应电机驱动中。其中较为成功的是变压变频（VVVF）控制、磁场定向控制（FOC）（也称矢量控制或解耦控制）、变极控制等。感应电机转速控制的基本方程为

$$n = n_s(1-s) = \frac{60f}{p}(1-s) \tag{3-41}$$

式中，n 为转子转速；n_s 为旋转磁场的同步转速；s 为转差率；p 为极对数；f 为电源频率。通过改变 f、p 和 s 来控制电机转速，一般采用控制多种变量的方法。高级的控制策略和复杂的控制算法（如自适应控制、变结构控制和最优控制等）已经得以使用，以获得快速响应、

高效率和宽转速范围。

2. 变压变频控制

变频控制是恒压（通常为额定电压）控制，频率大于电机额定频率；而变压变频控制是恒电压/频率比（简称压频比）的控制，频率低于电机额定频率。交流感应电机驱动系统变压变频控制的功能框图如图 3-33 所示。在交流电机调速系统中，变压变频控制系统调速性能最好，可与直流调速系统媲美，因此它的应用范围最广。调速时，希望保持电机中每极磁通 Φ_m 为额定值不变，由感应电动势 $E = 4.44 f_1 N_s \Phi_m$（f_1 为电源频率，N_s 为线圈匝数）可知，须同时调节定子供电电源的电压和频率，使机械特性平滑地上下移动，并获得很高的运行效率。在调速时，转差功率不随转速变化，调速范围宽，无论是高速还是低速，效率都较高。

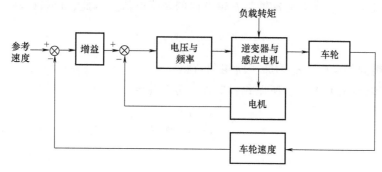

图 3-33 变压变频控制的感应电机驱动框图

变压变频控制中，需要考虑基频（额定频率）以下和基频以上两种情况。在基频以下调速时，要保持磁通不变，当频率从额定值向下降低时，必须同时降低电动势，即采用压频比为恒定值的控制方式，属于"恒转矩调速"。低频时，电压和反电动势的值都较小，电源电压和定子阻抗引起的电动势下降不能忽略，使得控制性能变差，并可能产生振荡和不稳定现象。可以使用辅助电压来补偿电动势的下降。在基频以上调速时，频率从额定值向上升高，但定子电压不可能超过额定电压，最多只能保持为额定电压，这将迫使磁通随频率成反比地降低，相当于直流电机弱磁升速的情况，属于"恒功率调速"。

感应电机的转矩-速度特性如图 3-34 所示，可分为三段，第一段在电机频率低于基频时，产生额定转矩，称为恒转矩区；在第二段，定子电压保持恒定，转差增加到最大值，电机功率维持在额定值不变，称为恒功率区；第三段为高速区，转差维持不变，而定子电流衰减，转矩随速度的二次方减少。因为变压变频控制方法具有气隙磁通偏移和延时响应等缺点，在高性能电动汽车的驱动中较少使用这种方法。

3. 磁场定向控制

磁场定向控制（矢量控制）实现了交流电

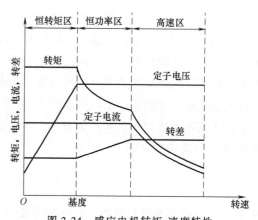

图 3-34 感应电机转矩-速度特性

机磁通和转矩的解耦控制，使交流传动系统的动态特性有了显著的改善。在提高电动汽车驱动器的动态性能方面，相对于变频调速控制，磁场定向控制得到了较多关注。交流感应电机是一个多变量、强耦合、非线性的时变参数系统，很难直接通过外加信号准确控制电磁转矩。磁场定向控制方法以转子磁通这一旋转的空间矢量为参考坐标，从静止参照系（$d\text{-}q$ 坐标）转换到图 3-35 所示的同步旋转参照系（$x\text{-}y$ 坐标）。

因此，在稳定状态下，所有的电机变量，如电源电压 V_s、定子电流 i_s、转子电流 i_r 和转子磁链 λ_r 都可以分解成两个垂直的直流变量，并分别进行控制。这样，通过坐标转换重建的电机模型就可以等效为一台直流电机，从而可像直流电机那样进行快速的转矩和磁通控制。当选定 x 轴与转子磁链矢量同步时，参考坐标系（$\alpha\text{-}\beta$ 坐标）变成与转子磁链同步旋转，如图 3-36 所示。

图 3-35 中 $i_{s\alpha}$ 和 $i_{s\beta}$ 分别是 α 轴与 β 轴方向的转子电流。因此，电机的转矩 T 可表示为

$$T=\frac{2}{3}p\,\frac{M}{L_r}\lambda_r i_{s\beta} \tag{3-42}$$

式中，M 为绕组间的互感；L_r 为转子绕组的自感。

因为 λ_r 可以表示为 $Mi_{s\alpha}$，所以式（3-42）可改写为

$$T=\frac{2}{3}p\,\frac{M^2}{L_r}i_{s\alpha}i_{s\beta} \tag{3-43}$$

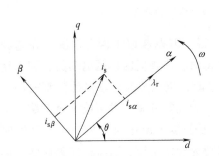

图 3-35　与转子磁链同步旋转的 $x\text{-}y$ 坐标系

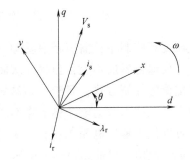

图 3-36　与转子磁链同步旋转的 $\alpha\text{-}\beta$ 坐标系

式（3-43）与他励直流电机的转矩方程十分相似，即 $i_{s\alpha}$ 类似于励磁电流 I_f，$i_{s\beta}$ 类似于电枢电流 I_a。因此，可以认为 $i_{s\alpha}$ 是建立气隙磁通的励磁分量，$i_{s\beta}$ 是产生期望转矩的转矩分量。只要保持励磁分量不变，通过调整转矩分量，磁场定向控制方法就可以有效控制电机的转矩。磁场定向的交流感应电机可以提供类似于他励直流电机的快速瞬态响应。使用磁场定向控制交流感应电机驱动的框图如图 3-37 所示。

为了实现上述磁场定向控制方法，转子磁链矢量必须与 α 轴保持一致。可以通过控制转差频率 ω_{slip} 来实现解耦：

$$\omega_{slip}=\frac{R_r i_{s\beta}}{L_r i_{s\alpha}} \tag{3-44}$$

式中，R_r 为转子绕组的电阻；L_r 为转子绕组的自感。

随着磁场定向控制技术的发展，目前出现了许多实现磁场定向控制的方法，这些方法基

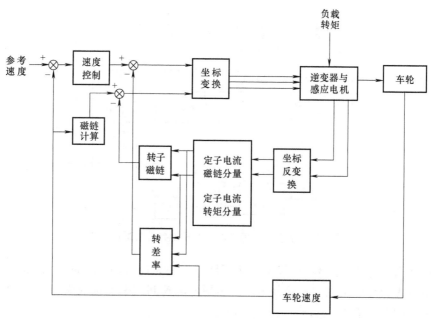

图 3-37 使用磁场定向控制交流感应电机驱动的框图

本上可分为两类，即直接磁场定向控制和间接磁场定向控制。直接磁场定向控制需要直接测量转子磁场，这增加了执行的复杂性和低速时测量的不可靠性。因此，直接磁场定向控制很少用于电动汽车的驱动。与直接磁场定向控制不同，间接磁场定向控制通过计算确定转子磁场，而不是直接测量，这种方法相对于直接磁场定向控制更易于实现。因此，间接磁场定向控制在高性能的电动汽车驱动系统中具有很好的应用前景。

4. 自适应控制

虽然间接磁场定向控制已被广泛用于高性能的交流感应电机驱动，但是应用于电动汽车仍然受到一些限制。特别是由于运行时温度变化和磁饱和的影响，转子时间常数 L_r/R_r（对解耦条件有很大影响）产生很大变化，使得磁场定向控制性能变差。一般来说，有两种方法可以解决这个问题：第一种方法是对转子时间常数执行在线辨识，并实时调整磁场定向控制器中的参数；另一种方法是采用复杂的控制算法，使磁场定向控制器不随电机参数的变化而变化。

近年来，模型参考自适应控制（Model-Reference Adaptive Control）算法已经应用于磁场定向控制的电动汽车交流感应电机驱动。其基本原理如下：首先，设计满足所期望动态性能的电机驱动参考模型，并使得该参考模型的设计为最优。然后，应用一种自适应机制来迫使电机的 L_r/R_r 发生变化时仍能跟随参考模型的值。自适应机制的主要标准是确保参考模型的输出和交流感应电机驱动之间趋近零误差的鲁棒性。模型参考自适应控制的优点是，不需要对电机驱动控制输入的合成进行精确的参数辨识或估计。事实上，只需要输入命令、受控电机驱动的输出和参考模型即可根据要求建立这一控制策略。

图 3-38 所示为相应的功能模块图。图中，U_M 为模型的输入，U_p 为电机驱动控制的输入，X_M 为参考模型的状态向量，ω_r^* 为期望的电机速度，ω_r 为电机实际速度，ω_{rM} 为参考

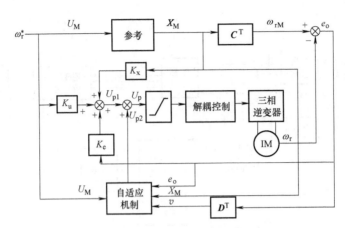

图 3-38　电动汽车感应电机的模型参考自适应控制

电机模型的速度，e_o 为 ω_{rM} 和 ω_r 的反馈误差信号，K_e、K_u 和 K_x 为常量增益。电机驱动控制的输入信号由两部分组成，一部分是线性模型跟踪控制产生的常规输入 U_{p1}，另一部分是适应机制带来的适应输入 U_{p2}，公式分别如下：

$$U_p = U_{p1} + U_{p2} \tag{3-45}$$

$$U_{p1} = K_e e_o + K_u U_M + K_x \boldsymbol{X}_M \tag{3-46}$$

$$U_{p2} = \Delta K_e(\boldsymbol{\varepsilon}, t) e_o + \Delta K_u(\boldsymbol{\varepsilon}, t) U_M + \Delta K_x(\boldsymbol{\varepsilon}, t) \boldsymbol{X}_M \tag{3-47}$$

式中，ΔK_e、ΔK_u 和 ΔK_x 为适应增益，是状态误差矢量 $\boldsymbol{\varepsilon}$ 的函数。

为了确保 $\boldsymbol{\varepsilon}$ 在所有初始条件下都可以逐渐减小到零，采用下面的自适应 PI 算法：

$$\Delta K_e = \int_0^t M_1 v(\boldsymbol{R}_1 e_o)^{\mathrm{T}} \mathrm{d}\tau + M_2 v(\boldsymbol{R}_2 e_o)^{\mathrm{T}} \tag{3-48}$$

$$\Delta K_u = \int_0^t N_1 v(\boldsymbol{S}_1 \boldsymbol{U}_M)^{\mathrm{T}} \mathrm{d}\tau + N_2 v(\boldsymbol{S}_2 \boldsymbol{U}_M)^{\mathrm{T}} \tag{3-49}$$

$$\Delta K_x = \int_0^t L_1 v(\boldsymbol{Q}_1 \boldsymbol{X}_M)^{\mathrm{T}} \mathrm{d}\tau + L_2 v(\boldsymbol{Q}_2 \boldsymbol{X}_M)^{\mathrm{T}} \tag{3-50}$$

式中，v 为反馈补偿误差；M_1、M_2、N_1、N_2、L_1、L_2、$\boldsymbol{R}_1$、$\boldsymbol{R}_2$、$\boldsymbol{S}_1$、$\boldsymbol{S}_2$、$\boldsymbol{Q}_1$、$\boldsymbol{Q}_2$ 为正常数。

5. 滑模控制

除了模型参考自适应控制方法，滑模控制也被用来确保电动汽车交流感应电机驱动的磁场定向控制。滑模控制方法具有反应速度快、对系统参数变化不敏感、设计简单和易于实现等优点。目前，已经有几种滑模控制方法用于交流感应电机驱动，这些方法都有一个共同的特点，即基于交流感应电机磁场定向控制的数学模型来分析与设计滑模控制器。但当系统参数有重大变化时，如由于长期运行而引起 L_r/R_r 的改变，解耦条件可能会被破坏。因此，电机不能再用二阶模型来描述，应该用一种非线性五阶模型来描述，这意味着电机驱动的结构已经发生了变化。虽然滑模控制对电机驱动参数变化不敏感，但是其性能也受电机结构变化的影响。因此，若交流感应电机长时间在高温、磁场饱和情况下运行，会导致电机参数变化范围较大，如当 L_r/R_r 发生很大变化时，这些方法将不能很好地应用。

近年来提出了一种能应用于高温工作和高磁饱和条件下的新型滑模控制方法，不同于传统磁场定向控制中参考坐标系与转子磁链矢量坐标同步旋转，这种方法使坐标系与定子电流矢量同步旋转，如图 3-39 所示。

因此，在 $\varepsilon\text{-}\eta$ 坐标系下，电机产生的转矩可以表示为

$$T=\frac{3}{2}p\frac{M}{L_r}i_s\lambda_{r\eta} \tag{3-51}$$

式中，i_s 为定子电流；$\lambda_{r\eta}$ 为转子磁通沿 η 轴的分量。

定义 s_1 和 s_2 如下：

$$s_1=i_s-i_s^* \tag{3-52}$$

$$s_2=i_{r\eta}-i_{r\eta}^* \tag{3-53}$$

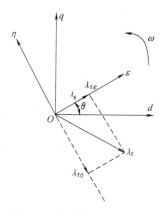

图 3-39　与定子电流矢量同步旋转的 $\varepsilon\text{-}\eta$ 坐标系

式（3-52）和式（3-53）中，* 代表相应量的参考值，可以看成系统运动在超平面（$s_1=0$ 和 $s_2=0$）的横截面，并沿横截面保持滑动。相应的控制方法就是开关法则，能够获得一个沿横截面的稳定滑模运动，将定子电压矢量沿 ε 轴的分量 $u_{s\varepsilon}$ 和转差频率 ω_{slip} 切换到两个超平面：

当 $s_1>0$ 时，有 $\qquad u_{s\varepsilon}<-(c_1i_s+c_2\lambda_{r\varepsilon}+c_3\omega_2\lambda_{r\eta})-\delta \tag{3-54}$

当 $s_1<0$ 时，有 $\qquad u_{s\varepsilon}>-(c_1i_s+c_2\lambda_{r\varepsilon}+c_3\omega_2\lambda_{r\eta})+\delta \tag{3-55}$

当 $\lambda_{r\varepsilon}s_2>0$ 时，有 $\qquad \omega_{slip}>-\dfrac{R_r\lambda_{r\eta}}{L_r\lambda_{r\varepsilon}}+\delta \tag{3-56}$

当 $\lambda_{r\varepsilon}s_2<0$ 时，有 $\qquad \omega_{slip}<-\dfrac{R_r\lambda_{r\eta}}{L_r\lambda_{r\varepsilon}}-\delta \tag{3-57}$

式中，δ 为任意小的正数，常量 c_1、c_2 和 c_3 由以下各式给出：

$$c_1=-R_s-\frac{R_rM^2}{L_r^2} \tag{3-58}$$

式中，R_s 为定子电阻。

$$c_2=\frac{MR_r}{L_r^2} \tag{3-59}$$

$$c_3=\frac{M}{L_r} \tag{3-60}$$

只要 $u_{s\varepsilon}$ 和 ω_{slip} 确定，定子电压矢量的 η 轴分量 $u_{s\eta}$ 可以通过系统方程很容易地推导出来。上述控制方法具有两个重要特点：首先，沿着两个转换超平面（$s_1=0$ 和 $s_2=0$）的滑模运动是通过两个超平面上的独立的滑模运动实现的。因此，转矩的两个分量 i_s 和 $\lambda_{r\eta}$ 被解耦。其次，因为滑模控制本质是基于不等式的，即使电机参数随工作温度和磁饱和程度变化，解耦条件也不会被破坏。因此，滑模控制独特的优点，即对系统参数变化不敏感，完全可以保证系统的强鲁棒性。电动汽车交流感应电机驱动系统的滑模控制框图如图 3-40 所示。

6. 效率优化控制

交流感应电机驱动中使用传统的磁场定向控制时，在恒转矩区，不同负载下的励磁分量

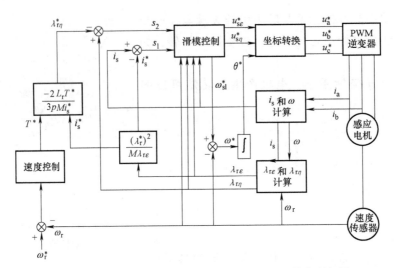

图 3-40 电动汽车交流感应电机驱动系统的滑模控制框图

电流一般保持不变，对于大多数运行条件，相应的铁损与铜损相比是很小的，因此，传统的磁场定向控制的优势是能提供最大的单位电流转矩。但轻载运行时，铁损和铜损相当，会使效率很低。电动汽车在运行过程中，由于车载能量有限，负载和速度变化范围大，电机驱动系统的效率应在整个运行区优化。

图 3-41 所示为电动汽车交流感应电机驱动的效率优化磁场定向控制框图。根据基于磁场定向控制的感应电机驱动的等效电路，电机的总损耗可以表示为

$$P_{\text{loss}} = (R_{\text{s}}+R_{\text{r}}')\frac{TA}{pM'}+(R_{\text{s}}+R_{\text{m}}')\frac{T}{pM'A}+\frac{2R_{\text{m}}}{\omega M}\frac{R_{\text{s}}T}{pM'}+P_{\text{m}} \qquad (3-61)$$

式中，p 为极对数；R_{s} 为定子电阻；R_{m} 为铁损等效电阻；M 为互感；ω 为电源角频率；T 为电机转矩；P_{m} 为机械损耗；A 为转矩分量定子电流 $i_{\text{s}\beta}$ 和磁场分量定子电流 $i_{\text{s}\alpha}$ 的比值；$\alpha = M/L_{\text{r}}$，L_{r} 为转子电感；$M' = \alpha M$，$R_{\text{r}}' = \alpha^2 R_{\text{r}}$，$R_{\text{r}}$ 为转子电阻；$R_{\text{m}}' = \alpha R_{\text{m}}$。

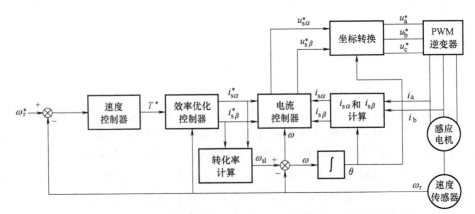

图 3-41 电动汽车交流感应电机驱动的效率优化磁场定向控制框图

在给定的转矩 T 和角频率 ω 下，要使损耗最小，应使 P_{loss} 对 A 的微分等于 0，即 $\mathrm{d}P_{\text{loss}}/\mathrm{d}A = 0$，这样就可以得到达到最佳效率的条件：

$$A = \sqrt{\frac{R_s + R'_m}{R_s + R'_r}} \qquad\qquad (3\text{-}62)$$

因此，$i_{s\alpha}$ 和 $i_{s\beta}$ 用于磁场定向控制效率优化的给定值可以表示为

$$i_{s\alpha}^* = \sqrt{T^*/(3pM'A)} \qquad\qquad (3\text{-}63)$$

$$i_{s\beta}^* = T^*/(3pM'i_{s\alpha}^*) \qquad\qquad (3\text{-}64)$$

应当指出的是，R_s 是随着温度变化的，R_m 受频率的影响，α 随磁饱和程度变化。因此，优化率 A 需要不断更新。

将磁场定向控制和效率优化磁场定向控制在电动汽车起动中的应用相比较，有关资料表明，驱动系统的效率能提高约 17%。以 64km/h 的速度匀速行驶，行程能增加 26%。

7. 变极控制

通过改变感应电机的极对数可以改变同步速度，笼型交流感应电机与绕线转子交流感应电机相比，有限的优势在于，它可以自动调整转子相对于定子的极对数。早期这种变极控制是由机械接触器来实现的，而且只可以实现两个或三个不连续的速度。随着电力电子和控制技术的发展，变极控制已可以通过电子控制方式来实现，其基本原理如图 3-42 所示。每个定子绕组由两个线圈组成，这些线圈中电流方向的改变引起极对数的变化。图 3-43 所示为电动汽车交流感应电机双逆变器变极控制，它可以同时提供 4 极和 8 极运行，相应的最大转矩特性如图 3-44 所示。因此，高速恒功率区得以延伸，特别适合于电动汽车巡航。

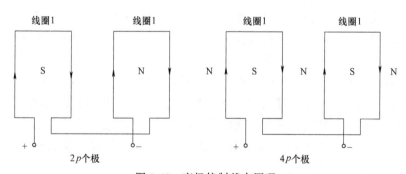

图 3-42　变极控制基本原理

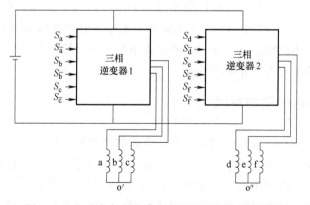

图 3-43　电动汽车交流感应电机双逆变器变极控制

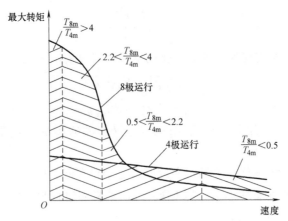

图 3-44　电动汽车变极交流感应电机的最大转矩特性

3.4　永磁无刷电机及其驱动技术

在现代电机的发展中，永磁无刷电机是目前很有前景和应用较广泛的电机之一。由于永磁无刷电机具有结构紧凑、运行可靠、效率高、功率密度大、损耗小、外形尺寸设计灵活等诸多优点，其应用范围越来越广泛，涉及国民生产和生活的多个方面。近年来，越来越多的科研单位和企业在逐渐加快研究和开发用于电动汽车的永磁无刷电机，相关的产品也已经出现在商品化的电动汽车上。但是，由于电动汽车对电机驱动性能的要求较高，永磁无刷电机在电动汽车上的应用还面临着诸多挑战和技术难点。成熟、性能优越和可靠的电动汽车用永磁无刷电机的开发还需要投入更多的人力和物力。

近年来，各种拓扑结构的永磁无刷电机不断涌现。根据磁通的路径和电流的走向，基本上将永磁无刷电机分为径向型、轴向型和直线型三类。另外，因为横向磁场电机的磁通路径是三维的，包括了径向、轴向和周向，所以不能简单地归入以上几类。换言之，从形态上区分，永磁无刷电机可以有图 3-45 所示的基本构型。由于径向型是最常见的类型，下面的讨论将集中于该类型永磁无刷电机。

径向型永磁无刷电机根据永磁体的摆放位置可以进一步分为转子永磁型无刷电机和定子永磁型无刷电机；而根据施加电流和反电动势的波形可以分为永磁无刷交流（BLAC）电机和永磁无刷直流（BLDC）电机。下面将详细介绍各种可应用于电动汽车的不同拓扑结构的永磁无刷电机的基本结构特点，以及它们的驱动系统和一般控制技术，并提出应用于电动汽车的永磁无刷电机的发展方向和研究热点。

3.4.1　永磁无刷电机驱动系统

永磁无刷电机驱动系统实际上结合了当前电机的最新驱动技术，并包括了最新的电力电子技术、自动控制技术、电源技术、材料技术等。只有将相关的技术全面整合，并且控制好成本，才能成功开发出应用于电动汽车的永磁无刷电机驱动系统。

一般来说，永磁无刷电机驱动系统由直流电源、功率变换器、永磁无刷电机、传感器和

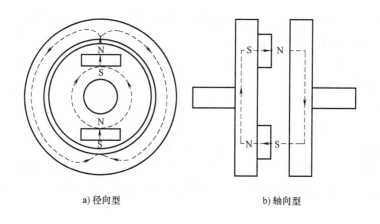

a) 径向型　　　　　　　　　　　　　b) 轴向型

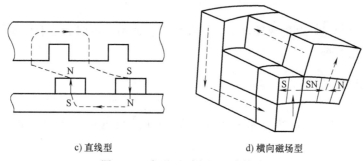

c) 直线型　　　　　　　　d) 横向磁场型

图 3-45　永磁无刷电机基本构型

控制器等部件组成，如图 3-46 所示。其中，直流电源是提供电能的设备，在电动汽车上通常为相应的电池模块。功率变换器是连接电源和电机的"能量开关"，将电源功率以一定的逻辑关系分配给电机的各相绕组，从而使电机产生持续不断的电磁转矩。永磁无刷电机则实现电能到机械能的转换，并带动负载进行机械运动。传感器包括位置传感器和

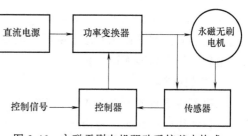

图 3-46　永磁无刷电机驱动系统基本构成

电流等电信号传感器，其中位置传感器检测电机转子磁极的位置信号，而电流等电信号传感器则是检测电机电枢电流等相关电信号的装置。控制器通过采集检测到的传感器信号，进行逻辑处理，产生相应的开关信号和其他指令，而开关信号则控制功率变换器按一定顺序导通。总体来说，永磁无刷电机驱动系统继承了传统电机驱动系统的优点，并进一步利用了最新的各种技术，形成其独有的特点。

永磁无刷电机驱动系统应用于电动汽车上，具有以下几个独特的优点：

1）效率高、功率密度大。由于其采用了高磁能积的稀土材料，可以大大提高气隙磁通密度和能量转换的效率。另外，采用稀土永磁材料后，电机的体积可以大大缩小，质量可以相应减小，从而有效提高功率密度。

2）瞬态特性通常比较好。这主要是由于采用了高性能的永磁材料，体积得以减小，从而有较低的转动惯量及更快的响应速度。

3）寿命通常都比较长，而且可靠性高。由于其取消了传统的电刷和换向器，无须定期更换这些部件，维护更加简单。

4）与传统的电机驱动系统相比，更加灵活。由于其采用电子功率器件作为换向装置，控制更加灵活；另外，传感器检测的信号都可以传递到控制器，而控制参数则可以直接指示开关器件的导通。因此，可调参数多，控制的灵活度也得以提高。

5）其发展也进一步带动了相关技术的进步，反之亦然。如稀土永磁材料的出现极大地推动了永磁无刷电机的推广和应用，而永磁无刷电机的广泛应用又推动了开关功率器件的更新换代。

6）其多样性也与永磁材料的发展密不可分。各种永磁材料的出现，为永磁无刷电机的发展提供了坚实的基础，而永磁材料本身的多样性也为电机驱动系统的开发提供了灵活多变的选择。

总体而言，永磁无刷电机驱动灵活，可控性强，适用于不同的工业应用场合。在电动汽车上有很好的应用前景。

3.4.2　永磁无刷电机

作为电动汽车的驱动电机，永磁无刷电机必须满足电动汽车对电机驱动系统的基本要求。

此外，对应用于混合动力电动汽车的永磁无刷电机，必须能在大的速度范围内有较高的发电效率和合理的电压调节范围，并可以进行在线优化效率，提高能量使用效率，降低排放量。

因此，永磁无刷电机必须针对以上要求进行合理的设计。永磁体对永磁无刷电机有着非常重要的影响，因此首先介绍永磁材料的发展状况，然后根据永磁体的摆放位置，介绍转子永磁型和定子永磁型无刷电机。

1. 永磁材料

永磁无刷电机的发展与永磁材料的发展紧密相连。正是由于稀土永磁材料的出现，永磁无刷电机才得以被大规模地应用于各个领域。不同的永磁材料，性能差别很大，表征永磁材料的参数主要有剩余磁感应强度、矫顽力、最大磁能积、回复磁导率、居里温度和温度系数等。

铝镍钴（AlNiCo）是在 20 世纪 30 年代左右出现的永磁材料，并在此后 20 多年获得广泛应用。其特点之一是温度系数小，不容易受温度的影响，因此常用于各类对温度要求较高的仪器仪表。另外，铝镍钴的矫顽力通常都很低，容易退磁，因此在应用时经常需要再次充磁，因此其在永磁无刷电机中的应用被后来出现的铁氧体和稀土永磁材料所取代。正当人们逐渐淡忘铝镍钴永磁材料时，一种新概念的记忆电机的出现，又使人们开始开关注铝镍钴。可见，一种永磁材料的兴衰在某种程度上与电机的发展和创新有着不可分割的联系。铁氧体（Ferrite）是在铝镍钴之后出现的永磁体，铁氧体不存在稀土元素，因此价格相对低廉，从而也使铁氧体这种永磁材料得以推广。但是铁氧体的一个缺点是剩余磁感应强度较低，磁能积也较低。因此，作为电机的永磁体通常都需要加大截面积，从而使电机体积增大。铁氧体另外一个明显的缺点是其本身硬而脆，不易加工。随着稀土永磁材料的出现，铁氧体也逐渐退出了主流位置。

稀土永磁材料的出现，实际上也是电机产业的革命性标志之一，其直接推动了永磁无刷电机的广泛应用，并且数量很可能超过传统电机。其中尤以1983年出现的钕铁硼（Nd-FeB）为标志。钕铁硼显著的特点是具有高剩余磁感应强度和矫顽力，而且价格相对其他稀土元素便宜，因此在永磁无刷电机中得以大规模使用。钕铁硼的一个稍微不足之处是它的温度系数较高，在高温下，其退磁曲线下半部分会产生弯曲。

表3-2所列为上述三种永磁材料的基本性能参数。

表3-2 三种永磁材料的基本性能参数

性能参数	铝镍钴（AlNiCo）	铁氧体（Ferrite）	钕铁硼（NdFeB）
剩余磁感应强度/kG	6.0~13.5	2.5~4.4	9.5~13.5
矫顽力/kOe	0.40~1.60	1.3~3.5	7.6~16.0
最大磁能积/MG·Oe	1.0~9.0	1.0~4.0	1.5~3.5
回复磁导率/(H/m)	2.0~9.0	1.0~1.15	1.0~1.15
居里温度/℃	760~840	420~480	310~410
温度系数/[(%)/K]	-0.025~-0.015	-0.22~-0.18	-0.13~-0.10

注：1. 1Oe=79.5775A/m。

2. 1G=10^{-4}T。

2. 转子永磁型无刷电机

转子永磁型无刷电机是目前使用较普遍的永磁无刷电机。根据永磁体在转子上的位置，它们可以进一步分为表面式、表面插入式、内置径向式和内置切向式结构，如图3-47所示。

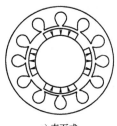 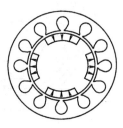 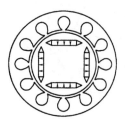 

a) 表面式　　　　　　b) 表面插入式　　　　　c) 内置径向式　　　　　d) 内置切向式

图3-47　转子永磁型无刷电机结构

这些转子永磁型无刷电机的输出转矩主要由永磁转矩和磁阻转矩两部分组成，可以表示为

$$T=\frac{3}{2}p[\Psi_\mathrm{m}I_q-(L_q-L_d)I_dI_q] \tag{3-65}$$

式中，p为极对数；Ψ_m为永磁体产生的定子绕组磁链；L_d和L_q分别为定子绕组电感的d轴和q轴分量；I_d和I_q分别为电流的d轴和q轴分量。

对于表面式结构的永磁无刷电机来说，永磁体通过黏合剂粘贴在转子的表面。因为永磁体的磁导率接近于空气的磁导率，所以有效气隙是空气气隙和永磁体的径向厚度之和。因此，相应的电枢反应和电枢绕组的电感都比较小。另外，由于定子绕组的电感d轴和q轴分量基本相同，这种结构的永磁无刷电机的磁阻转矩接近于零。

对于表面插入式结构的永磁无刷电机来说，永磁体是插入或者埋入转子的表面的。因此，q 轴分量的电感比 d 轴分量电感大，从而产生附加的磁阻转矩。另外，由于永磁体是在转子内部，可以克服高速旋转时的离心力，具有较好的机械强度。

对于内置径向式结构的永磁无刷电机来说，永磁体被径向磁化并且埋入转子内部。和表面插入式结构相似，永磁体受到保护，可以高速运转。另外，由于其 d 轴和 q 轴分量呈现凸极性，会产生附加的磁阻转矩。与表面插入式结构不同，内置径向式结构采用的是条状的永磁体，因而更加容易插入转子内部，也容易加工。

对于内置切向式结构的永磁无刷电机来说，永磁体被切向磁化并且埋入转子内部。这种结构具有的显著优点是其气隙的磁通密度可以比永磁体的剩磁密度高，因此也被称为聚磁式结构。另外，这种结构也具有较好的机械完整性和额外的磁阻转矩。但是，由于其在永磁体端部的漏磁严重，通常需要采用具有隔磁作用的轴或套圈。

3. 定子永磁型无刷电机

定子永磁型无刷电机的永磁体在定子上，并且通常定子、转子都具有凸极结构，因此它们通常也被称为双凸极类永磁无刷电机。由于该类电机的转子既没有永磁体，也没有绕组，电机的机械结构简单、可靠，特别适用于高速运行。根据永磁体的形状和位置，它们可以进一步细分为轭部直线式、轭部曲线式、齿部表面式和齿部嵌入式磁体结构，如图 3-48 所示。

永磁电机
工作原理

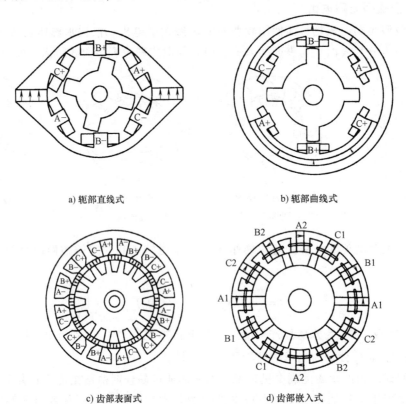

a) 轭部直线式   b) 轭部曲线式

c) 齿部表面式   d) 齿部嵌入式

图 3-48 定子永磁型无刷电机结构

轭部直线式磁体结构在双凸极类永磁电机中应用最广泛。尽管定子、转子都是由凸极构成的，但是磁阻转矩的平均值基本为零。随着转子的旋转，每一匝线圈的磁链变化都是单极性的，因此这种结构的电机特别适合无刷直流（BLDC）的运行模式。另外，当转子设计成斜槽时，则适合于无刷交流（BLAC）的运行模式。

轭部曲线式磁体结构与轭部直线式非常相似，主要的不同是其永磁体的形状是环形的。另外，由于有更多的空间可以容纳永磁体，这种双凸极电机具有更高的气隙磁通密度。轭部曲线式电机的主要缺点是制造这种环形的永磁体有一定的难度，并且不容易把它们嵌入定子内部。

齿部表面式磁体结构的电机通常又称为磁通反向式永磁无刷电机，这主要是因为每一个定子齿部表面都有一对极性相反的永磁体，线圈的磁链随着转子的转动改变极性，即磁链的变化都是双极性的。但是，由于永磁体是粘贴在定子齿的表面，它们更容易部分退磁，另外，永磁体的涡流损耗也相对较大。

齿部嵌入式磁体结构的电机通常又称为磁通切换式永磁无刷电机。这种结构的特点是永磁体嵌入定子齿中间，形成一个"三明治"式结构，而相邻的永磁体是切向磁化的一对组合，因此具有聚磁效应。与转子永磁型无刷电机相比，这种结构的电机具有更小的电枢反应，因而可以提供更大的负载能力。由于其反电动势的波形更接近于正弦波，这种结构的电机适用于无刷交流运行模式。

4. 永磁无刷电机比较

永磁无刷电机的性能总结见表3-3。这种总结和比较主要是基于其作为电动汽车驱动时的性能特点，即效率、功率密度、速度范围、过载能力、可靠性和成熟度等。表3-3中提到了几种新结构或新概念电机，如双定子型、混合励磁型、记忆永磁型及磁齿轮复合型永磁无刷电机。从中可以发现，各种永磁无刷电机具有其本身的特点，它们的研究和在电动汽车上的应用还有待进一步的深入。

表3-3　永磁无刷电机性能总结

类型	转子永磁型	定子永磁型	双定子型	混合励磁型	记忆永磁型	磁齿轮复合型
永磁材料	NdFeB	NdFeB	NdFeB	NdFeB	AlNiCo	NdFeB
励磁方式	永磁体	永磁体	永磁体	永磁体和绕组	永磁体	永磁体
磁通控制	复杂	复杂	复杂	容易	一般	复杂
效率	非常高	非常高	非常高	高	高	高
功率密度	非常高	非常高	非常高	高	高	高
速度范围	较宽	较宽	非常宽	非常宽	非常宽	较宽
过载能力	强	强	强	非常强	非常强	强
可靠性	较好	非常好	较好	较好	一般	一般
成熟度	非常成熟	发展中	发展中	发展中	不成熟	不成熟

对磁通切换永磁（FSPM）电机与丰田Prius的永磁无刷（IPM）电机进行定量分析比较，在相同外形尺寸、相同永磁体用量等情况下，平均电磁转矩和转矩脉动的对比如图3-49所示。可见，两者的平均电磁转矩基本相同，但磁通切换永磁电机的转矩脉动更小。

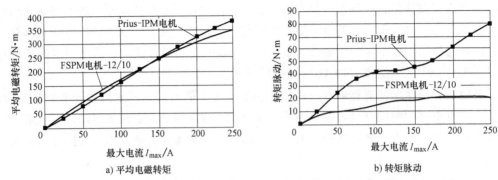

图 3-49　磁通切换永磁电机与丰田 Prius 永磁无刷电机的转矩特性比较

总体来说，永磁无刷电机在电动汽车上的应用前景较好，随着电动汽车驱动技术的快速发展，将会有越来越多新结构永磁无刷电机出现。

3.4.3　永磁无刷电机控制技术

永磁无刷电机的控制涉及电机控制技术的方方面面，这里主要针对永磁无刷电机的基本运行模式、恒功率运行、效率最优控制、直接转矩控制、人工智能控制、无位置传感器控制等做基本的介绍。

1. 无刷直流和无刷交流运行模式

永磁无刷电机有两种基本的运行模式，即无刷直流（BLDC）和无刷交流（BLAC），如图 3-50 所示。实际上，如果不过度关注转矩密度、转矩平滑性和效率，那么任何一种永磁无刷电机都可以在这两种模式下运行。对于以 BLAC 模式运行的电机驱动系统来说，它们以正弦波电流运行，气隙磁通呈现为正弦波，因此它们需要高精度的位置信号来实现闭环控制，从而需要昂贵的位置传感器，如光电编码器。相反，对于以 BLDC 模式运行的电机驱动系统来说，它们以方波电流运行，气隙磁通呈现为锯齿波，因此它们仅需要价格低廉的传感器来检测相电流的换相角度。但是，以 BLAC 模式运行的电机驱动系统可以开环运行，而以 BLDC 模式运行的电机驱动系统却必须有闭环控制。

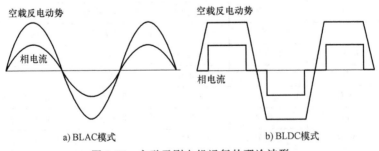

图 3-50　永磁无刷电机运行的理论波形

2. 恒功率运行

电动汽车上的电机驱动系统通常要求运行在很宽的速度范围区间，特别是巡航时的高速恒功率区。不同类型的永磁无刷电机驱动系统可以采用不同的方法来实现恒功率运行。

对于以 BLAC 模式运行的电机驱动系统来说，可以通过弱磁控制来实现恒功率运行。当电机的 d 轴电感设计满足式（3-66）时，其弱磁能力最大：

$$\frac{L_d I_r}{\Psi_m} = 1 \tag{3-66}$$

式中，Ψ_m 为永磁磁链；L_d 为 d 轴绕组电感；I_r 为额定电流。

通常 $L_d I_r / \Psi_m$ 的值都小于 1，所以相关的比值越大，弱磁能力就越强。关于 BLAC 电机弱磁控制的研究已经比较成熟。对于以 BLDC 模式运行的电机驱动系统来说，恒功率运行更加复杂，因为其运行的波形不再是正弦波，所以 d-q 轴变换和相应的弱磁控制都不能有效应用。尽管如此，相关的恒功率控制仍可以通过导通角控制来实现。

图 3-51a 所示为永磁无刷电机的转矩-速度特性（分为有无采用弱磁控制或导通角控制）。可见，通过相关的控制，恒功率区的速度范围可以有效地加宽。另一方面，图 3-51b 所示为以 BLAC 和 BLDC 模式运行的电机转矩-速度特性比较的曲线。可以发现，与 BLDC 以 120°导通的控制方式的电机系统相比，BLAC 电机驱动系统可以提供更大的转矩和功率。但是，以 180°导通控制的 BLDC 电机驱动系统能够有更优的高速功率特性，其代价是降低了低速的转矩性能。另外，某些研究表明，具有多极多相的 BLDC 电机驱动系统可以通过改变其反电动势来实现恒功率运行，而分裂绕组的双凸极永磁电机系统则可以通过改变绕组的匝数来实现恒功率运行。

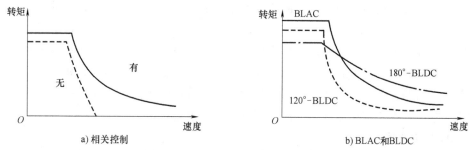

图 3-51 永磁无刷电机转矩-速度特性

3. 效率最优控制

永磁无刷电机驱动系统的效率最优控制（EOC）对于电动汽车来说非常有利，因为电动汽车本身携带的能源都是有限的。不同类型的永磁无刷电机可以采用不同的方法来实现效率最优控制。

对于转子永磁型以 BLAC 模式驱动的电机系统，通过在线调节输入电压和 d 轴电枢电流 I_{2d} 可以使输入的功率损耗达到最小，从而实现效率最优控制：

$$P_{loss}(I_{2d}, T, \omega) = P_{Cu}(I_{2d}, T, \omega) + P_{Fe}(I_{2d}, T, \omega) \tag{3-67}$$

式中，P_{Cu} 为铜损；P_{Fe} 为铁损。尤其值得注意的是，最小的损耗往往出现在比较低的 d 轴电枢电流的情况下，而不是发生在最小铜损时。另外，用单位电流输出最大转矩的控制方式是不能实现效率最优控制的。

对于混合励磁型以 BLAC 模式驱动的永磁电机，电励磁绕组采用直流励磁，由于电枢电流和电励磁电流两个电流参数同时存在，通过电枢电流和电励磁电流的在线协调控制，能实现电机的效率最优控制，效率最优控制就变得更加灵活。

目前，在电动汽车驱动上进行效率最优控制的研究并不多见，相关的论文和报告较少。因此，在该领域对永磁无刷电机做进一步的深入研究具有较大的意义。

4. 直接转矩控制

直接转矩控制（DTC）在电动汽车电机驱动系统上的应用越来越广泛，特别是双轴电机驱动系统，更需要转矩的快速响应。直接转矩控制并不依赖于电流控制，也对电机参数变化不敏感。对于以 BLAC 模式驱动的电机来说，直接转矩控制可以独立控制转矩和磁链两个变量。按照预定的转矩和磁链曲线，控制器可以通过逆变器输出相应的电压矢量，从而使转矩和磁链按照预定曲线运行。

目前，对永磁无刷电机直接转矩控制的研究已有相关的方法和经验。但是，对于其在电动汽车场合的特殊要求，需要结合其复杂的运行工况进行控制，难度和复杂性则会加大。另外，对于多轴传动下的直接转矩控制，则还有待进一步研究。

5. 人工智能控制

以人工智能为参考的控制策略，这里都概括为人工智能控制（AIC），如模糊逻辑控制、神经网络控制、模糊神经网络控制、遗传控制等。在这些控制中，模糊逻辑控制和神经网络控制对于永磁无刷电机驱动来说是相对成熟和有吸引力的控制方案，因为它们可以比较有效地处理系统的非线性和对参数的敏感性。

目前的人工智能控制在仿真层面的研究非常成熟，相关的理论也比较完善。但是，人工智能控制的"智能性"和控制系统的"可靠性"通常是成反比的。系统的控制越灵活，则依赖的控制量将会越多，系统的复杂性也越高。而对于电动汽车的电机驱动系统来说，可靠性永远是最重要的一环。因此，人工智能控制从某种程度上来说必然与其相矛盾。所以，在目前的实际应用场合中，人工智能控制并没有得到充分的体现。未来需要进一步提高人工智能控制的可靠性，平衡其智能性，提高控制系统的性能指标。

6. 无位置传感器控制

为了获得良好的控制效果和提升系统的可靠性，电动汽车的电机驱动系统中，采集位置反馈信号基本上是必备的条件。为了取代昂贵且笨拙的位置传感器，无位置传感器控制正变得越来越有吸引力。目前，有各种方法可以实现位置相关信号的采集而无须位置传感器，如感应电动势法、电感变化法和磁链变化法等。基本上，这些方法都是通过在线分析电机绕组的电压和电流而取得相关的位置信号的。另外，无位置传感器控制可以很容易结合到其他的控制方法中，如效率最优控制、直接转矩控制和人工智能控制等。

但是，无位置传感器控制需要关注的一个重点是可靠性。特别是在失步的特殊场合下，能否重新自动跟踪和维持控制的准确性，是非常值得关注的地方。尤其对于电动汽车驱动系统来说，无位置传感器控制所遇到的挑战更大。而且，随着技术的发展，传感器本身的价格也在大幅度下降，这也是需要思考的。但就控制方法本身来说，无位置传感器控制在新型的永磁无刷电机的应用上还是具有较大的吸引力的。

7. 控制策略比较

前面提到的几种控制策略的比较见表 3-4。对于人工智能控制来说，因为有各种控制策略，这里以自适应模糊 P 控制为例。表 3-4 中各种控制策略的框图如图 3-52 所示，而相应的控制效果如图 3-53 所示。可知效率最优控制可以保证系统有最小的功率损耗，直接转矩控制可以实现转矩的 bang-bang 控制，人工智能控制可以获得快速精确的响应效果，无位置传感器控制则可以较精确地估计出电机转子的位置信号。在实际的控制系统中，可以根据具体的要求来选择相应的控制方法，以达到相应的控制效果。

表 3-4 控制策略比较

控制策略	优点	缺点	相关技术
效率最优控制	损耗最小化、无须精确的损耗模型，可以在大转速和转矩范围内实现	可能引起系统的不稳定、有可能不收敛	控制输入电压或者 d 轴电枢电流、控制 DC 场电流
直接转矩控制	快速的转矩响应、不需要电流控制、不需要依赖参数	预测的定子磁链的漂移和定子阻抗的变化可能会导致偏差	利用独立的转矩和磁链变换产生相应的电压矢量
人工智能控制	灵活的控制策略、适应非线性和参数变化	需要专家库、快速计算能力、成熟的硬件支持	把模糊逻辑、神经网络或者其他智能控制和传统的控制结合
无位置传感器控制	无须位置传感器，因而降低系统的成本；容易与其他控制结合	需要快速计算和成熟的硬件支持	通过感应电动势、电感变化或磁链变化估计位置信息

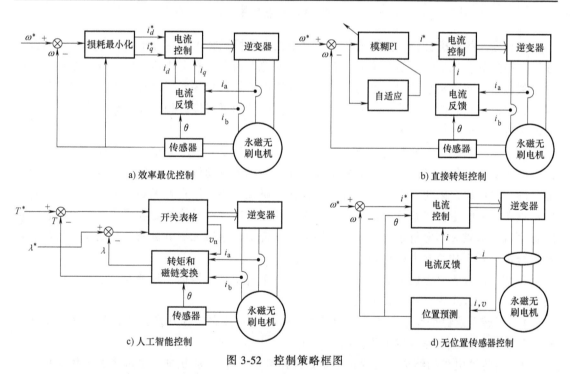

图 3-52 控制策略框图

3.4.4 永磁无刷电机的发展方向

随着永磁材料的发展，永磁无刷电机的发展也日趋成熟。到目前为止，电机中常用的永磁材料仍主要集中在钕铁硼、铁氧体和铝镍钴等。除非新的永磁材料出现，并且得到普及，否则在未来很长一段时间内，永磁无刷电机仍会局限在目前的格局，很难出现革命性的变化。

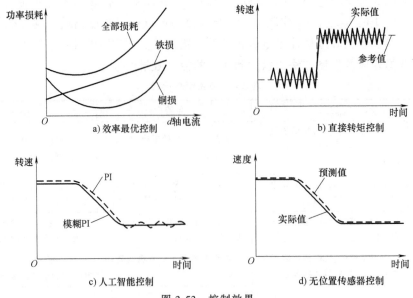

图 3-53　控制效果

基于当前的永磁材料，传统的转子永磁型无刷电机仍将占据主导地位，并会逐渐完善和逐步应用到电动汽车的驱动系统上；而定子永磁型无刷电机则会快速发展，有望在一定范围内得到应用；而混合励磁型、磁通记忆型和磁性齿轮复合型等新型永磁无刷电机则需要继续研究，并探讨它们在电动汽车驱动系统上产业化应用的可行性。相信在不久的将来，这些新型的永磁无刷电机也会占据一定的地位。

另外，在电动汽车的驱动系统上，传统电机最大的缺点是不能单一地完成电动汽车驱动的全部要求。它们或者需要几组电机结合，或者与汽车发动机结合，这样才能完成电动汽车能量的完整传递。因此，近年来出现了一种新的研究趋势：用永磁无刷电机组合成一体化的电动汽车机电能量传递系统。如新型电子无级变速传动控制系统就是利用了双转子层叠结构组合而成的永磁无刷电机系统。另外，诸如多轴传动的永磁无刷电机的研究也是针对某些特殊场合需求开发的组合电机系统。

目前，针对永磁无刷电机的进一步开发，各个科研机构根据实际情况，也在探讨不同的研究方向。总体来说，可以归纳为以下几个方面：

1）对转子永磁型无刷电机及其驱动系统进行进一步完善和开发，使其更加适用于电动汽车的相关驱动或者作为发电机使用。

2）对传统电机的结构进行优化也是目前研究的一个主要方向，如对多极多槽结构、绕组排布、相序组合、控制策略等的优化。

3）对定子永磁型无刷电机及其驱动系统进行进一步深入研究，开发适合电动汽车的驱动产品，而不再局限于实验室研究。

4）定子永磁型无刷电机是比较新颖的一种电机，其控制研究远没有传统转子永磁型无刷电机成熟，因而其相关研究的方向比较多。

5）对混合励磁型、磁通记忆型和磁性齿轮复合型等新型永磁无刷电机进行研发，使其理论更加完善，控制技术更加成熟，并尝试应用于电动汽车。

6）混合励磁型、磁通记忆型和磁性齿轮复合型等新型永磁无刷电机本身的理论和设计优化等都并不成熟，相关的控制策略更是在探讨之中，因而针对它们的研究在未来一段时间内将会逐步增多。

7）对永磁无刷电机组合一体化进行研究，探讨多端输入和多端输出的电机组合，使其成为一体化的结构。该研究方向目前的进展依旧缓慢，原因是系统结构过于复杂，机械设计和加工困难，多能量输入和输出的机械一体化开发非常困难。但是，一旦研究成功，对于电动汽车的驱动来说，是一个重要的创新和贡献。相信在不久的将来，这部分的成果会逐渐得以涌现。

8）基于已有永磁材料的现状，研发新型结构的永磁无刷电机。这种电机的结构应该与目前传统电机的结构有很大不同，但是又继承了现有电机的优点，可以提供灵活的输出效果。例如，现有小型电机在低速下很难实现大转矩的输出，而新型电机在尺寸不变动的情况下，可以轻易实现；又如，可以在线灵活改变电机本体的一些参数，如磁极、极对数、磁场方向、磁场强度、磁通密度等，这些参数在传统电机中是一旦设计好就不能改变的物理参数，而新型电机可以灵活方便地改变这些"固定"参数，以满足不同的输出要求。

思 考 题

1. 新能源汽车驱动电机与普通电机有何区别？
2. 为什么说驱动电机是电动汽车的核心部件？
3. 直流电机的励磁方式有哪些？各有什么特点？
4. 什么是交流异步电机的变压变频（VVVF）标量控制系统？
5. 异步电机在基频以上变频调速时，磁通如何变化？它属于什么调速方式？
6. 阐述永磁同步电机的工作原理及其矢量控制。
7. 什么是永磁同步电机的直接转矩控制（DTC）策略？
8. 驱动电机控制器有什么作用？相当于传统汽车上的哪个部件？
9. 驱动电机控制器是如何实现逆变的？

第4章

电动汽车车载储能装置

4.1 车载储能装置概述

4.1.1 车载储能装置的定义和分类

车载储能装置是电动汽车上安装的能够存储电能的装置，包括所有动力蓄电池、超级电容和飞轮电池等或其组合。

动力蓄电池是电动汽车的重要组成部分，是为车辆提供动力来源的电源，是电动汽车产业发展的关键，其性能直接影响电动汽车的市场应用和消费者的接受度。动力蓄电池是为电动汽车动力系统提供能量的蓄电池。

铅酸蓄电池、镍氢蓄电池和锂离子蓄电池在电动汽车领域均有应用，如图 4-1 所示。锂离子蓄电池是目前实现产业化的动力蓄电池产品中能量密度最高的，具有较长的循环寿命及使用寿命，安全性不断提升。同时，锂离子蓄电池已处于自动化大规模生产制造阶段，成本不断下降。锂离子蓄电池作为铅酸蓄电池和镍氢蓄电池的技术及产业升级换代产品，具有质量能量密度高、质量功率密度高、自放电率低、无记忆效应及环境友好等突出优点，成为目前技术研究及产业化的重点，其应用领域涵盖了混合动力电动汽车、插电式混合动力电动汽车、纯电动汽车及氢燃料电池电动汽车等。

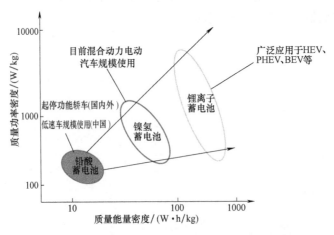

图 4-1 车用动力蓄电池技术的发展现状及应用领域

飞轮电池是电能与机械能转换的电池，超级电容是电能与电位能转换的电池。这两种储能器在理论上都具有很强的转换能力，而且充电和放电方便迅速，但尚处于研制阶段。

4.1.2　动力蓄电池的组成与工作原理

1. 组成

单体电池一般主要由电极、电解质、隔膜和外壳四个部分组成。

（1）**电极**　电极是电池的核心组成部分，包括正极和负极。

正极是氧化电极。正极活性材料在正极/电解质交界面接收由外电路传来的电子，进行电化学反应从而被还原。

负极是还原或燃料极。负极活性材料在负极/电解质交界面进行释放电子的电化学反应，并将电子传给外电路，自身则被氧化。

电极一般由集流体和活性物质、黏结剂、导电剂等构成。集流体可以根据需要采用金属箔、金属网等不同形式。活性物质是指电池在充电或放电过程中，正、负极中发生电化学反应以存储或释放电能的物质，是电池产生电能的源泉，也是决定电池基本特性的重要组成部分。

（2）**电解质**　电解质是电池的主要组成部分之一，是离子导体，在电池中是电荷转移的介质。通过离子在电池内正、负极之间的移动，实现电池内部电荷的转移，实现电流的全回路流通，由此向负载连续输出电能。

电解质分为液体电解质、固体电解质和凝胶聚合物电解质。液体电解质包括水溶液电解质和非水溶液电解质，典型的水溶液电解质是将盐、酸或碱溶解在水中形成的水溶液。典型的非水溶液电解质是无机盐或有机盐溶于某些极性有机溶剂或无机溶剂中，以提供离子电导。固体电解质尽管是固态，但是在电池工作温度下是一种离子导体。

（3）**隔膜**　隔膜是指避免电池内极性相反的电极片直接接触造成内部短路的电池组件。通常将隔膜材料置于正极和负极之间，将正、负极分开，其四周由电解质环绕。对于固态电池来说，则不需要专门的隔膜材料，因为固体电解质膜（Solid Electrolyte Membrane）既发挥了电解质的作用，同时又具有隔膜材料的功能。

（4）**外壳**　外壳是电池的容器。除了锌锰干电池中的锌电极可以兼做外壳之外，目前其他各类电池的活性物质和电极均不能用作电池的容器。应该根据实际情况选择合适的材料作为电池的外壳，并还要有相应的极耳或极柱结构，以便组成完整的电池。

电池本身可以设计制造成各种形状和结构，如方形、圆柱形、扣式、扇平状等，因此电池的外壳也应根据实际需要设计成相应的形状和结构。

图 4-2 所示为电池的基本组成。

（5）**蓄电池和蓄电池组**　单体蓄电池是基本的电化学单位，是将化学能与电能进

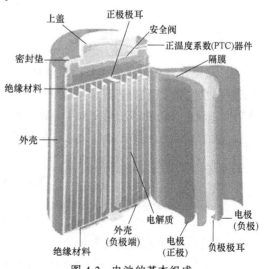

图 4-2　电池的基本组成

行相互转换的基本单元装置，通常包括电极、隔膜、电解质、外壳和端子，并被设计成可充电，英文中常用 Cell 表示，也称为电芯。

将一个以上单体蓄电池按照串联、并联或串并联方式组合，并作为电源使用的组合体，称为蓄电池组。

用于盛装蓄电池组、蓄电池管理模块及相应的辅助元器件，并包含机械连接、电气连接、防护等功能的总成，简称蓄电池箱。

蓄电池包通常包括蓄电池组、蓄电池管理模块（不包含电池控制单元 BCU）、蓄电池箱及相应附件（冷却部件、连接线缆等），具有从外部获得电能并可对外输出电能的单元。

2. 工作原理

电池是一种能量转换装置。放电时，电池将化学能转变为电能；充电时，电池将电能转变为化学能并储存起来。电池充放电过程中的能量转换如图 4-3 所示。

图 4-3　电池充放电过程中的能量转换

原电池（一次电池）的反应是不可逆的，不能充电，只有放电过程。蓄电池（二次电池）的反应是可逆的，既有充电过程，又有放电过程。

（1）放电工作原理　当电池放电时，电池与外部负载相连接，电子从负极通过外部负载流向正极，此时负极（或阳极）被氧化，正极（或阴极）接收电子而被还原。在电解质中依靠阴离子和阳离子分别向负极和正极的移动而使整个电路连通起来。电池放电时的工作原理如图 4-4 所示。

假设电池负极为金属镁（Mg）、正极为氯气（Cl_2），组成 Mg/Cl_2 电池，放电时正、负极分别发生如下电化学反应：

1）负极发生氧化反应，失去电子：

$$Mg \rightarrow Mg^{2+} + 2e^-$$

2）正极发生还原反应，得到电子：

$$Cl_2 + 2e^- \rightarrow 2Cl^-$$

3）电池放电的总反应为：

$$Mg + Cl_2 \rightarrow Mg^{2+} + 2Cl^-$$

（2）充电工作原理　蓄电池（二次电池）在充电时的电流流动方向与放电时相反。正极（或阳极）发生氧化反应，负极（或阴极）接收电子而被还原。在电解质中依靠阴离子和阳离子分别向正极和负极的移动而使整个电路连通起来。蓄电池充电时的工作原理如图 4-5 所示。

以 Mg/Cl_2 电池为例，充电时正、负极分别发生如下电化学反应：

1）负极发生还原反应，得到电子：

$$Mg^{2+} + 2e^- \rightarrow Mg$$

2）正极发生氧化反应，失去电子：

$$2Cl^- \rightarrow Cl_2 + 2e^-$$

3）蓄电池充电的总反应为：

$$Mg^{2+} + 2Cl^- \rightarrow Mg + Cl_2$$

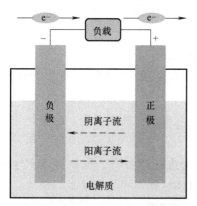

图 4-4　电池放电时的工作原理

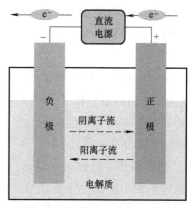

图 4-5　蓄电池充电时的工作原理

值得注意的是，放电时，蓄电池的正极发生还原反应因而可称为阴极，蓄电池的负极发生氧化反应因而可称为阳极；充电时，蓄电池的正极发生氧化反应因而可称为阳极，蓄电池的负极发生还原反应因而可称为阴极（表4-1）。

表 4-1　蓄电池正、负极在充放电过程中发生的不同反应

蓄电池电极	放电	充电
正极	得电子,发生还原反应	失电子,发生氧化反应
负极	失电子,发生氧化反应	得电子,发生还原反应

4.1.3　动力蓄电池的基本术语

1. 电池电压

（1）**电动势**　电池的电动势通常又称为热力学平衡电位，是指电池正极与负极平衡电势（平衡电位）的差值，一般用 E 表示，即

$$E = \psi_+ - \psi_- \tag{4-1}$$

式中，E 为电池的电动势；ψ_+ 为正极的平衡电位；ψ_- 为负极的平衡电位。

电动势是电池在理论上输出能量大小的表征之一。如果其他条件相同，那么电动势越高，则该电池理论上能输出的能量就越大。

实际上，电池中两个电极一般并非处于热力学的可逆状态，因此电池在开路状态下的开路电压并不等于电池的电动势，尤其对于某些气体电极，如燃料电池的开路电压与其电动势就有较大偏差。

（2）**开路电压**　电池的开路电压是指外电路中没有电流流过时，电池正、负极之间的电位差，一般用 U_{0C} 表示。

电池开路电压的大小主要由其活性物质、电解质、电池中所进行反应的性质和条件（如浓度、温度等）决定，与电池的形状结构和尺寸大小无关。一般情况下，电池的开路电压均小于它的电动势。

（3）**工作电压**　电池的工作电压是指电池接通负载后，在工作电流下放电时两个端子间的电位差，也称为放电电压，一般用 U_{CC} 表示。

电池的工作电压总是低于开路电压，当然也必然低于电池的电动势，这是因为电流流过电池内部时，必须克服极化内阻和欧姆内阻所造成的阻力：

$$U_{CC} = E - IR_i = E - I(R_\Omega + R_f) \tag{4-2}$$

式中，U_{CC} 为电池的工作电压；E 为电池的电动势；I 为电池的工作电流；R_i 为电池的内阻；R_Ω 为电池的欧姆内阻；R_f 为电池的极化内阻。

电池的工作电压受放电制度的影响，放电时间、放电电流、环境温度、放电终止电压等都会影响电池的工作电压。

（4）**标称电压** 标称电压是用以标识电池的适当的电压近似值，也称为额定电压，可以用来区分不同的电化学体系电池。常见电池体系的单体标称电压见表4-2。

表4-2 常见电池体系的单体标称电压

电池体系		单体标称电压/V
原电池（一次电池）	锌-碳电池	1.5
	锌-二氧化锰电池	1.5
	锌-氧化银电池	1.6
	锌-空气电池	1.5
	锂-亚硫酰氯电池	3.6
	锂-二氧化锰电池	3.0
	锂-氟化碳电池	3.0
储备电池	镁-氯化亚铜电池	1.3
	锌-氧化银电池	1.5
	热电池	1.6~2.1
蓄电池（二次电池）	铅酸蓄电池	2.0
	镍镉蓄电池	1.2
	镍氢蓄电池	1.2
	钠硫蓄电池	2.0
	磷酸铁锂电池	3.2
	锰酸锂电池	3.7
	钴酸锂电池	3.7
	镍钴锰酸锂电池	3.6

（5）**放电终止电压** 放电终止电压是指电池放电时，电压下降到不宜再继续放电的最低工作电压，也称为放电截止电压。

电池的类型不同，放电条件不同，对电池的容量和寿命的要求也不同，因而所规定的电池放电的终止电压也不同。一般来说，在低温或大电流放电时，终止电压可规定得低些；小电流长放电时，终止电压可规定得高些。这是因为低温、大电流放电时，电极的极化大，活性物质不能得到充分利用，电池的电压下降较快；小电流放电时，电极的极化小，活性物质能够得到较充分的利用，电池的电压下降较慢。

若在电池电压低于终止电压后继续放电，则为过放电，这可能会破坏电池的正常功能并

（或）引发危险事故。

（6）**充电限制电压**　充电限制电压是指按规定的充电制度，电池由恒流充电转入恒压充电时的最大电压值，也称为充电终止电压。不同电化学体系的电池，充电限制电压也不同。如铅酸蓄电池的充电限制电压一般为 2.4V，磷酸铁锂电池的充电限制电压一般为 3.8V。

2. 电池容量

电池容量是指在一定的放电条件下可以从电池获得的电量，用符号 C 表示，单位常为安时（A·h）或毫安时（mA·h）。电池的容量又可分为理论容量、额定容量和实际容量等。

（1）**理论容量**　理论容量是指假设活性物质全部参加电池的成流反应所给出的电量，常用 C_0 表示。它可根据活性物质的质量按照法拉第定律计算求得。

法拉第定律指出，电极上发生化学反应物质的质量与通入的电量成正比，用公式可以表达为

$$Q = nF\frac{m}{M} \tag{4-3}$$

式中，Q 为电极反应中通过的电量（A·h）；n 为成流反应时的得失电子数；m 为发生反应的活性物质的质量（g）；F 为法拉第常数，约为 96500C/mol 或 26.8A·h/mol；M 为活性物质的摩尔质量（g/mol）。

式（4-3）表明，当质量为 m_0 的活性物质参加电池的成流反应时，完全反应后所释放出的电量为 Q_0，此时 Q_0 即为电极活性物质的理论容量 C_0。因此，电极的理论容量计算公式可以表示为

$$C_0 = 26.8n\frac{m_0}{M} = \frac{1}{K}m_0 \tag{4-4}$$

$$K = \frac{M}{26.8n} \tag{4-5}$$

式中，K 为活性物质的电化当量 [g/(A·h)]，是指获得 1A·h 电量所需活性物质的质量。

不同电池体系的理论容量只与参加电化学反应的活性物质有关，因此可以按反应的电化当量来计算。当电池活性物质的质量确定以后，电池的理论容量主要取决于活性物质的电化当量。电化当量越小，其理论容量就越大；电化当量越大，其理论容量就越小。

（2）**额定容量**　额定容量是指设计和制造电池时，规定或保证电池在一定的放电条件（如温度、放电终止电压、放电倍率等）下应该放出的最低限度的容量，常用 $C_{额}$ 表示。

（3）**实际容量**　实际容量是指在一定的放电条件下电池实际放出的电量，常用 C 表示。实际容量等于放电电流与放电时间的积分，实际容量受放电倍率的影响很大，所以常在字母 C 的右下角以阿拉伯数字标明放电倍率，如 $C_1 = 20$A·h，表明在 $1C$ 倍率下放电的容量为 20A·h。

实际容量的计算方法如下：

恒电流放电时：

$$C = IT \tag{4-6}$$

恒电阻放电时：

$$C = \int_0^T I \mathrm{d}t = \frac{1}{R}\int_0^T U \mathrm{d}t \qquad (4\text{-}7)$$

近似计算为

$$C = \frac{1}{R}U_{av}t \qquad (4\text{-}8)$$

式中，I 为放电电流；T 为放电至终止电压的时间；R 为放电电阻；U 为放电电压；U_{av} 为电池平均放电电压，即电池放电刚开始的初始工作电压与终止电压的平均值。严格地讲，U_{av} 应该是电池在整个放电过程中放电电压的平均值。

电池的实际容量取决于活性物质的数量及其利用率。由于内阻的存在及其他各种因素，活性物质不可能完全被利用，即活性物质的利用率总是小于 1，因此电池的实际容量、额定容量总是低于理论容量。活性物质的利用率为

$$\eta = \frac{m_1}{m} \times 100\% \qquad (4\text{-}9)$$

式中，m 为活性物质的实际质量；m_1 为放出实际容量时所应消耗的活性物质的质量。

一般情况下，正、负极活性物质的利用率是不同的。活性物质的利用率取决于电池的放电制度和电池的结构。

高倍率大电流放电时，电极的极化增强，内阻增大，放电电压下降很快，导致实际放出的容量较低；相应地，低倍率小电流放电时，电极的极化较弱，放电电压下降缓慢，因此电池实际放出的容量较高，有时会高于额定容量。

采用薄型电极和多孔电极及减小电池内阻，均可以提高活性物质的利用率，从而提高电池实际输出的容量，降低电池成本。

（4）**比容量** 为了对不同的电池进行比较，常常引入比容量这个概念。比容量是指单位质量或单位体积电池所给出的容量，分别被称为质量比容量或体积比容量，常用 $C'_m(\mathrm{A \cdot h/kg})$ 或 $C'_V(\mathrm{A \cdot h/L})$ 表示：

$$C'_m = \frac{C}{m} \qquad (4\text{-}10)$$

$$C'_V = \frac{C}{V} \qquad (4\text{-}11)$$

式中，C 为电池的容量；m 为电池的质量；V 为电池的体积。

应当注意的是，一个电池的容量是指其中正极（或负极）的容量，而不是正极容量与负极容量之和。因为电池在工作时，通过正极和负极的电量总是相等的。实际电池的容量取决于容量较小的那个电极。一般实际工作中，多为正极容量控制整个电池的容量，而负极容量过剩。

（5）**剩余容量** 剩余容量是指在规定条件下使用（如放电或贮存）后电池中余留的容量。

剩余容量的估计和计算受电池前期使用的放电倍率、放电时间、贮存时间、自放电率、环境条件等多种因素的影响。

3. 电池能量

电池能量是指电池在一定放电条件下对外做功所能输出的电能，单位通常为瓦时（W·h）。

(1) 理论能量　假设电池在放电过程中始终处于平衡状态，其放电电压保持电动势（E）的数值，并且活性物质的利用率为100%，即放电容量为理论容量，则在此条件下电池输出的能量为理论能量，用W_0表示：

$$W_0 = C_0 E \tag{4-12}$$

式中，C_0为电池的理论容量；E为电池的电动势。

实际上，电池的理论能量也就是可逆电池在恒温恒压下所做的最大非体积功，即为

$$W_0 = -\Delta G = nFE \tag{4-13}$$

式中，W_0为电池的理论能量；ΔG为体系的自由能变化；n为成流反应时的得失电子数；F为法拉第常数；E为电池的电动势。

(2) 实际能量　实际能量是指电池放电时实际输出的能量，用W表示。它在数值上等于电池实际放电电压、放电电流的积对放电时间的积分，即

$$W = \int U(t) I(t) \, \mathrm{d}t \tag{4-14}$$

在实际应用中，经常用电池实际容量（C）与电池放电平均工作电压（U_{av}）的乘积来对实际能量进行估算，即

$$W = C U_{av} \tag{4-15}$$

因为活性物质不可能完全被利用，电池的工作电压总是小于电动势，所以电池的实际能量总是小于理论能量。

(3) 比能量（能量密度）　比能量是指单位质量或单位体积的电池所放出的能量，相应地称为质量比能量或体积比能量，也称为质量能量密度或体积能量密度，常用W'表示，单位为W·h/kg或W·h/L，表达式为。

$$W' = \frac{W}{m} \tag{4-16}$$

或

$$W' = \frac{W}{V} \tag{4-17}$$

式中，m为电池的质量；V为电池的体积。

能量密度分为理论能量密度（W_0'）和实际能量密度（W'）。

电池的理论质量能量密度可以根据正、负极两种活性物质的电化当量（如果电解质参加电池的成流反应，那么还需要加上电解质的电化当量）和电池的电动势来计算，即

$$W_0' = \frac{1000}{K_+ + K_-} E \tag{4-18}$$

式中，K_+为正极活性物质的电化当量[g/(A·h)]；K_-为负极活性物质的电化当量[g/(A·h)]；E为电池的电动势（V）。

例如，铅酸蓄电池的理论质量能量密度可以依照下面的电池反应式计算：

$$Pb+PbO_2+2H_2SO_4 \rightarrow 2PbSO_4+2H_2O$$

已知，Pb 的电化当量为 $K(Pb)=3.866g/(A \cdot h)$，PbO_2 的电化当量为 $K(PbO_2)=4.463g/(A \cdot h)$，$H_2SO_4$ 的电化当量为 $K(H_2SO_4)=3.659g/(A \cdot h)$，$E=2.044V$，故可知

$$W_0'=\frac{1000}{3.866+4.463+3.659} \times 2.044 W \cdot h/kg \approx 170.5 W \cdot h/kg$$

能量密度是衡量电池质量和体积大小的标准，是设计电池时必须要考虑的重要指标之一。在电动汽车应用领域，电池和电池组的能量密度也是评价动力蓄电池是否满足应用需要的重要指标，因为质量能量密度影响电动汽车的整车质量和续驶里程，体积能量密度影响动力蓄电池在电动汽车上的布置空间。

由于各种因素的影响，电池的实际能量密度远小于理论能量密度。实际能量密度与理论能量密度的关系可表示为

$$W' = W_0' K_E K_R K_m \tag{4-19}$$

式中，K_E 为电压效率；K_R 为反应效率；K_m 为质量效率。

电压效率是指电池的工作电压与电动势的比值，即

$$K_E=\frac{U}{E} \tag{4-20}$$

式中，U 为电池的工作电压；E 为电池的电动势。

电池放电时，由于存在电化学极化、浓差极化和欧姆压降，电池的工作电压总是小于电动势，因此 K_E 总是小于1。提高电压效率的重要途径主要包括改进电极结构（包括真实表面积、孔隙率、孔径分布、活性物质粒子的大小等），以及添加一些导电物质、催化剂、疏水剂，掺杂改性等。

反应效率也就是活性物质的利用率。因为活性物质不可能完全被利用，所以反应效率也总是小于1。活性物质之所以不能完全被利用，主要是因为存在一些阻碍正常反应继续进行的因素，如正极活性物质的溶解及脱落、负极的体积效应及枝晶的形成等。上述问题的发生同各种过电位有密切的关系，因此反应效率和电压效率也有关。

质量效率是指按照电池反应式完全反应的活性物质的质量与电池总质量的比值，即

$$K_m=\frac{m_0}{m_0+m_s}=\frac{m_0}{m} \tag{4-21}$$

式中，m_0 为假设按照电池反应式完全反应的活性物质的质量；m_s 为不参加电池反应的物质的质量；m 为电池的总质量。

同样，电池中必然要包含一些不参加电池反应的物质，因此电池的质量效率也总是小于1。这些物质主要包括：

1）过剩的活性物质。设计电池时，不可能使电池正、负两个电极的活性物质恰好等量，总有一个电极的活性物质过剩。过剩的活性物质和活性物质利用率中所涉及的未利用的活性物质是两个概念：后者是受利用率所限制，而有可能被利用的物质；前者是指电池中一极的活性物质添加量在理论上超过另一极，因而是不可能被利用的物质。有时，这种过剩的活性物质又是必需的。例如，在密封的镍镉蓄电池、锌-氧化银电池中，在设计电池时负极活性物质要有 25%~75% 的过剩量，以防止充电时在负极上产生氢气。

2）电解质溶液。有些电池的电解质溶液不参加电池反应，有些电池的电解质溶液虽然参加电池反应，但需要一定的过剩量。

3）电极的添加剂。例如，导电物质、膨胀剂、吸收电解质溶液的纤维素等，其中有些添加剂的质量可占电极总质量相当大的比例。

4）电池的外壳、电极的板栅、骨架等。电池的能量密度是电池性能的一个重要的综合指标，提高电池的能量密度，始终是电池行业的努力目标。

4. 电池功率与功率密度

（1）电池功率　电池功率是指在一定放电制度下，单位时间内电池输出的能量，单位为瓦（W）或千瓦（kW）。

理论上，电池功率 P_0 可以表示为

$$P_0 = \frac{W_0}{t} = \frac{C_0 E}{t} = \frac{ItE}{t} = IE \tag{4-22}$$

式中，t 为放电时间；C_0 为电池的理论容量；E 为电池的电动势；I 为恒定的放电电流。

电池的实际功率 P 应当为

$$P = IU = I(E - IR_i) = IE - I^2 R_i \tag{4-23}$$

式中，$I^2 R_i$ 为消耗于电池全内阻上的功率，这部分功率对负载是无用的，它转变成热能损失掉了。

假设 R_i 为常数，将式（4-23）对电流 I 进行微分，并令 $\mathrm{d}P/\mathrm{d}I = 0$，即

$$\frac{\mathrm{d}P}{\mathrm{d}I} = E - 2IR_i = 0$$

设电池内电阻为 R_i，外电阻为 R_0：

因为

$$E = I(R_0 + R_i)$$

所以有

$$IR_0 + IR_i - 2IR_i = 0$$

即

$$R_i = R_0$$

而且 $\mathrm{d}^2 P/\mathrm{d}I^2 < 0$，因此当 $R_i = R_0$ 时，电池输出的功率达到最大值。

（2）功率密度（比功率）　功率密度是指单位质量或单位体积的电池所输出的功率，相应地称为质量功率密度或体积功率密度，常用 P' 表示，单位为 W/kg 或 W/L：

$$P' = \frac{P}{m} \tag{4-24}$$

或

$$P' = \frac{P}{V} \tag{4-25}$$

式中，m 为电池的质量；V 为电池的体积。

功率密度的大小表示电池所能承受的工作电流的大小。电池的功率密度大，表示它可以承受大电流放电。功率密度是评价电池或电池组是否满足电动汽车加速、爬坡能力和制动能

量回收能力的重要指标。

5. 电池内阻

电池内阻是电池的一个极为重要的参数，是指电流通过电池时所受到的阻力，它包括欧姆内阻和电极在进行电化学反应时极化引起的电阻两部分。欧姆内阻（R_Ω）和极化内阻（R_f）之和称为电池的全内阻（R_i）。

（1）欧姆内阻　欧姆内阻（R_Ω）主要由电极材料、电解液、隔膜的电阻及各组件的接触电阻组成。

电解液的欧姆内阻与电解液的组成、浓度和温度有关。一般情况下，电池用的电解液浓度值大多选在电导率最大的区间，但是有时还必须考虑电解液浓度对电池其他性能（如极化内阻、自放电、电池容量和寿命等）的影响。

需要说明的是，电池中采用的隔膜均为多孔的不具有电子导电的物质，本身应是绝缘材料。只有当隔膜浸入电解液时，它的孔隙逐渐被电解液充满，才具有导电作用。而这种导电作用，依靠的是微孔中电解质溶液的离子迁移传递。所谓隔膜电阻，实质上是指当电流流过电解液时，隔膜有效微孔中的电解液所产生的电阻（R_M），它满足以下计算式：

$$R_M = \rho_s J \tag{4-26}$$

式中，R_M 为隔膜电阻；ρ_s 为溶液比电阻；J 为表征隔膜微孔结构的因子。

由此可见，隔膜电阻受两方面因素的影响：一方面是电解质溶液的比电阻，它取决于溶液的组成和温度；另一方面是隔膜的结构因素。对于特定的隔膜，J 为一个定值。结构因素包括隔膜的厚度、孔隙率、孔径和孔的弯曲程度等。

电极材料的固相电阻包括活性物质粉粒自身的电阻、粉粒之间的接触电阻、活性物质与导电骨架之间的接触电阻，以及导电骨架、集流体、极耳等的电阻。这部分固相电阻的变化比较复杂，特别是在充放电过程中，活性物质的成分及形态均可能发生变化，造成电阻阻值发生较大的变化。

此外，电池的欧姆内阻还与电池的尺寸、结构、装配等因素有关，如果结构合理、装配紧凑，那么电极间距就小，欧姆内阻也就小。

（2）极化内阻　极化内阻（R_f）是指电池的正极和负极在进行电化学反应时由极化引起的内阻，它包括电化学极化和浓差极化引起的电阻。极化内阻与活性物质的性质、电极的结构、电池的制造工艺等有关，特别是与电池的工作条件密切相关，放电电流和温度对其影响很大。放电电流不同，产生的电化学极化与浓差极化的值也不同。在大电流密度下放电时，电化学极化和浓差极化均增加，甚至可能引起电极表面的钝化，造成极化内阻增加。低温对电化学极化、离子扩散均有不利影响，在低温下电池的极化内阻也会增加。因此极化内阻并不是一个常数，而是随放电制度、放电温度等的改变而变化的。

在多数情况下，由于电池内阻较小，经常忽略不计，但电动汽车用动力蓄电池常常处于大电流、深放电工作状态，内阻引起的电压降会较大，此时电池内阻对整个电路的影响就不能忽略。

为了比较相同系列不同型号的电池内阻，引入比电阻（R_i'），即单位容量下电池的内阻：

$$R_i' = R_i / C \tag{4-27}$$

式中，R_i 为电池内阻（Ω）；C 为电池容量（$A \cdot h$）。

总之，内阻是决定电池性能的一个重要指标，它直接影响电池的工作电压、工作电流、输出的能量与功率等。对于实用的电池，其内阻越小越好。

6. 放电电流

放电电流是指电池放电时电流的大小。放电电流直接影响电池的各项性能指标。因此，在谈到电池的容量或能量时，必须说明放电电流的大小或指出放电的条件。放电电流一般用放电率表示，放电率常用"时率"和"倍率"两种形式表示。

（1）**时率**　时率也称为小时率，是以放电时间（h）表示的放电速率，或者说以一定的放电电流放完额定容量所需的小时数来表示，常用 C/n 来表示，其中，C 为额定容量，n 为一定的放电电流。

例如，电池的额定容量为 $60A \cdot h$，以 $10A$ 电流放电，则时率为 $60A \cdot h/10A = 6h$，称电池以 6 小时率放电。由此可见，放电时率所表示的时间越短，所用的放电电流越大；放电时率所表示的时间越长，则所用的放电电流越小。

（2）**倍率**　倍率实际上是指电池在规定的时间内放出其额定容量时所输出的电流值，它在数值上等于额定容量的倍数。

例如，2 倍率（记为 $2C$）放电，表示放电电流的数值是额定容量数值的 2 倍，若电池的容量为 $20A \cdot h$，则放电电流应为 $2 \times 20A = 40A$。如果换算成小时率，则是 $20A \cdot h/40A = 1/2$ 小时率。

一般情况下，称放电倍率在 $\frac{1}{3}C$ 以下为低倍率，$\frac{1}{3}C \sim 3C$ 为中倍率，$3C$ 以上为高倍率。

7. 荷电状态

荷电状态（SOC）反映电池的剩余电量状况，是电池使用过程中的重要参数。

荷电状态值是一个相对值，一般用百分比的方式来表示，SOC 的数值在 $0 \sim 100\%$ 之间。目前国内外比较统一的认识是从电量的角度来定义 SOC，即电池在定放电倍率下，剩余容量与相同条件下额定容量的比值：

$$SOC = C_\mu / C_{额} \tag{4-28}$$

式中，C_μ 为电池剩余的按额定电流放电的可用容量；$C_{额}$ 为电池的额定容量。

如果用电池已放出的容量 Q 来求得电池的荷电状态参数 SOC，则可表示为

$$SOC = 1 - Q/C_{额} \tag{4-29}$$

SOC $= 100\%$ 表示电池为充满电状态，SOC $= 0$ 表示电池为全放电状态。

因为电池所能放出的容量受充放电倍率、温度、自放电、老化、充放电循环次数等因素的影响，所以表示电池剩余电量的 SOC 也与这些因素有关。在实际应用中，经常要根据实际情况对 SOC 的定义进行调整或修正。

受多种因素的影响，电池 SOC 的估计和预测方法复杂，准确估计比较困难。目前常用的 SOC 估算法主要有开路电压法、安时累积法、电化学测试法、电池模型法、神经网络法、阻抗频谱法和卡尔曼滤波法等。

8. 自放电特性

（1）**自放电**　自放电是指电池开路时，在一定条件下（如一定温度、湿度下）电池内

部自发的或不期望的化学反应造成可用容量自行下降的现象。自放电的产生主要是由于电极在电解液中处于热力学的不稳定状态，电池的两个电极各自发生了氧化还原反应。

克服电池自放电的措施主要有：

1）采用纯度较高的原材料或对原材料进行处理，除去有害杂质，但成本会增加。

2）在负极材料中加入氢过电位较高的金属或缓蚀剂。

3）在电极或电解液中加入缓蚀剂，抑制氢的析出，减少自放电的发生。

（2）自放电率 自放电率是指电池在贮存时间内，在没有负荷的条件下自身放电，使得电池的容量损失的速度。自放电率用单位时间内电池容量降低的百分数表示，即

$$X = \frac{C_{前} - C_{后}}{C_{前}T} \times 100\% \tag{4-30}$$

式中，$C_{前}$ 为贮存前电池的容量；$C_{后}$ 为贮存后电池的容量；T 为贮存时间，常用天、月、年表示。

自放电率除了与电池体系自身特性有关外，通常还与环境温度、湿度等有关。

9. 电池寿命

（1）循环寿命 循环寿命或使用周期是衡量蓄电池性能的一个重要参数。蓄电池经历一次充电和放电，称为一个循环或一个周期。在一定的放电制度下，电池容量降低至某一规定值之前，电池所能耐受的循环次数，称为蓄电池的循环寿命或使用周期。

影响蓄电池循环寿命的因素很多，除了正确使用和维护外，主要有以下几点：

1）电极活性表面积在充放电循环过程中不断减小，使工作电流密度上升、极化增强。

2）电极上活性物质脱落或转移。

3）在电池工作过程中，某些电极材料发生腐蚀。

4）在循环过程中电极上生成枝晶，造成电池内部微短路。

5）隔膜的老化和损坏。

6）活性物质在充放电过程中发生不可逆晶形改变，使活性降低。

（2）贮存寿命 贮存寿命是指电池自放电的大小通过容量下降到某一规定容量所经过的时间，也称为搁置寿命。

电池在长期搁置后容量会发生变化，这种特性称为贮存性能。电池在贮存期间虽然没有负荷放出电量，但是在电池内部一般会存在自放电现象。

即使是干态贮存，也会由于密封不严进入水分、空气等物质，使处于热力学不稳定状态的部分正极和负极活性物质产生微电池腐蚀，自行发生氧化还原反应，转变成不能利用的热能。如果是湿态贮存（电池带电解液贮存），则更是如此。电池在湿态贮存下一般自放电较严重，贮存寿命相对较短。因此储备电池在使用时才加入电解液激活，此前的干态贮存可以保存电池很长时间。

4.1.4 电动汽车对动力蓄电池的要求

1. 纯电动汽车对动力蓄电池的要求

（1）比能量高 为了提高电动汽车的续驶里程，要求电动汽车上的动力蓄电池尽可能

多地储存能量，但电动汽车的质量不能过大，其安装电池的空间也有限，这就要求电池具有高的比能量。

（2）**比功率高**　为了能使电动汽车在加速行驶、爬坡能力和负载行驶等方面能与燃油汽车相竞争，要求电池具有高的比功率。

（3）**循环寿命长**　循环寿命越长，则电池在正常使用周期内支撑电动汽车行驶的里程数就越多，有助于降低车辆使用期内的运行成本。

（4）**均匀一致性好**　对于电动汽车而言，电池组的工作电压大多均应达到数百伏，这就要求至少有几十到上百只电池的串联。为达到设计容量要求，有时甚至需要更多的单体并联。由于电池组的使用性能会受到性能最差的某些单节电池的制约，设计上要求各电池单体在容量、内阻、功率特性和循环特性等方面具有高度的均匀一致性。

（5）**高低温性能好、环境适应性强**　电动汽车作为一种交通工具，要求电池在低温和高温环境中能长期稳定地工作。在最恶劣的气候条件下，电池的工作温度可能要从-40℃变到60℃，甚至80℃。因此，要求电池应当具有良好的高低温性能。

（6）**安全性好**　能够有效避免因泄漏、短路、撞击、颠簸等引起的起火或爆炸等危险事故发生，确保汽车在正常行驶或非正常行驶过程中的安全。

（7）**价格低**　材料来源丰富，电池制造成本低，以降低整车价格，提高电动汽车的市场竞争力。

（8）**绿色、环保**　要求制作电池的材料环保性好、无二次污染，并可再生利用。

2. 混合动力电动汽车对动力蓄电池的要求

发动机工作分低速区、低负荷区和高效区。混合动力电动汽车应通过多能源动力总成、控制系统，控制发动机在高效区工作，而在低速与低负荷区由电机提供驱动力，以提高燃油经济性，降低排放量。混合动力电动汽车对动力蓄电池的要求如下：

1）瞬间峰值电流（$>10C$）放电、充电。

2）短时间的大电流（$<5C$）充电、放电。

3）SOC 保持在 50% 左右，波动在 20%~50% 之间。

与纯电动汽车的动力蓄电池不同，混合动力电动汽车的动力蓄电池连续工作时间短，对电池容量要求不高，主要要求功率大。另外混合动力电动汽车的动力蓄电池的 SOC 要求保持 50% 左右，波动一般不超过 20%，即 SOC 的范围在 30%~70% 之间。这是因为混合动力电动汽车要求电池留有足够的余量，以保证车辆制动时可以充分吸收能量，并不致使电池过充后降低寿命，甚至破坏电池。

纯电动汽车的动力蓄电池要充分充电，充满后尽可能一次放尽，下次使用时再次充电，由于混合动力电动汽车的动力蓄电池在 SOC 为 50% 处频繁地浅度充放电，对其循环寿命的要求远远高于纯电动汽车动力蓄电池。

3. 插电式混合动力电动汽车对动力蓄电池的要求

插电式混合动力电动汽车对动力蓄电池的要求要兼顾纯电动和混合动力两种模式。如图 4-6 所示，插

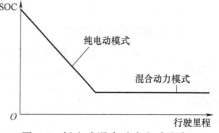

图 4-6　插电式混合动力电动汽车对动力蓄电池的要求

电式混合动力电动汽车既要实现在城市以纯电动模式行驶，又要实现在高速公路上以混合动力模式行驶（电池电量也在消耗）。插电式混合动力电动汽车期望纯电动模式的行驶里程达到几十千米，而且期望电池在低 SOC 时也能提供很高的功率。

插电式混合动力电动汽车与混合动力电动汽车最大的两个差异是：第一，插电式混合动力电动汽车的电池容量较大，可以靠电力行驶较远的距离，燃油使用量与温室气体排放量都较低；第二，插电式混合动力电动汽车除了用发动机进行充电外，也可以用外接电源充电。插电式混合动力电动汽车与纯电动汽车的最大差异是具有混合动力模式，使用的电池容量要比纯电动汽车的低，但功率要求高，在 SOC 较低时需要能承受较大电流的充电或放电。

对于插电式混合动力电动汽车来说，电池的功率能量比（P/E）设计比较重要，直接影响整个电源系统的成本、效率等。应根据车辆具体的性能目标要求，设计出能满足要求的最合适的产品。混合动力电动汽车需要 P/E 较大的电源系统，电池的单位成本较高；纯电动汽车要求 P/E 较低的电源系统，电池单位成本相对最低；插电式混合动力电动汽车对电池 P/E 的要求处于纯电动汽车和混合动力电动汽车之间。不同类型电动汽车电源系统 P/E 的影响和比较如图 4-7 所示。

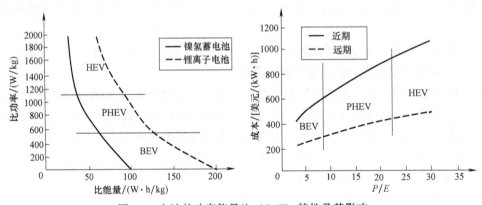

图 4-7　电池的功率能量比（P/E）特性及其影响

4.2　铅酸蓄电池

4.2.1　铅酸蓄电池的分类与结构

1. 铅酸蓄电池的分类

铅酸蓄电池分为免维护铅酸蓄电池和阀控密封式铅酸蓄电池。

（1）免维护铅酸蓄电池　免维护铅酸蓄电池由于自身结构上的优势，电解液的消耗量非常小，在使用寿命内基本不需要补充蒸馏水。它具有耐振、耐高温、体积小、自放电弱的特点。使用寿命一般为普通铅酸蓄电池的两倍。市场上的免维护铅酸蓄电池也有两种：一种是在购买时一次性加注电解液，后续使用中不需要添加补充液；另一种是电池本身出厂时就已经加好电解液并密封，用户无法添加补充液。

铅酸蓄电池的分类

（2）**阀控密封式铅酸蓄电池**　阀控密封式铅酸蓄电池在使用期间不需加酸加液维护，电池为密封结构，不会漏酸，也不会排出酸雾。电池盖上设有溢气阀（也称安全阀），当电池内部气体量超过一定值，即当电池内部气压升高到一定值时，溢气阀自动打开，排出气体，然后自动关闭，防止空气进入电池内部。

阀控密封式铅酸蓄电池分为 AGM（吸附式玻璃纤维棉）和 GEL（胶体）电池两种。AGM 电池采用吸附式玻璃纤维棉制作隔膜，电解液吸附在极板和隔膜中，电池内无流动的电解液，电池可以立放工作，也可以卧放工作；GEL 电池以 SiO_2 为凝固剂，电解液吸附在极板和胶体内，一般立放工作。若无特殊说明，阀控密封式铅酸蓄电池皆指 AGM 电池。

随着铅酸蓄电池技术的发展，适合电动汽车使用的各种新型铅酸蓄电池不断出现，其性能不断提高。尤其是第三代阀控密封式铅酸蓄电池，比能量达到 $50W \cdot h/kg$，比功率达到 $500W/kg$，循环寿命大于 900 次。

阀控密封式铅酸蓄电池具有下列结构特点：

1）使用新板栅材料，负极板栅采用铅-钙合金，以提高析氢过电位，正极板栅用铅基多元合金，用于改善电池特性。

2）改变正、负极板活性物质电化当量配比，设计为以负极板容量相对于正极板过剩。

3）电池为贫液设计。电池盖上装单向节流阀，使电池处于密封状态，遇到异常情况时排气阀打开排出气体。

经过技术改进的阀控密封式铅酸蓄电池具有下列新功能：无酸雾逸出；无须定期进行补液；比能量大；自放电弱；浮充寿命长。目前，这种蓄电池已应用在轻度混合的混合动力电动汽车上。

2. 铅酸蓄电池的结构

铅酸蓄电池的基本结构如图 4-8 所示。它由正极板、负极板、隔板、电解液、溢气阀、外壳等部分组成。极板是铅酸蓄电池的核心部件，正极板上的活性物质是二氧化铅，负极板上的活性物质为海绵状纯铅。隔板用于隔离正、负极板，防止短路，同时作为电解液的载体，能够吸收大量的电解液，起到促进离子良好扩散的作用。隔板还是正极板产生的氧气到达负极板的"通道"，以顺利建立氧循环，减少水的损失。电解液由蒸馏水和纯硫酸按一定比例配制而成，主要作用是参与电化学

一分钟了解铅酸蓄电池

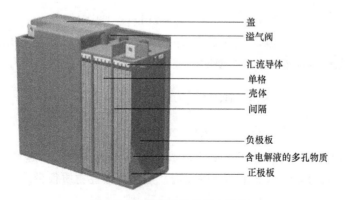

图 4-8　铅酸蓄电池的基本结构

反应，是铅酸蓄电池的活性物质之一。电池槽中装入一定密度的电解液后，由于电化学反应，正、负极板间会产生约 2.1V 的电动势。溢气阀位于电池顶部，起到安全、密封、防爆等作用。

4.2.2 铅酸蓄电池的工作原理

铅酸蓄电
池结构
原理

铅酸蓄电池使用时，把化学能转换为电能的过程称为放电。在使用后，借助于直流电在电池内进行化学反应，把电能转换为化学能而储蓄起来，这种蓄电过程称为充电。铅酸蓄电池是酸性蓄电池，其化学反应式为

$$PbO+H_2SO_4 \rightarrow PbSO_4 \downarrow +H_2O$$

充电时，把铅板分别和直流电源的正、负极相连，进行充电电解，阴极的还原反应为

$$PbSO_4+2e^- \rightarrow Pb+SO_4^{2-}$$

阳极的氧化反应为

$$PbSO_4+2H_2O \rightarrow PbO_2+4H^++SO_4^{2-}+2e^-$$

充电时的总反应为

$$2PbSO_4+2H_2O \rightarrow Pb+PbO_2+2H_2SO_4$$

随着电流的通过，$PbSO_4$ 在阴极上变成蓬松的金属铅，在阳极上变成黑褐色的二氧化铅，溶液中有 H_2SO_4 生成，如图 4-9 所示。

放电时蓄电池阴极的氧化反应为

$$Pb \rightarrow Pb^{2+}+2e^-$$

由于 H_2SO_4 的存在，Pb^{2+} 立即生成难溶解的 $PbSO_4$。

阳极的还原反应为

$$PbO_2+4H^++2e^- \rightarrow Pb^{2+}+2H_2O$$

同样，由于 H_2SO_4 的存在，Pb^{2+} 也立即生成 $PbSO_4$。

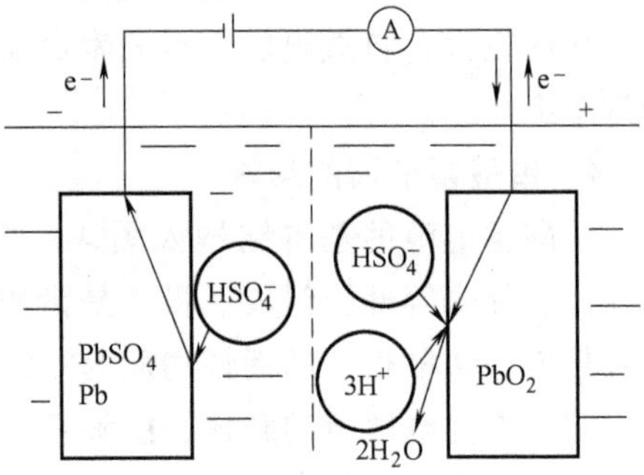

图 4-9 铅酸蓄电池放电示意图

放电时的总反应为

$$Pb+PbO_2+2H_2SO_4 \rightarrow 2PbSO_4 \downarrow +2H_2O$$

蓄电池充电时，随着电池端电压的升高，水开始被电解，当电池电压每单体达到约 2.39V 时，水的电解不可忽视。水电解时阳极和阴极的化学反应式分别为

$$H_2O \rightarrow \frac{1}{2}O_2+2H^++2e^-$$

$$2H^++2e^- \rightarrow H_2$$

阳极提供电子，阴极得到电子，从而形成了回路电流。端电压越高，水的电解也越激烈，此时充入的大部分电荷参加水的电解反应，形成的活性物质很少。

1. 放电特性

在铅酸蓄电池不放电的情况下，蓄电池中活性物质微孔中的电解液 H_2SO_4 的密度与极

铅酸蓄电池的优缺点

板外的电解液密度相同。铅酸蓄电池开始放电，活性物质表面的电解液密度立即下降，而极板外的电解液是缓慢地向活性物质表面扩散的，不能立即补偿活性物质表面电解液的密度，随着放电过程的进行，活性物质表面的电解液密度继续下降，结果导致蓄电池的端电压下降，如图 4-10 中 AB 段所示。

蓄电池继续放电，在活性物质表面的电解液浓度下降的同时，极板外的电解液向活性物质表面扩散，提高并保持了活性物质表面电解液的一定浓度，活性物质表面电解液的浓度变化缓慢，使蓄电池的端电压也随即保持稳定，如图 4-10 中 BC 段所示。

蓄电池继续放电，极板外电解液的整体浓度也逐渐降低，活性物质表面电解液的浓度也随之降低。又由于电解液和活性物质被消耗，其作用面积也不断地减小，结果是蓄电池的端电压也随着下降，如图 4-10 中 CD 段所示。

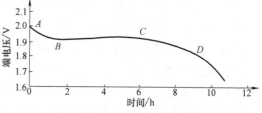

图 4-10　铅酸蓄电池的放电曲线

在放电末尾阶段，正、负极上的活性物质逐渐转变为 $PbSO_4$，$PbSO_4$ 的生成使活性物质孔隙率降低，从而使活性物质与 H_2SO_4 的接触更加困难，并且由于 $PbSO_4$ 使蓄电池的内阻增加，当蓄电池的端电压达到图 4-10 中 D 点对应电压后急剧下降，达到所规定的终止电压。

蓄电池的放电电压与放电电流有密切关系，大电流放电时，蓄电池的电压下降明显，平缓部分缩短，曲线的斜率也很大，放电时间缩短；随着放电电流的减小，蓄电池的电压下降趋缓，曲线也较平缓，放电时间延长。这种放电特性对蓄电池的正确使用有重要的意义。

2. 充电特性

在蓄电池充电开始后，首先活性物质表面的 $PbSO_4$ 转换为 Pb，并在活性物质表面附近生成 H_2SO_4，蓄电池的端电压迅速上升，如图 4-11 中 AB 段所示。当达到图 4-11 中 B 点对应电压以后，活性物质表面和微孔内的 H_2SO_4 浓度平缓地增加，蓄电池的端电压上升也比较缓慢，如图 4-11 中 BC 段所示。随着充电过程继续进行，达到充电量 90% 左右时，反应的极化程度增加，蓄电池的端电压明显地再次上升，如图 4-11 中 CD 段所示，这时蓄电池的端电压达到图中 D 点对应电压，蓄电池的两极开始大量析出气体。超过图 4-11 中 D 点以后进行的电解过程，蓄电池的端电压又达到一个新的稳定值。

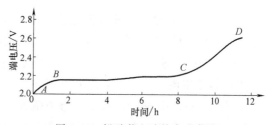

图 4-11　铅酸蓄电池的充电曲线

蓄电池充电还受到充电电流的影响，充电电流越大，活性物质的反应越快，反应生成 H_2SO_4 的速度越快，浓度增加越快，蓄电池的端电压上升越快。一般来说，用较大的电流来充电时，固然可以加快充电过程，但能量的损失也大，在充电终期大部分的电能用于产生热量和分解水。另外，用较大的电流充电时，电极上电流的分布也越加不均匀，电流分布多的部分活性物质的反应快，电流分布少的部分活性物质不能充分转化。所以，在蓄电池充电的后期应减小充电电流。

另外，蓄电池充电时端电压随充电时电流强度的变化而变化，电流强度大，蓄电池端电压也高，电流强度小，蓄电池端电压也较低。

3. 常规充电方法

蓄电池的常规充电方法主要有恒流充电法、分段电流充电法、恒压充电法、恒压限流充电法等。

（1）恒流充电法 恒流充电法是通过调整充电装置输出电压或改变与蓄电池串联电阻的方式，使充电电流强度保持不变的充电方法。该方法控制简单，但由于蓄电池的可接受电流能力是随着充电过程的进行而逐渐下降的，到充电后期，充电电流多用于电解水，产生气体，使析气过多，此时电能不能有效转化为化学能，多变为热能消耗掉。因此，常选用分段电流充电法。恒流充电曲线如图 4-12 所示，充电电流选择 10 小时率或 20 小时率。

恒流充电法能使蓄电池充电比较彻底，但需经常调节充电电压，且充电时间较长。

（2）分段电流充电法 在充电过程中，为更有效地利用电能，可采用逐渐减小电流的方法。考虑到蓄电池具体情况，一般分为数段进行充电，如二阶段充电法和三阶段充电法。

1）二阶段充电法。二阶段充电法采用恒电流和恒电压相结合的方法快速充电，如图 4-13 所示。首先，以恒电流充电至预定的电压值，然后改为恒电压完成剩余的充电。一般两个阶段之间的转换电压就是第二阶段的恒电压。

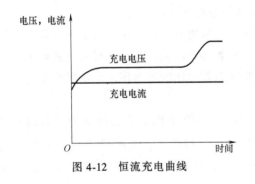

图 4-12　恒流充电曲线　　　　　　图 4-13　二阶段充电曲线

2）三阶段充电法。三阶段充电法在充电开始和结束时采用恒电流充电，中间用恒电压充电。当电流衰减到预定值时，由第二阶段转换到第三阶段。这种方法可以将出气量减到最少，但作为一种快速充电方法使用，受到一定的限制。

（3）恒压充电法 充电电源的电压在全部充电时间内保持恒定的数值，随着蓄电池端电压的逐渐升高，电流逐渐减小。与恒流充电法相比，其充电过程更接近于最佳充电过程。恒压充电曲线如图 4-14 所示。充电初期蓄电池电动势较低，充电电流很大，随着充电的进行，电流将逐渐减小，因此只需简易控制系统。

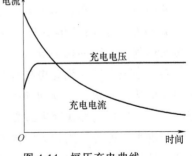

图 4-14　恒压充电曲线

恒压充电法电解水很少，避免了蓄电池过充电。但在充电初期电流过大，对蓄电池寿命造成很大影响，且容易使蓄电池极板弯曲，造成蓄电池报废。恒压充电很少使用，只有在充电电源电压低而电流大时才采用。如汽车行驶过程中，蓄电池就是以恒压充电法充电的。

（4）**恒压限流充电法** 为了克服恒压充电法中初期电流过大而使充电设备不能承受的缺点，常采用恒压限流充电法来代替恒压充电法。在充电第一阶段，用恒定的电流充电；在蓄电池电压达到一定电压后，维持此电压恒定不变，转为第二阶段的恒压充电过程，当充电电流下降到一定值后，继续维持恒压充电大约 1h 即可停止充电。

4. 快速充电法

为了能够最大限度地加快蓄电池的化学反应速率，缩短蓄电池达到满充状态的时间，同时保证蓄电池正负极板的极化现象尽量地少或极化程度尽量地轻，提高蓄电池使用效率，快速充电技术近年来得到了迅速发展。

（1）**脉冲充电法** 脉冲充电法首先是用脉冲电流对蓄电池充电，然后停充一段时间，如此循环，如图 4-15 所示。充电脉冲使蓄电池充满电量，而间歇期使蓄电池经化学反应产生的氧气和氢气有时间重新化合而被吸收掉，浓差极化和欧姆极化自然而然地得到消除，从而减小了蓄电池的内压，使下一轮的恒流充电能够更加顺利地进行，蓄电池可以吸收更多的电量。间歇脉冲使蓄电池有较充分的反应时间，减少了析气量，提高了蓄电池的充电电流接受率。

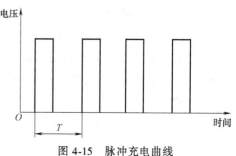

图 4-15 脉冲充电曲线

（2）**变电流间歇充电法** 变电流间歇充电法是建立在恒流充电和脉冲充电的基础上的，其充电曲线如图 4-16 所示。其特点是将恒流充电段改为限压变电流间歇充电段。充电前期的各段采用变电流间歇充电的方法，保证加大充电电流，获得绝大部分充电量。充电后期采用定电压充电段，获得过充电量，将蓄电池恢复至完全充电状态。

（3）**变电压间歇充电法** 变电压间歇充电曲线如图 4-17 所示。与变电流间歇充电法的不同之处在于第一阶段的不是间歇恒流，而是间歇恒压。

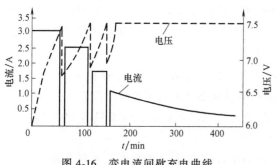

图 4-16 变电流间歇充电曲线

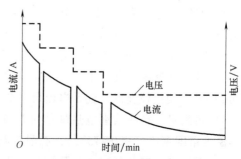

图 4-17 变电压间歇充电曲线

比较图 4-16 和图 4-17 可知，图 4-17 所示曲线更加符合最佳充电的充电曲线。在每个恒电压充电阶段，充电电流自然按照指数规律下降，符合蓄电池电流可接受率随着充电的进行逐渐下降的特点。

4.3 锂离子电池

4.3.1 锂离子电池概述

一分钟了
解锂电池

1. 锂离子电池的分类

锂离子电池按照外形形状，可以分为：

1）方形锂离子电池。

2）圆柱形锂离子电池。

按照正极材料的不同，汽车用锂离子电池主要分为：

1）锰酸锂离子电池。

2）磷酸铁锂离子电池。

3）镍钴锂离子电池或镍钴锰酸锂电池。

第一代车用锂离子电池是锰酸锂离子电池。锂离子电池正极材料锰酸锂（$LiMn_2O_4$）具有尖晶石结构，其理论比容量为 148mA·h/g，实际比容量为 90~120mA·h/g，工作电压范围为 3~4V。该正极材料的主要优点为锰资源丰富、价格便宜、安全性高、比较容易制备，缺点是理论容量不高，材料在电解质中会缓慢溶解，即与电解质的相容性较差；在深度充放电的过程中，材料容易发生晶格畸变，造成电池容量迅速衰减，在较高温度下使用时更是如此。

第二代是磷酸铁锂离子电池，它是指将磷酸铁锂作为正极材料的锂离子电池，现在主要方向是动力蓄电池。其理论比容量为 170mA·h/g，在没有掺杂改性时其实际比容量已高达 110mA·h/g。磷酸铁锂稳定性高、更安全可靠、更环保并且价格低廉。

磷酸铁锂离子电池的优点如下：

1）寿命超长。磷酸铁锂离子电池的循环寿命达到 2000 次以上，标准充电（5 小时率）使用，可达到 2000 次。

2）使用安全。磷酸铁锂完全解决了钴酸锂和锰酸锂的安全隐患问题，钴酸锂和锰酸锂在强烈的碰撞下可能会发生爆炸，对消费者的生命安全构成威胁，而磷酸铁锂已经过严格的安全测试，即使在最恶劣的交通事故中也很难发生爆炸。

3）可大电流快速充放电。可大电流 2C 快速充放电，使用专用充电器在 1.5C 下充电 40min 内即可使电池充满，起动电流可达 2C，而铅酸蓄电池现在无此性能。

4）耐高温。磷酸铁锂电热峰值可达 350~500℃，而锰酸锂和钴酸锂只有 200℃ 左右；工作温度范围宽广（-20~75℃），有耐高温特性。

5）无记忆效应。可充电池经常在充满不放完的条件下工作，容量会迅速低于额定容量值，这种现象称为记忆效应。镍氢蓄电池、镍镉蓄电池等存在记忆性，而磷酸铁锂离子电池无此现象，电池无论处于什么状态，均可随充随用，无须先放完电再充电。

6）体积小、质量小。同等规格容量的磷酸铁锂离子电池的体积是铅酸蓄电池的 2/3，质量是铅酸蓄电池的 1/3。

7）绿色环保。磷酸铁锂离子电池不含任何重金属与稀有金属（镍氢蓄电池需稀有金属），无毒、无污染，是绝对的绿色环保电池。

磷酸铁锂离子电池的缺点是正极材料的振实密度较小，等容量的磷酸铁锂离子电池的体积要大于钴酸锂等锂离子电池，因此在微型电池方面不具有优势。

2. 锂离子电池的结构

锂离子电池由正极、负极、隔板、电解液和安全阀等组成。圆柱形锂离子电池结构示意图如图 4-18 所示。

锂离子电池——一种二次电池

（1）**正极** 正极物质在锰酸锂离子电池中以锰酸锂为主要材料，在磷酸铁锂离子电池中以磷酸铁锂为主要材料，在镍钴锂离子电池中以镍钴锂为主要材料，在镍钴锰酸锂离子电池中以镍钴锰酸锂为主要材料。在正极活性物质中再加入导电剂、树脂黏合剂，并涂覆在铝基体上，呈细薄层分布。

（2）**负极** 负极活性物质由碳材料与黏合剂的混合物再加上有机溶剂调和制成糊状，并涂覆在铜基上，呈薄层状分布。

（3）**隔板** 隔板的功能是关闭或阻断通道，一般使用聚乙烯或聚丙烯材料的微多孔膜。所谓关闭或阻断功能是指在电池出现异常温度上升时，隔板阻塞或阻断作为离子通道的细孔，使蓄电池停止充放电反应。隔板可以有效防止因外部短路等引起的过大电流而使电池产生的异常发热现象。这种现象即使只产生一次，电池也不能正常使用了。

（4）**电解液** 电解液是以混合溶剂为主体的有机电解液。为了使主要电解质成分的锂盐溶解，必须具有高电容率，并且具有与锂离子相容性好的溶剂，即以不阻碍离子移动的低黏度的有机溶液为宜，而且在锂离子蓄电池的工作温度范围内，必须呈液体状态，凝固点低，沸点高。电解液对于活性物质具有化学稳定性，必须良好适应充放电反应过

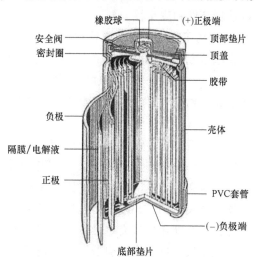

图 4-18 圆柱形锂离子电池结构示意图

程中发生的剧烈的氧化还原反应。使用单一溶剂很难满足上述严格条件，因此电解液一般混合性质不同的几种溶剂使用。

（5）**安全阀** 为了保证锂离子电池的使用安全性，一般对外部电路进行控制或者在蓄电池内部设有切断异常电流的安全装置。即便如此，在使用过程中也有可能因其他原因引起蓄电池内压异常上升，使用安全阀释放气体可防止蓄电池破裂。安全阀实际上是一次性非修复式的破裂膜，一旦进入工作状态，可保护蓄电池使其停止工作，因此是蓄电池的最后保护手段。

3. 锂离子电池的工作原理

锂离子电池正极材料采用锂化合物 $LiCoO_2$、$LiNiO_2$ 或 $LiMn_2O_4$，负极采用锂-碳层间化合物 Li_xC_6，电解液为有机溶液。典型的电池体系为

$$(-)C|LiPF_6\text{-}EC+EDC|LiCoO_2(+)$$

锂离子电
池——
原理揭秘

式中，EC 为碳酸乙酯；EDC 为可溶于水的碳二亚胺。

图 4-19 所示为锂离子电池的工作原理，电池在充电时，锂离子从正极材料的晶格中脱出，通过电解质溶液和隔膜，嵌入负极中；放电时，锂离子从负极脱出，通过电解质溶液和隔膜，嵌入正极材料晶格中。在整个充放电过程中，锂离子往返于正负极之间。

以 $LiCoO_2$ 为正极材料，石墨为负极材料的锂离子电池，正、负极的电化学反应分别为

$$LiCoO_2 \rightarrow Li_{1-x}CoO_2 + xLi^+ + xe^-$$
$$6C + xLi^+ + xe^- \rightarrow Li_xC_6$$

总反应为

$$LiCoO_2 + 6C \rightarrow Li_{1-x}CoO_2 + Li_xC_6$$

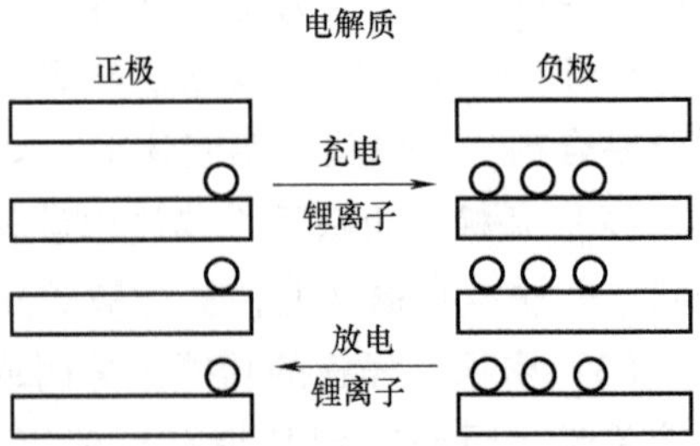

由于锂离子电池只涉及锂离子而不涉及金属锂的充放电过程，从根本上解决了由锂枝晶的产生而带来的电池循环性和安全性问题。

图 4-19　锂离子电池工作原理图

4. 锂离子电池的充放电特性

在电压方面，锂离子电池对充电终止电压的精度要求很高，一般误差不能超过额定值的 1%。终止电压过高会影响锂离子电池的寿命，甚至造成过充电现象，对电池造成永久性的损坏；终止电压过低又会使充电不完全，电池的可使用时间变短。

充电电流方面，锂离子电池的充电率（充电电流）应根据电池生产厂的建议选用。虽然某些电池的充电率可达 $2C$（C 为额定容量，下同），但常用的充电率为（$0.5 \sim 1$）C。在采用大电流对锂离子电池充电时，因为充电过程中电池内部的电化学反应会产生热，所以有一定的能量损失，同时必须检测电池的温度以防过热损坏电池或发生爆炸。此外，锂离子电池充电时，若全部用恒流充电虽然可以在一定程度上缩短充电时间，但很难保证电池充满，如果对充电结束控制不当还会造成过充现象。

放电方面，锂离子电池的最大放电电流一般被限制在（$2 \sim 3$）C。更大的放电电流会使电池发热严重，对电池的组成物质造成损坏，影响电池的使用寿命。同时，由于大电流放电时，电池的部分能量转变成热能，电池的放电容量将会降低，在造成过放电（低于 3.0V）时，还会造成电池的失效。对于过放电的锂离子电池，在充电前需要进行预处理，即使用小电流充电，使电池内部被过放电的单元被激活。在电池电压被充电到 3.0V 后再按正常方式充电，通常将这一阶段的充电称为预充电。

锂离子电池的充电温度一般应该被限制在 $0 \sim 60\text{℃}$ 之间。电池温度过高会损坏电池并可能引起爆炸；温度过低虽不会造成安全方面的问题，但很难将电池充满。由于充电过程中电池内部将有一部分热能产生，在大电流充电时需要对电池进行温度检测，并且在超过设定充电温度时停止充电以保证安全。

5. 锂离子电池的充电方法

锂离子电池可以采用不同的充电方法，其中最简单的充电方法是恒压充电。采用恒压充电时，电池电压保持不变，而充电电流将逐渐降低。当充电电流降到低于 $0.1C$ 时，就认为

电池被充分充电了。为了防止有缺陷的电池无休止地进行充电，采用一个备用定时器来终止充电周期。恒压充电是一个相对节省成本的方法，但是这种方法却需要很长的电池充电时间。由于在电池充电期间充电电压保持恒定，充电电流降低很快，充电速率也降低很快。这样，电池就只是在比其能够接受的低得多的电流强度下进行充电。

兼顾充电过程的安全性、快速性和电池使用的高效性，锂离子电池通常都采用恒流恒压充电方法，其充电过程可分为预充电、恒流充电、恒压充电三个阶段，如图4-20所示。

（1）**预充电阶段**　在该状态下，首先检测单节锂离子电池电压是否较低（<3.0V），如果是则采用涓流充电，即以一个比较小的恒定电流对电池进行充电，直至电池电压上升到一个安全值。否则可省略该阶段，这也是最普遍的情况。因为预充电主要是完成对过放电的锂电池的修复。

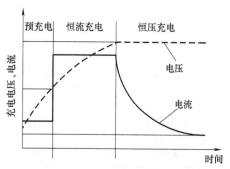

图4-20　锂离子电池充电特性曲线

（2）**恒流充电阶段**　涓流充电后，充电器转入恒流充电状态。该状态下，充电电流以较大的值保持不变，电池的最大充电电流取决于电池的容量。

在恒流充电和预充电状态下，通过连续监控电池的电压和温度，可以采用以下两种恒流充电终止法，终止恒流充电：

1）电池最高电压终止法。当单节锂离子电池的电压达到4.2V时，恒流充电状态应立即终止。

2）电池最高温度终止法。在恒流充电过程中，当电池的温度达到60℃时，恒流充电状态应立即终止。

（3）**恒压充电阶段**　恒流充电结束后，则转入恒压充电状态。在该状态下，充电电压保持恒定。因为锂离子电池对充电电压精度的要求比较高，单节电池恒压充电电压应在规定值的±1%之间变化，因此要严格控制锂离子电池的充电电压。在恒压充电过程中，充电器连续监控电池的电压、温度、充电电流和充电时间。

常用的恒压充电终止方法有以下四种：

1）电池最高电压终止法。当单节锂离子电池的电压达到4.25V时，恒压充电状态自动终止。

2）电池最高温度终止法。当锂离子电池的最高温度达到60℃时，恒压充电状态自动终止。

3）最长充电时间终止法。为了确保锂离子电池安全充电，除了设定最高电压和最高温度外，还应设置最长恒压充电时间，在温度和电压检测失败的情况下，可以保证锂离子电池安全充电。

4）最小充电电流终止法。在恒压充电过程中，锂离子电池的充电电流逐渐减小，当充电电流下降到一定数值（通常为恒流充电电流的1/10）时，恒压充电状态自动终止。

蓄电池和锂电池的区别

此外，电池充足电后，若电池仍插在充电器上，电池会由于自放电而损失电量。充电器应以非常小的电流对电池充电或是监测电池电位以备对电池再充电，这种状态称为维护充电状态。

铅酸蓄电池、镍氢电池和锂离子电池的技术性能见表4-3。

表 4-3　三种动力蓄电池的技术性能

技术性能	铅酸蓄电池	镍氢电池	锂离子电池
工作电压/V	2	1.2	3.6
比能量/(W·h/kg)	40	65	105~140
比功率/(W/kg)	150~200	160~230	250~400
充放电寿命/次	500~700	600~1200	800~1200
自放电率(%/月)	3	30~35	6~9
有无记忆效应	有	有	无
有无污染	有	无	无

4.3.2　不同类型锂离子电池的性能

通常所说的三元锂电池或者铁锂电池，都是按照正极活性材料来给锂电池命名的。此处汇总了四种常见锂离子电池及它们的主要性能参数，具体包括钴酸锂（$LiCoO_2$）、锰酸锂（$LiMn_2O_4$）、镍钴锰酸锂（$LiNiMnCoO_2$）、磷酸铁锂（$LiFePO_4$）。

1. 钴酸锂（$LiCoO_2$）

钴酸锂因具有高的比能量而成为移动电话、笔记本计算机和数字照相机的热门选择。电池由氧化钴阴极和石墨阳极组成。阴极具有分层结构，在放电期间，锂离子从阳极移动到阴极，充电过程的流动方向则相反。

钴酸锂的缺点是寿命相对较短、热稳定性低和负载能力有限（比功率低）。与其他钴混合锂离子电池相同，钴酸锂采用石墨阳极，其循环寿命主要受到固体电解质界面（SEI）的限制，主要表现在SEI膜的逐渐增厚和快速充电或者低温充电过程的阳极镀锂问题。较新的材料体系增加了镍、锰和/或铝以提高寿命、负载能力并降低成本。

钴酸锂在高比能量方面表现出色，但在功率特性、安全性和循环寿命方面只能提供一般的性能表现。表4-4所列为钴酸锂的特性。

表 4-4　钴酸锂的特性

钴酸锂	$LiCoO_2$ 阴极,石墨阳极
简称	LCO 或 Li-Co
电压	标称值为 3.60V,典型工作范围为 3.0~4.2V/电池
比能量	150~200W·h/kg,特种电池可达 240W·h/kg
充电倍率	$(0.7~1)C$,充电至 4.20V(大部分电池),典型充电时长为 3h;$1C$ 以上的充电电流会缩短电池寿命
放电倍率	$1C$,放电截止电压为 2.50V,$1C$ 以上的放电电流会缩短电池寿命

（续）

循环寿命	500~1000 次（与放电深度、负荷、温度有关）
热失控	150℃（302℉），满充状态容易导致热失控
应用	移动电话、平板计算机、笔记本计算机、照相机
说明	有非常高的比能量及有限的比功率；钴很昂贵；被用作能量型电池，市场份额稳定

2. 锰酸锂（$LiMn_2O_4$）

锰酸锂电池具有低电池内阻特性，可实现快速充电和大电流放电。它可以在 20~30A 的电流下放电，并具有适度的热量积累，也可以施加高达 50A 负载脉冲（1s）。在此电流下持续的高负荷会导致热量积聚，电池温度不能超过 80℃（176℉）。锰酸锂用于电动工具、医疗器械及混合动力和纯电动汽车。表 4-5 所列为锰酸锂的特性。

表 4-5　锰酸锂的特性

锰酸锂	$LiMn_2O_4$ 阴极，石墨阳极
简称	LMO 或 Li-Mn（尖晶石结构）
电压	标称值为 3.70V（3.80V），典型工作范围为 3.0~4.2V/电池
比能量	100~150W·h/kg
充电倍率	典型值为（0.7~1）C，最大值为 3C，充电至 4.20V（大部分电池）
放电倍率	1C，一些电池可以达到 10C，30C 脉冲（5s），2.50V 截止
循环寿命	300~700 次（与放电深度、温度有关）
热失控	典型值为 250℃（482℉），高电荷促进热失控
应用	电动工具、医疗设备、电动动力传动系统
说明	功率大但容量小，比钴酸锂更安全，通常与镍钴锰酸锂混合以提高性能

3. 镍钴锰酸锂（$LiNiMnCoO_2$）

镍钴锰酸锂电池是电动工具、电动自行车和其他电动动力系统的首选电池。阴极组合通常是镍、锰和钴的质量比为 1:1:1，这提供了一种独特的混合物，由于钴含量降低，也降低了原材料成本。

由于钴的成本高，电池制造商从钴系转向镍阴极。镍基系统比钴基电池具有更高的能量密度，更低的成本和更长的循环寿命，但是它们的电压略低。

由于该体系的经济性和综合性能的表现均比较好，因此镍钴锰酸锂混合锂离子电池越来越受到重视。镍、锰和钴三种活性材料可轻松混合，以适应需要频繁循环的汽车和能源存储系统（EES）的广泛应用。表 4-6 所列为镍钴锰酸锂的特性。

表 4-6　镍钴锰酸锂的特性

镍钴锰酸锂	$LiNiMnCoO_2$ 阴极，石墨阳极
简称	NMC
电压	3.60V，标称值为 3.70V，电池典型工作范围为 3.0~4.2V 或更高
比能量	150~220W·h/kg
充电倍率	（0.7~1）C，充电至 4.20V，部分达 4.30V，3h 典型充电。1C 以上的充电电流会缩短电池寿命
放电倍率	1C，2C 可能在某些电芯上可行，2.50V 截止

（续）

循环寿命	1000~2000 次（与放电深度、温度有关）
热失控	典型值为 210℃（410℉），高电荷促进热失控
应用	电动自行车、医疗设备、电动汽车、工业设备
说明	提供高容量和高功率，混合电芯，用途广泛，市场份额不断增加

4. 磷酸铁锂（LiFePO₄）

磷酸铁锂具有良好的电化学性能和低电阻，这是通过纳米级磷酸盐阴极材料实现的。磷酸铁锂离子电池的主要优点是有高额定电流和长循环寿命及良好的热稳定性，提高了安全性和对滥用的容忍度。

常用磷酸铁锂代替铅酸起动蓄电池，其四个串联电池的总电压为 12.80V，与六个 2V 铅酸电池串联的电压相似。

磷酸铁锂具有良好的安全性且寿命长，比能量适中，自放电能力较高。表 4-7 所列为磷酸铁锂的特性。

表 4-7　磷酸铁锂的特性

磷酸铁锂	LiFePO₄ 阴极，石墨阳极
简称	LFP
电压	3.20V，标称值为 3.30V，典型工作范围为 2.5~3.65V
比能量	90~120W·h/kg
充电倍率	1C，充电至 3.65V，典型的 3h 充电时间
放电倍率	1C，2C 在一些电芯上可行，40A 脉冲（2s），2.50V 截止（低于 2V 导致损坏）
循环寿命	1000~2000 次（与放电深度、温度有关）
热失控	270℃（518℉）即使充满电，电池也非常安全
应用	便携式和固定式，要求高负载电流和耐久性的应用场景
说明	电压放电曲线非常平坦，但容量低。磷酸铁锂离子电池是最安全的锂离子电池之一，用于特殊市场，高自放电

4.4　燃料电池

4.4.1　燃料电池的分类与组成

燃料电池的概念和特点

燃料电池是将燃料与氧化剂的化学能通过电化学反应直接转换成电能的发电装置。燃料电池理论上可在接近 100% 的热效率下运行，具有很高的经济性。目前实际运行的各种燃料电池，由于种种技术因素的限制，再考虑整个装置系统的耗能，总的转换效率多在 45%~60% 范围内，若考虑排热利用可达 80% 以上。此外，燃料电池装置不含或含有很少的运动部件，工作可靠，较少需要维修，且噪声比传统发电机组小。另外电化学反应清洁、完全，很少产生有害物质。上述优势使得燃料电池被视为是一种很有发展前途的能源动力装置。

根据燃料和氧化剂的复合形式、电解质类型、工作温度、应用场合等，燃料电池可以分为多种类型。如根据电解质类型的不同，燃料电池可以分为固体氧化物燃料电池（SOFC）、熔融碳酸盐燃料电池（MCFC）、磷酸燃料电池（PAFC）、碱性燃料电池（AFC）和质子交换膜燃料电池（PEMFC）。

燃料电池的主要构成组件为电极、电解质隔膜与集电器等，如图4-21所示。

1. 电极

燃料电池的电极是燃料发生氧化反应与氧化剂发生还原反应的电化学反应场所，其性能的好坏关键在于催化剂的性能、电极的材料与电极的制程等。

电极主要可分为两部分，分别为阳极和阴极，厚度一般为200~500mm，其结构与一般电池平板电极的不同之处在于燃料电池的电极为多孔结构。设计成多孔结构的主要原因是燃料电池所使用的燃料及氧化剂大多为气体（如氧气、氢气等），而气体在电解质中的溶解度并不高。为了提高燃料电池的实际工作电流密度与减小

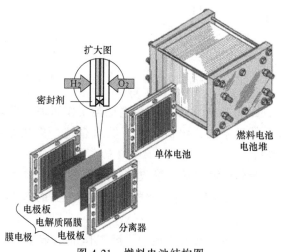

图4-21　燃料电池结构图

极化作用，发展出多孔结构的电极，以增加参与反应的电极表面积，而这也是燃料电池之所以能从理论研究阶段步入实用化阶段的重要原因之一。

目前高温燃料电池的电极主要是以催化剂材料制成，如固体氧化物燃料电池的Y_2O_3-Stabilized-ZrO_2（YSZ）及熔融碳酸盐燃料电池的氧化镍电极等，而低温燃料电池则主要是由气体扩散层支撑一薄层催化剂材料而构成的，如磷酸燃料电池与质子交换膜燃料电池的白金电极等。

2. 电解质隔膜

电解质隔膜的主要功能是分隔氧化剂与还原剂，并传导离子，故电解质隔膜越薄越好，但也需兼顾强度，就现阶段的技术而言，其一般厚度为数十毫米至数百毫米。材质方面，目前主要有两个发展方向：一是先以石棉膜、碳化硅（SiC）膜、铝酸锂（$LiAlO_3$）膜等绝缘材料制成多孔隔膜，再浸入熔融锂-钾碳酸盐、氢氧化钾与磷酸等中，使其附着在隔膜孔内；二是采用全氟磺酸树脂（如PEMFC）及YSZ（如SOFC）。

3. 集电器

集电器又称双极板，具有收集电流、分隔氧化剂与还原剂、疏导反应气体等作用，集电器的性能主要取决于其材料特性、流场设计及加工技术。

4.4.2　燃料电池的工作原理

燃料电池是一种电化学装置，其组成与一般电池相同。其单体电池是由正负两个电极（正极即氧化剂电极、负极即燃料电极）及电解质组成。不同的是一般电池的活性物质储存在电池内部，因此，限制了电池容量，而燃料电池的正、负极本身不包含活性物质，只是催

化转换元件。因此燃料电池是名副其实的把化学能转化为电能的能量转换机器。电池工作时，燃料和氧化剂由外部供给，进行反应。原则上只要反应物不断输入，反应产物不断排除，燃料电池就能连续地发电。下面以氢-氧燃料电池为例来说明燃料电池的工作原理。

燃料电池的
工作原理

氢-氧燃料电池的反应是电解水的逆过程。电极反应为

负极：
$$H_2 + 2OH^- \rightarrow 2H_2O + 2e^-$$

正极：
$$\frac{1}{2}O_2 + H_2O + 2e^- \rightarrow 2OH^-$$

电池总反应：
$$H_2 + \frac{1}{2}O_2 \rightarrow H_2O$$

图 4-22 所示为氢-氧燃料电池工作原理。只有燃料电池本体还不能工作，必须有一套相应的辅助系统，包括反应剂供给系统、排热系统、排水系统、电性能控制系统及安全装置等。

燃料电池通常由形成离子导电体的电解质板和其两侧配置的燃料极（阳极）、空气极（阴极）及两侧气体流路构成，气体流路的作用是使燃料气体和空气（氧化剂气体）能在流路中通过。

在实用的燃料电池中，因工作的电解质不同，经过电解质与反应相关的离子的种类也不同。PAFC 和 PEMFC 反应中与氢离子（H^+）相关，发生的反应为：

燃料极：
$$H_2 \rightarrow 2H^+ + 2e^-$$

空气极：
$$2H^+ + \frac{1}{2}O_2 + 2e^- \rightarrow H_2O$$

总反应：
$$H_2 + \frac{1}{2}O_2 \rightarrow H_2O$$

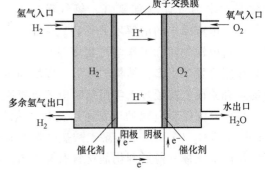

图 4-22 氢-氧燃料电池工作原理

在燃料极中，供给的燃料气体中的 H_2 分解成 H^+ 和 e^-，H^+ 移动到电解质中与空气极侧供给的 O_2 发生反应。e^- 经由外部的负荷回路，再返回到空气极侧，参与空气极侧的反应。一系列的反应促成了 e^- 不间断地经过外部回路，因而产生了电能。由总反应式可以看出，由 H_2 和 O_2 生成 H_2O，除此以外没有其他的反应，H_2 所具有的化学能转变成了电能。但实际上，伴随着电极的反应存在一定的电阻，从而引起部分热能的产生，由此减小了化学能转换成电能的比例。引起这些反应的一组电池称为组件，产生的电压通常低于 1V。因此，为了获得大的出力需采用组件多层叠加的方法获得高电压堆。组件间的电气连接及燃料气体和空气之间的分离采用了称为隔板的上下两面中备有气体流路的部件，PAFC 和 PEMFC 的隔板均由碳材料组成。堆的出力由总的电压和电流的乘积决定，电流与电池中的反应面积成正比。

PAFC 的电解质为浓磷酸水溶液，而 PEMFC 的电解质为质子导电性聚合物系的膜。电极均采用碳的多孔体，为了促进反应，以 Pt 作为催化剂，燃料气体中的 CO 将造成中毒，降低电极性能。为此，PAFC 和 PEMFC 在应用中必须限制燃料气体中含有 CO 的量，对于低

温下工作的 PEMFC 更应严格地加以限制。

磷酸燃料电池的基本组成和反应原理是：燃料气体或煤气添加水蒸气后送到改质器，把燃料转化成 H_2、CO 和水蒸气的混合物，CO 和水进一步在移位反应器中经催化剂转化成 H_2 和 CO_2。经过如此处理后的燃料气体进入燃料堆的负极（燃料极），同时将氧输送到燃料堆的正极（空气极）进行化学反应，在催化剂的作用下迅速产生电能和热能。

相对 PAFC 和 PEMFC，高温型燃料电池 MCFC 和 SOFC 则不需要催化剂，以 CO 为主要成分的煤气化气体可以直接作为燃料应用，而且还具有易于利用其高质量排气构成联合循环发电等的特点。

MCFC 的构成部件含有电极反应相关的电解质（通常是 Li 与 K 混合的碳酸盐）和上下与其相接的两块电极板（燃料极与空气极），以及两电极各自外侧流通燃料气体和氧化剂气体的气室、电极夹等，MCFC 电解质在 600~700℃ 的工作温度下呈现为熔融状态的液体，形成了离子导电体。电极为镍系的多孔质体，气室的形成采用抗蚀金属。

MCFC 的工作原理为，空气极的 O_2（空气）和 CO_2 与电子相结合，生成 CO_3^{2-}，电解质将 CO_3^{2-} 移到燃料极侧，与作为燃料的 H^+ 相结合，放出 e^-，同时生成 H_2O 和 CO_2。化学反应式如下：

燃料极：
$$H_2 + CO_3^{2-} \rightarrow H_2O + CO_2 + 2e^-$$

空气极：
$$CO_2 + \frac{1}{2}O_2 + 2e^- \rightarrow CO_3^{2-}$$

总反应：
$$H_2 + \frac{1}{2}O_2 \rightarrow H_2O$$

在这一反应中，e^- 同在 PAFC 中的情况一样，它从燃料极被放出，通过外部的回路返回到空气极，由 e^- 在外部回路中不间断的流动实现了燃料电池的发电。另外，MCFC 的最大特点是必须要有有助于反应的 CO_3^{2-} 离子，因此供给的氧化剂气体中必须含有碳酸气体。并且在电池内部充填催化剂，从而将作为天然气主成分的 CH_4 在电池内部改质，在电池内部直接生成 H_2 的方法也已开发出来。而在燃料是煤气的情况下，其主成分 CO 和 H_2O 反应生成 H_2，因此可以等价地将 CO 作为燃料来利用。为了获得更大的出力，隔板通常采用镍和不锈钢来制作。

SOFC 是以陶瓷材料为主构成的，电解质通常采用 ZrO_2（氧化锆），它构成了 O^{2-} 的导电体 Y_2O_3（氧化钇）作为稳定化的 YSZ（稳定化氧化锆）而采用。电极中燃料极采用 Ni 与 YSZ 复合多孔体构成的金属陶瓷，空气极采用 $LaMnO_3$，隔板采用 $LaCrO_3$。为了避免因电池的形状不同，电解质之间热膨胀差造成裂纹的产生等，开发了在较低温度下工作的 SOFC。电池形状除了有与其他燃料电池相同的平板型外，还开发出了为避免应力集中的圆筒型。SOFC 的反应式如下：

燃料极：
$$H_2 + O^{2-} \rightarrow H_2O + 2e^-$$

空气极：
$$\frac{1}{2}O_2 + 2e^- \rightarrow O^{2-}$$

总反应：
$$H_2 + \frac{1}{2}O_2 \rightarrow H_2O$$

燃料极 H_2 经电解质而移动，与 O^{2-} 反应生成 H_2O 和 e^-。空气极由 O_2 和 e^- 生成 O^{2-}。总反应与其他燃料电池相同，由 H_2 和 O_2 生成 H_2O。因 SOFC 属于高温工作型，在无其他催化剂作用的情况下即可直接在内部将天然气主成分 CH_4 改质成 H_2 加以利用，并且煤气的主要成分 CO 可以直接作为燃料利用。

4.5　其他动力蓄电池

4.5.1　镍氢蓄电池

镍氢蓄电池

镍氢蓄电池是 20 世纪 90 年代发展起来的一种新型绿色电池，具有能量高、寿命长、无污染等特点，因而成为世界各国竞相发展的高科技产品之一。相对铅酸蓄电池，镍氢蓄电池的体积能量密度提高了 3 倍，比功率提高了 10 倍。

1. 镍氢蓄电池的分类与结构

（1）**镍氢蓄电池的分类**　按照外形，镍氢蓄电池可以分为方形镍氢蓄电池和圆形镍氢蓄电池。

（2）**镍氢蓄电池的结构**　镍氢蓄电池主要由正极、负极、极板、隔板、电解液等组成。

镍氢蓄电池正极是活性物质氢氧化镍，负极是储氢合金，以氢氧化钾作为电解质，在正、负极之间有隔膜，共同组成镍氢单体电池。在金属铂的催化作用下，完成充电和放电的可逆反应。

镍氢蓄电池的极板有发泡体和烧结体两种。发泡体极板镍氢蓄电池在出厂前必须进行预充电，且放电电压不能低于 0.9V，工作电压也不太稳定，特别是在存放一段时间后，会有近 20% 的电荷流失，老化现象比较严重。为避免发泡镍氢蓄电池老化所造成的内阻增高，镍氢蓄电池在出厂前必须进行预充电。经过改进的烧结体极板镍氢蓄电池，其烧结体极板本身就是活性物质，不需要进行活性处理，也不需要进行预充电，电压平衡、稳定，具有低温放电性能好、不易老化和寿命长的优点。

2. 镍氢蓄电池的特点

镍氢蓄电池具有无污染、比能量高、功率大、充放电快速、耐用性好等优点。与铅酸蓄电池相比，镍氢蓄电池除具有比能量高、质量小、体积小、循环寿命长的特点以外，还具有以下特点：

1）比功率高。商业化镍氢功率型蓄电池的比功率可达 1350W/kg。

2）循环次数多。应用在电动汽车上的镍氢蓄电池，80% 放电深度（DOD）循环可以达 1000 次以上，为铅酸蓄电池的三倍以上，100% DOD 循环寿命也在 500 次以上，在混合动力电动汽车上可使用五年以上。

3）无污染。镍氢蓄电池不含铅、镉等对人体有害的金属，为 21 世纪"绿色环保电源"。

4）耐过充过放。

5）无记忆效应。

6）使用温度范围宽，正常使用温度范围为-30~55℃；贮存温度范围为-40~70℃。

7）安全可靠。短路、挤压、针刺、安全阀工作能力、跌落、加热、耐振动等安全性好，可靠性试验无爆炸、燃烧现象。

3. 镍氢蓄电池的工作原理

镍氢蓄电池是将物质化学反应产生的能量直接转化成电能的一种装置。镍氢蓄电池由镍氢化合物正电极、储氢合金负电极及碱性电解液（如氢氧化钾溶液）组成。镍氢蓄电池的性能特点主要取决于本身体系的电极反应。

如图4-23所示，充电时水因电化学反应生成氢原子，并立即扩散到合金中，形成金属氢化物（MH），实现负极储氢；镍电极活性物质$Ni(OH)_2$释放出一个质子，转变为充电态的NiOOH。放电时氢化物分解出的氢原子又在合金表面氧化为水，NiOOH吸收一个质子还原为$Ni(OH)_2$。

充电时正、负极的电化学反应为

$$Ni(OH)_2+OH^-\rightarrow NiOOH+H_2O+e^-$$

$$2MH+2e^-\rightarrow 2M^-+H_2\uparrow$$

放电时正、负极的电化学反应为

$$NiOOH+H_2O+e^-\rightarrow Ni(OH)_2+OH^-$$

$$2M^-+H_2\rightarrow 2MH+2e^-$$

当镍氢蓄电池以标准电流放电时，平均工作电压为1.2V。当电池以8C倍率放电时，端电压降至1.1V时，则认为放电已完全。电压1.1V称为8C倍率放电时的放电终止电压（0.6~0.8V）。

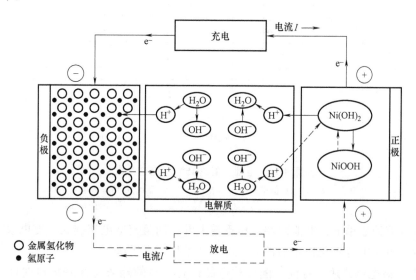

图4-23 镍氢蓄电池工作原理

4. 镍氢蓄电池的充放电特性

镍氢蓄电池的充放电特性可以通过对电池进行不同倍率的充放电试验获得。通常电池在一定电流下进行充电和放电时，都是使用曲线来表示电池的端电压和温度随时间的变化的，把这些曲线称为电池的特性曲线。

一般充放电电流的大小常用充放电倍率来表示，即

$$充放电倍率 = 充放电电流 / 额定容量$$

例如，额定容量为 100A·h 的电池用 20A 放电时，放电倍率为 0.2C。

（1）镍氢蓄电池的充电特性　在充电起始阶段，电池端电压迅速上升，随着时间的延长，电池电压上升减缓，电池的容量与电池的端电压有一定的对应关系，如图 4-24 中曲线 1 所示。

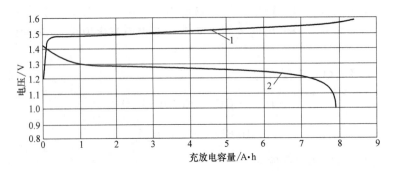

图 4-24　电池常温 5C 倍率充电曲线

1—5C 倍率充电至 8.4A·h　2—常温 0.5C 倍率放电至 1.0V

电池在高温情况下充电，虽然充电时间较长，但充电效率下降，导致放电容量减小，如图 4-25 所示。

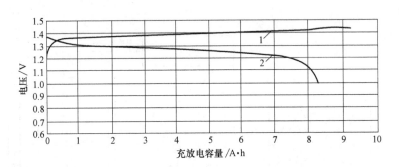

图 4-25　电池高温（45℃）充电曲线

1—高温（45℃）1C 倍率充电 9.24A·h　2—常温 0.5C 倍率放电至 1.0V

在充电电流的作用下，电池的端电压迅速上升，而且充电电流越大，充电效率越低；在充电结束后，由于电池极化作用的消失，电池端电压逐渐下降。

（2）镍氢蓄电池的放电特性　随着放电的进行，总的趋势是随着放电时间的延续，电池的端电压不断下降。放电电流越大，电池所能放出的安时量越小，电池的端电压越低。

在相应的电流下，根据温度随充电放电过程的变化情况，或充放电电流的大小和时间计算出充放电容量。

4.5.2 超级电容

1. 结构组成

超级电容又名电化学电容、双电层电容器、黄金电容、法拉电容，是通过极化电解质来储能的一种电化学元件。它不同于传统的化学电源，是一种介于传统电容器与电池之间、具有特殊性能的电源，主要依靠双电层和氧化还原赝电容电荷储存电能。但在其储能的过程中并不发生化学反应，这种储能过程是可逆的，也正因为此，超级电容可以反复充放电数十万次。其突出优点是功率密度高、充放电时间短、循环寿命长、工作温度范围宽。

超级电容

超级电容结构上的具体细节依赖于对其的应用。由于制造商或特定的应用需求，这些材料可能略有不同。所有超级电容的共性是都包含一个正极、一个负极，以及这两个电极之间的隔膜，电解液填补由这两个电极和隔膜分离出来的两个空隙。

超级电容的结构及原理示意图如图 4-26 所示。它由高比表面积的多孔电极材料、集流体、多孔性电池隔膜及电解液组成。电极材料与集流体之间要紧密相连，以减小接触电阻；隔膜应满足具有尽可能高的离子电导率和尽可能低的电子电导率的条件，一般为纤维结构的电子绝缘材料，如聚丙烯膜。电解液的类型根据电极材料的性质进行选择。

不同的超级电容部件可以有所不同，这是由超级电容包装的几何结构决定的。对于菱形或正方形封装产品部件的摆放，内部结构基于对内部部件的设置，即内部集电极从每个电极的堆叠中挤出。这些集电极焊盘将被焊接到终端，从而扩展电容外的电流路径。

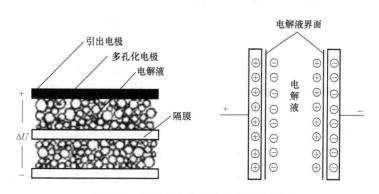

图 4-26 超级电容的结构及原理示意图

对于圆形或圆柱形封装的产品，电极被切割成卷轴方式配置。最后将电极箔焊接到终端，使外部的电容电流路径扩展。

2. 基本原理及类型

超级电容的基本原理和其他种类的双电层电容相同，都是利用活性炭多孔电极和电解质组成的双电层结构获得超大的容量。

根据储能机理的不同可以分为以下两类：

(1) 双电层电容 双电层电容是在电极/溶液界面通过电子或离子的定向排列造成电荷的对峙而产生的。对一个电极/溶液体系，在电子导电的电极和离子导电的电解质溶液界面上形成双电层。当在两个电极上施加电场后，溶液中的阴、阳离子分别向正、负电极迁移，在电极表面形成双电层；去除电场后，电极上的正、负电荷与溶液中的相反电荷离子相吸引而使双电层稳定，在正、负极间产生相对稳定的电位差。这时对某一电极而言，会在一定距离内（分散层）产生与电极上的电荷等量的异性离子电荷，使其保持电中性；当将两极与外电路连通时，电极上的电荷迁移而在外电路中产生电流，溶液中的离子迁移到溶液中呈电中性，这便是双电层电容的充放电原理。

（2）**法拉第准电容**　法拉第准电容的理论模型是由 Conway 首先提出的，它是在电极表面和近表面或体相中的二维或准二维空间上，电活性物质进行欠电位沉积，发生高度可逆的化学吸附、脱附和氧化还原反应，产生与电极充电电位有关的电容。对于法拉第准电容，其储存电荷的过程不仅包括双电层上的存储，而且包括电解液离子与电极活性物质发生的氧化还原反应。当电解液中的离子（如 H^+、OH^-、K^+ 或 Li^+）在外加电场的作用下由溶液中扩散到电极/溶液界面时，会通过界面上的氧化还原反应而进入电极表面活性氧化物的体相中，从而使得大量的电荷被存储在电极中。放电时，这些进入氧化物中的离子又会通过以上氧化还原反应的逆反应重新返回到电解液中，同时所存储的电荷通过外电路释放出来，这就是法拉第准电容的充放电原理。

3. 在电动汽车中的应用

在汽车工业中，智能起停控制系统（轻型混合动力系统）的应用为超级电容提供了广阔的舞台，在插电式混合动力电动汽车上的表现尤为突出。由于电动汽车频繁起动和停止，蓄电池的放电过程变化很大。在正常行驶时，电动汽车从蓄电池中获得的平均功率相当低，而加速和爬坡时的峰值功率又相当高。

在现有的电动汽车电池技术条件下，蓄电池必须在比能量和比功率及比功率和循环寿命之间做出平衡，而难以在一套能源系统上同时追求高比能量、高比功率和长寿命。

超级电容极低的比能量使其不可能被单独用作电动汽车的能源系统，但用作辅助能量源具有显著优势。在电动汽车上使用的最佳组合为电池-超级电容混合能量系统，对电池的比能量和比功率要求分开考虑。

超级电容具有负载均衡作用，电池的放电电流减小，从而使电池的可利用能量、使用寿命得到显著提高。与电池相比，超级电容可以迅速高效地吸收电动汽车制动产生的再生动能。超级电容的负载均衡和能量回收作用可极大地增加车辆的续驶里程。

4.5.3　锂空气电池

锂空气电池

锂空气电池主要由金属锂负极、空气电极和电解质组成。根据电解质种类的不同，可以分为惰性电解质体系（有机、离子液体）、水性电解质体系、混合体系和固态电解质体系。对于惰性电解质体系，电池中所发生的反应为

$$2Li + O_2 \longleftrightarrow Li_2O_2$$

或

$$2Li + \frac{1}{2}O_2 \longleftrightarrow Li_2O$$

如图 4-27a 所示，放电时，Li^+ 从负极通过电解质传输到多孔碳构造的正极上与 O_2 结合，生成的 Li_2O_2 沉积在正极上，同时，电子流通过外电路从电池的负极传输到正极上。产物 Li_2O_2 和 Li_2O 具有不溶性，它们会堵塞空气电极的孔道而引起放电终止。图 4-27b 所示为充放电曲线。

对于水性（酸性和碱性）电解质体系，电极反应为

$$2Li+\frac{1}{2}O_2+2H^+ \longleftrightarrow 2Li^++H_2O$$

$$2Li+\frac{1}{2}O_2+H_2O \longleftrightarrow 2LiOH$$

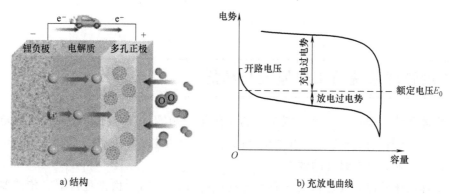

图 4-27　锂空气电池结构和充放电曲线

锂空气电池最大的优点是具有超高的理论比能量，此外还有以下优点：

1）平均输出电压和能量密度高。正极活性物质为空气，无须储存在电池中。

2）其活性物质氧气可以从周围环境中获得。

3）对环境无污染，安全性好。

近年来，锂空气电池的研究取得了较大的进展，但仍然有许多问题需要逐步解决。如目前的电池主要是采用限定容量的方式进行充放电，全充放的方式在稳定性上面临巨大挑战。

思　考　题

1. 电动汽车用动力蓄电池有哪些类型？其特点是什么？

2. 动力蓄电池的性能指标主要有哪些？

3. 电动汽车对动力蓄电池有哪些要求？

4. 蓄电池充、放电时的工作原理是什么？

5. 燃料电池主要有哪几种？其特点是什么？其他动力蓄电池还有哪些？其特点是什么？

实　践　题

1. 蓄电池的检测项目有哪些？如何检测？

2. 利用动力蓄电池测试柜，分别对电池进行 $0.3C$ 倍率和 $0.7C$ 倍率的恒流充电、放电，实现电池的均衡功能，记录试验数据并进行对比分析。

3. 查阅资料，谈谈我国目前电动汽车动力蓄电池的测试技术标准、行业规范有哪些？

4. 学习锂电池组内阻测试方法，选择一种进行测试，记录试验参数并进行对比分析。

第5章

电动汽车能量管理系统

5.1 能量管理系统的工作原理与功能

能量管理系统（EMS）在电动汽车中的作用是控制能量在电力储存装置（蓄电池、超级电容）、发电设备（燃料电池）和电机之间，包括电力电子转换器、控制系统和辅助存储设备中的流动，使其具有最高的效率。

能量管理系统是以微处理器为核心的电控系统（图5-1），由微处理器、传感器和执行器组成。通过安装在电动汽车内的各种传感器，EMS可以获得所需的信息，并随时向驾驶人提供有用的信息，如车辆运行时显示蓄电池的电压、电流、温度、剩余电量及车速，充电时显示充电的状态等，使驾驶人准确掌握车辆状况，正确操作。上述信息也将随时传送给控制单元，以分析诊断故障、保持工作正常或保持最优运行状态，如通过参考电机驱动器、变频器、电源变换器的信号，电机控制器避免蓄电池的过度放电，通过平衡单元保持各电池的电量均衡和温度均衡等。从而实现控制电池的充电、显示蓄电池的荷电状态（SOC）和健康状态（SOH）、预测剩余行驶里程、调节车内温度、调节车灯亮度及回收再生制动能量为电池充电等功能。

电池能量管理系统通过对电池组实施有效的管理，有利于确保电动汽车的安全，保障电

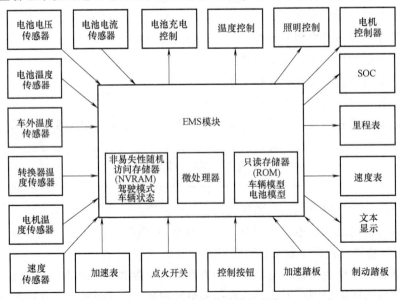

图5-1　电动汽车能量管理系统

池组的性能，提高电池使用效率，进而提高整个系统的可靠性和稳定性。典型的电池能量管理系统应具备如下功能：

（1）**对电池工作状态的监测与控制功能** 电池能量管理系统通过安装在电池箱内的传感器提供的信号对电池进行管理，实时采集每块电池的端电压、温度、充（放）电电流、内阻及电池组总电压等数据。由于温度的变化对其他参数都有一定的影响，一般用电池模块的温度作为控制的指令信号，通过将事先设定的温度值与测得的温度值进行比较，决定是否对电池进行冷却。

（2）**对能量的检测功能** 电动汽车在行驶过程中，电池能量管理系统能够随时对车辆的能耗进行计算，最终给出该电池箱内电池模块剩余的能量值，预报电池组的剩余能量，计算在电动状态下可继续行驶的里程。使驾驶人知道车辆的续驶里程，以便决定如何行驶，在能量允许的条件下使车辆行驶到具有充电功能的地点，补充电量防止行驶途中耗尽电量。

（3）**监测与预警控制功能** 在电池工作状态下（充、放电）对电池模块的工作性能、安全性能进行监测，并对有关参数进行记录，提示、警告或指令停车、停机（充电），即对过电压、过电流、欠电压、绝缘等的警示与控制功能。及时提醒用户更换电池，以免影响整个电池组的可靠性和稳定性，延长电池组的寿命，降低使用成本。

（4）**保证正常的充电功能** 电池能量管理系统随时参与整车检测工作，检测电池的工作状态，尤其是对每块电池的技术状态进行检测分析，将检测的数据在车辆停驶、充电之前"通知"充电机，即"车与机"的对话。使充电机掌握电池组的工作状态及每只电池的技术状态，以及"落后"电池和"先进"电池的性能差异。此时充电机采用适当的充电模式给电池充电，使性能好的电池不能过充，而性能差的电池又能充足，保证整车能量的供应；在放电过程中保证性能差的电池不能过放，该功能是电池能量管理系统最重要的功能之一。

（5）**提高电动汽车的性能** 电动汽车上的电池组通常都是由几千个单体电池串并联起来工作的，而电池组的实际容量为容量最低的单体电池的容量，这样就使电动汽车的实用性大大降低。EMS能够及时给出电池状况，检测出有问题的电池，并采用均衡技术保持整组电池运行的高效性。

（6）**DC/DC、DC/AC变换功能** 如果车辆安装辅助电池，电池能量管理系统应能控制动力蓄电池组随时给辅助电池模块充电，保证辅助电池模块的供电功能，即DC/DC的变换功能，保证低压系统的正常工作。当应用异步电机时，电池能量管理系统还有DC/AC的变换功能，保证电动汽车的正常运行。

（7）**解决性能一致性的保护功能** 当电池性能一致性偏差引起某个电池性能变化很大，达到影响系统工作或该电池可能受到损坏，而两个电池之间有旁通线路并有控制模块时，电池管理系统应指令模块功能启动，进行补偿，同时保证系统在偏低电压下维持工作以便维修。

（8）**对电池模块的冷却和排除充电时产生的氢气** 电池箱内的冷却风扇有两种功能：一是对电池模块进行冷却，尤其是在充电过程中；二是将电池模块充电过程中产生的氢气排到电池箱外，防止氢气聚集引起爆炸。

5.2　能量管理模型与 SOC 估计

5.2.1　动力蓄电池模型应用

动力蓄电
池管理系
统功能

由于目前市场上的电池种类繁多，性能不一，需要不同的电池模型对其进行研究分析。目前主要有六种模型用于分析研究电池特性，可以归纳为电化学模型、数学模型、热模型、耦合模型、电气模型和性能模型。

1. 电化学模型

电化学模型是采用偏微分方程来描述电池内部的电化学反应过程的一种方法，利用该方法可以描述电池内部的超电势变化、电极特性、电子在隔膜中的分布等。电化学模型可以重点用于研究电池内部反应机理及电化学反应过程，尤其对电池结构设计优化、电池设计参数（材料、尺寸、结构等）调整有着重要的意义。但是该模型表达式相对复杂，求解方程时计算量大且参数难以确定，用于电池外特性的研究极为不便。图 5-2 所示为电化学模型示意图。

2. 数学模型

数学模型是利用经验公式和数学理论方法来优化分析整个电池。目前，通常借助于数学软件来构建数学模型，可以简化在系统设计过程中的工作量。该模型常用于描述电池系统可用容量、充放电效率等特性。但是，与电化学模型类似，数学模型的系统模型也过于复杂而需要进行简化处理，结果往往导致误差增大。由于简化过程中的人为范围限定和参数取舍，模型仅能用于描述电池的某些特定方面。

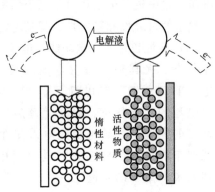

图 5-2　电化学模型示意图

3. 热模型

在电池充放电的过程中，其内部机理的本质是电子的运动，电子的定向运动产生电流，释放能量，必然会导致温度发生变化。温度是影响电池性能的一个重要指标，因此，研究者们热衷于结合传热学的原理来构建电池的热模型，用于估算电池在工作状态下内部温度的变化情况。电池的生热速率模型为

$$q = \frac{I}{V}\left(E_{oc} - U - T\frac{dE_{oc}}{dT}\right) \tag{5-1}$$

式中，q 为生热速率；I 为工作电流；V 为电池体积；E_{oc} 为电池开路电压；U 为电池的工作电压；T 为电池内部温度。

式（5-1）是利用能量守恒的基本原理，通过研究电化学反应时的熵变及焦耳热得出的。该模型应用的效果取决于表达式参数选取的准确性，电池热传导率和生热速率是其最为重要的两个参数。利用该模型能很好地描述电池的生热、传热过程，但对于单一方面存在一定的局限性。

4. 耦合模型

电化学反应通常伴随着热量的产生，对于电池内部反应而言更是联系紧密，为研究这两个因素在电池充放电过程中的关系，可以构建电化学热耦合模型。该模型的理论基础是电化学反应动力学与电化学反应热力学，利用能量守恒定律，结合电能、化学能和热能进行推导。在构建耦合模型时，有

$$\psi = \psi_{\text{ref}} \exp \left[\frac{E_{\text{act}}^{\psi}}{R} \left(\frac{1}{T_{\text{ref}}} - \frac{1}{T} \right) \right] \tag{5-2}$$

式中，ψ_{ref} 为温度为 298.15K 时 ψ 的取值；E_{act}^{ψ} 为活化能；R 为摩尔气体常数；T_{ref} 为参考温度；T 为电池内部温度。

式（5-2）（Arrhenius 公式）用于描述电化学模型参数因电池所处温度场不同而发生的变化。

5. 电气模型

电气模型使用电压源、电流源、阻容网络等元器件组成电路，用于描述电池的外特性。该模型比较简单、直观，非常适合研究电池的外特性，由于采取的都是常规的电气元件，进行仿真试验研究也较方便。但是其精度相对于电化学模型和数学模型有较大的差距。电气模型主要分为以下三类：

（1）**阻抗模型**　在组合电路的基础上加入等效复阻抗，通过测试交流电下的阻抗变化建立阻抗频谱图来分析电池特性，该模型考虑了极化现象导致的离子扩散，但是过程复杂且难以体现直流特性。

（2）**Run-time 模型**　采用复杂电路拓扑来描述电池能量变化与运行时间特性，其中电阻表示电池自放电现象，电容表示电池容量。

（3）**等效电路模型**　用来研究电池的外特性。

6. 性能模型

性能模型主要用于描述动力蓄电池的外特性。与前述模型相比，其通用性较强，简单且结构多样，可根据需求比较方便地进行修改调整。利用该模型可以在使用过程中，轻松地捕捉动态特性参数，可用于改进电池的参数设计。同时，性能模型可以用来估计电池的 SOC，有助于改进电池的管理系统设计，是目前主要的电池分析模型。

目前的动力蓄电池性能模型中，最常用的模型主要包括特定因素模型、部分放电模型、神经网络模型、等效电路模型。

（1）**特定因素模型**　特定因素模型主要用于研究某一个或几个特定因素在工作过程中对电池状态的影响情况，常见的影响电池状态的因素有电池的剩余电量、使用环境温度、容量衰减程度、电池的循环寿命等。通过建立特定因素影响下的电池模型来作为其他模型的补充，达到快速获取电池某一特性的目的。但是，这种模型单独使用时会有一定的片面性，不能完整地描述电池的整体状态。

温度模型不同于热模型，温度模型研究电池所受到的外界温度的影响，而不是内部化学反应过程伴随的热变化。电池的容量会受到外界温度的影响，有

$$C = C_{25} \left[1 - \alpha (25 - T) \right] \tag{5-3}$$

式中，C 为环境温度为 T 时的电池容量；α 为温度系数；C_{25} 为 25℃ 时的电池容量。

循环寿命指的是电池弃用之前循环使用的总次数。循环寿命模型描述的是电池的寿命与放电深度（DOD）之间的关系，即

$$L = L_0 e^{mDOD} \tag{5-4}$$

式中，L 为某放电深度下的电池循环寿命；L_0 为零放电深度下的电池循环寿命；$mDOD$ 为实际放电深度。

（2）**部分放电模型**　部分放电模型是通过计算电池剩余电量的变化量实现的，有

$$\Delta SOC = \frac{P_{di}}{E_{di}} \frac{\Delta t}{3600} \tag{5-5}$$

式中，ΔSOC 为电池荷电状态变化量；P_{di} 为电池放电功率密度（W/kg）；E_{di} 为电池在功率密度为 P_{di} 时的能量密度（kJ/kg）；Δt 为时间变化量（s）。

E_{di} 与 P_{di} 之间有如下关系：

$$E_{di} = P_{di} T_{di} \tag{5-6}$$

式中，T_{di} 为电池在功率密度为 P_{di} 时的放电时间（h）。

则式（5-5）可改写为

$$\Delta SOC = \frac{\Delta t}{T_{di}} \frac{1}{3600} \tag{5-7}$$

功率密度 P_{di} 可由式（5-8）和式（5-9）计算，可以通过试验的方法得到：

$$P_{di} = \exp\left[A(\ln T_p)^2 + B\ln T_p + C \right] \tag{5-8}$$

式中，T_p 为功率系数。

$$T_p = \exp\left\{ \frac{-B/A + \left[\left(\frac{B}{A}\right)^2 - \frac{4(C - \ln P_{di})}{A} \right]^2}{2} \right\} \tag{5-9}$$

式中，A、B 和 C 是实际电池参数和特性所确定的常数。

（3）**神经网络模型**　神经网络是一种应用类似于大脑神经突触连接的结构进行信息处理的数学模型，在处理非线性系统问题时表现出优秀的性能，适用于电池建模。该模型用于不同老化程度和不同类型的电池，都具有一定的精确性。但是，该模型也存在着一些问题，如数据样本需要事先获取、系统需要离线训练、计算量较大影响实际应用的实时性和硬件成本等。图 5-3 所示为神经网络结构示意图。

（4）**等效电路模型**　实际系统应用中，常需要在线、实时对电池的状态进行检测和估算，等效电路模型利用常规的电气元器件对电池进行等效建模，结构简单、灵活多样，最大的优势在于方便在线计算操作，同

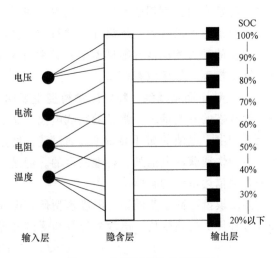

图 5-3　神经网络结构示意图

时也便于计算机仿真分析。这些模型是基于电池工作原理用电路网络来描述电池工作特性的，可应用于多种电池研究分析。基于等效电路模型和自适应控制算法的电池剩余电量估算是近年来电池剩余电量估算方法的研究热点。通过建立电池的等效电路模型，进行参数拟合、离线数据样板学习，再结合自适应控制算法进行计算，可以在线对非可测量电池状态进行准确的估算。

5.2.2　SOC 估计

动力蓄电池管理系统的一个重要参数是电池的 SOC。SOC 不能直接测量，只能根据一些可测量的参数进行估算。动力蓄电池的 SOC 估算方法主要有安时积分法、开路电压法、卡尔曼滤波法和基于机器学习的预测方法等，如图 5-4 所示，在实际应用中通常是将几种不同方法结合起来。

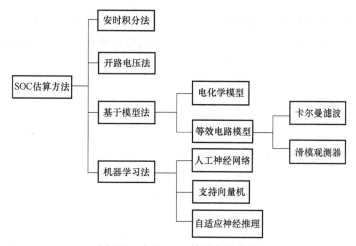

图 5-4　电池 SOC 估算方法分类

电池的 SOC 反映了当前电池所剩容量的使用情况，定义为当前剩余容量与电池充满电时存储容量的比值，即

$$SOC(t) = SOC(t_0) + \frac{\eta_c \int_{t_0}^{t} i(\tau)\,dt}{C_N} \tag{5-10}$$

式中，$SOC(t)$ 表示 t 时刻的 SOC 值；$SOC(t_0)$ 表示 t_0 时刻的 SOC 值；η_c 表示库伦效率；$i(\tau)$ 表示 τ 时刻的电流值；C_N 表示电池的标称容量。

（1）安时积分法　该方法在电池初始剩余状态已知的条件下，利用电池剩余容量与标称容量的比值表示电池的 SOC。该方法是应用简单且广泛的一种 SOC 工程估计方法。在传感器的精度和采样频率都满足一定要求，且初始 SOC 准确的情况下，该方法具有较高的估计精度。然而，它存在如下缺点：

1）电池的初始状态无法准确获取，这将会造成 SOC 估计的误差累积。

2）温度、电流等因素会影响电池库伦效率的大小，而这些因素导致的电池库伦效率变化很难在实际中计算。

3）电流传感器的精度，尤其是测量漂移将导致累积效应，影响 SOC 的估计精度。

因此，安时积分法难以满足 SOC 估算精度要求较高的场合。

（2）**开路电压法** 建立 SOC 与开路电压的关系模型，利用查表或插值方法准确地计算实时工况下电池的 SOC。然而运用这种方法时电池通常需在非工作情况下静置至少 2h，使得电池内部电化学反应达到平衡，因此该方法很难在实际中使用。

（3）**负载电压法** 电池放电开始瞬间，电压迅速从开路电压状态进入负载电压状态，在电池负载电流保持不变时，负载电压随电池 SOC 变化的规律与开路电压随电池 SOC 的变化规律相似。负载电压法的优点是能够实时估计电池组的 SOC，在恒流放电时，具有较好的效果。实际应用中，剧烈波动的电池电压给负载电压法的应用带来困难。解决该问题需储存大量电压数据，建立动态负载电压和电池 SOC 的数学模型。负载电压法很少应用到实际车辆上，但常用来作为电池充放电截止的判据。

（4）**电化学阻抗频谱法** 电化学阻抗表示电池电压与电流之间的传递函数，通常是一个复数变量。测量电池阻抗有恒流和恒压两种模式。在恒流模式下，当电池以电流 I 放电或充电时，将频谱为 f 的正弦电流 Δi 叠加在 I 上，得到电压响应 Δv，电池阻抗定义为

$$\begin{cases} \Delta i = I_{max}\sin(2\pi ft) \\ \Delta v = I_{max}\sin(2\pi ft - \phi) \\ Z(f) = \dfrac{V_{max}}{I_{max}}e^{j\phi} \end{cases} \tag{5-11}$$

式中，$Z(f)$ 为电池阻抗；I_{max} 为最大电流；V_{max} 为最大电压；t 为时间；ϕ 为阻抗相位角。

电化学阻抗频谱是用来估计电池 SOC 的有效工具，用实部与虚部表示电化学阻抗谱得到奈奎斯特图，用幅值与相角表示电化学阻抗频谱得到伯德图。不同的蓄电池 SOC，奈奎斯特图和伯德图中各曲线的差异具有一定的规律性，这成为估计蓄电池 SOC 的依据。虽然在应用电化学阻抗谱法估算电池 SOC 方面做了大量的研究工作，但因这项技术目前仍存在争议，故很少应用到实际中。

（5）**内阻法** 电池内阻有交流内阻（常称为交流阻抗）和直流内阻之分，它们都与 SOC 有密切关系。电池交流阻抗为电池电压与电流之间的传递函数，是一个复数变量，表示电池对交流电的反抗能力，用交流阻抗仪来测量。电池交流阻抗受温度影响大，是对电池处于静置后的开路状态还是对电池在充放电过程中进行交流阻抗测量存在争议，因此很少用于实车上。

直流内阻表示电池对直流电的反抗能力，等于在同一很短的时间段内，电池电压变化量与电流变化量的比值。实际测量中，使电池从开路状态开始恒流充电或放电，相同时间内负载电压和开路电压的差值除以电流值就是直流内阻。

内阻法一般适用于铅酸蓄电池的 SOC 估算。铅酸蓄电池在放电后期，直流内阻明显增大，可用来估计蓄电池的 SOC。直流内阻的大小受计算时间段的影响，若时间段短于 10ms，只有欧姆内阻能够检测到；若时间段较长，内阻将变得复杂。准确测量蓄电池单体内阻比较困难，这是直流内阻法的缺点。内阻法适用于放电后期蓄电池 SOC 的估计，可与安时积分法组合使用。

（6）**线性模型法** 线性模型法是基于电流、电压、SOC 变化量和上一个时间点的 SOC

值间的关系建立线性方程，方程具体表达式为

$$\begin{cases} \Delta\mathrm{SOC}_i = k_0 + k_1 V_i + k_2 I_i + k_3 \mathrm{SOC}_{i-1} \\ \mathrm{SOC}_i = \mathrm{SOC}_{i-1} + \Delta\mathrm{SOC}_i \end{cases} \qquad (5-12)$$

式中，SOC_i 为当前时刻的 SOC 值；$\Delta\mathrm{SOC}_i$ 为 SOC 的变化量；SOC_{i-1} 为上一时刻 SOC 值；V_i、I_i 分别为当前时刻的电压与电流；k_0、k_1、k_2、k_3 为利用参考数据，可通过最小二乘法得到其值，无物理意义。

上述模型适用于小电流放电且电池 SOC 变化缓慢的情况，对测量误差和错误的初始条件有很高的鲁棒性。

（7）**状态估计法**　状态估计法利用系统状态方程估计 SOC。该方法依据电池的外特性，采用电池电路原理，利用电压源、电阻、电容等元件组合来建立电池的行为表达模型，常用的模型包括 Shepherd 模型、Unnewehr 模型、Nernst 模型等。图 5-5 所示为一种常用的电池建模方法。

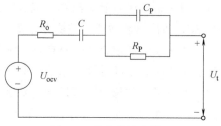

图 5-5　状态估计法模型

（8）**神经网络法**　该方法是模拟人脑对于外界信号的分析，将复杂的信号处理分解为若干简单的信号，通过对这些简单信号进行数据融合，得到复杂信号输入与输出之间的关系。图 5-6 所示为一种常用的三层神经网络处理架构，图中，SoE、T、i、V 为输入层各维度，p 为神经元的权值系数，Iw^1、Lw^2 为激活函数。借助神经网络算法，在分析复杂信号时，无须研究对象内部复杂的物理或化学原理而实现对信号输入与输出的准确表征。但是，神经网络也存在自身的不足，在数据训练时往往需要大量的数据样本且受训练样本测试工况的制约。

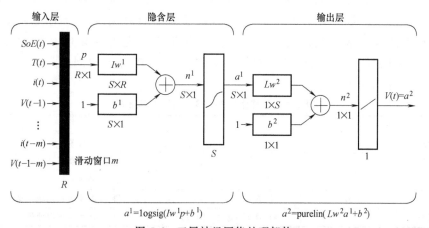

图 5-6　三层神经网络处理架构

（9）**最小二乘法**　利用最小二乘法辨识电池的状态参数，同时使用状态估计器运用自适应算法实时辨识电池的状态参数。其中的递归最小二乘法是对一次最小二乘法进行修正得到的一种辨识方法，通过调整自适应滤波器系数，使得辨识期间输出信号与期望信号之间的误差平方最小，可以实现对电池 SOC 的准确估计，如图 5-7 所示。

（10）**卡尔曼滤波法**　卡尔曼滤波的核心是从与被提取信号相关的测量中通过算法估计

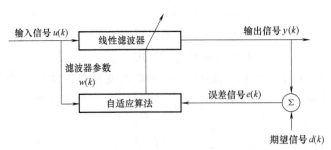

图 5-7　最小二乘算法

出所需信号。应用卡尔曼滤波法对电池 SOC 进行估算时，电池被视为动力系统，SOC 为其状态变量之一。卡尔曼滤波算法包含状态方程、观测方程及噪声，该算法的核心是一套包含电池 SOC 估计值和估计误差协方差矩阵的递推算法。

利用卡尔曼滤波方法估算电池 SOC 的研究是在近年来才开始的，卡尔曼滤波的一个显著特点是用状态空间的概念来描述其数学模型。卡尔曼滤波的另一个特点是它的解是递归计算的，而且可不加修改地应用于平稳和非平稳环境。其不足之处是该算法对电池模型的依赖性高且对电池管理系统 CPU 的计算能力要求高。

5.2.3　锂离子电池 SOC 估计

电池管理系统控制动力蓄电池使其能安全运行并且具有长的使用寿命，对电池荷电状态（SOC）进行精确估算是 BMS 的主要功能之一，通过检测电压、电流、温度、充放电功率等实时数据可以对 SOC 进行估算。若锂离子电池 SOC 的值比较精确，则 BMS 就能依据该值对动力蓄电池进行合理有效的管理，发挥电池的最佳性能，同时有效地防止过充电、过放电等现象。然而，由于锂离子电池内部具有复杂的化学反应和物理变化，SOC 不能被直接测量，此外，许多因素如噪声、电池老化也是影响因素，锂离子电池在工作时如何对其 SOC 进行有效估算是一个亟待解决的问题。表 5-1 所列为几种常用的 SOC 估计方法比较。

表 5-1　几种常用的 SOC 估计方法比较

方法	优点	缺点
安时积分法	原理简单,支持在线计算	存在累计误差
开路电压法	精度高	无法动态估算
外电压法	原理简单,容易测量	精度低
神经网络法	精度高	需要大量训练数据
卡尔曼滤波法	鲁棒性好,抗扰动能力强	依赖合理电池模型

由表 5-1 可知，基于卡尔曼滤波的 SOC 估计具有鲁棒性好、抗扰动能力强的优点。相较于其他方法，这些良好的特性对于处于实际复杂工作环境中的锂离子电池更合适，但是标准的卡尔曼滤波法只适用于线性系统。因此，为了将该方法应用于非线性时变的电池系统，需要采用扩展卡尔曼滤波法（EKF）。EKF 的主要原理是利用泰勒展开将动力蓄电池模型线性化，但会导致计算复杂、忽略高阶项等问题，造成 SOC 估计误差，因此，基于卡尔曼滤波的锂电池 SOC 估计方法还需要进一步研究。

卡尔曼滤波器的原理实质上是一套由数字计算机实现的递推算法，且每个递推周期中包含对被估计量的时间更新和量测更新两个过程，1960 年由卡尔曼提出针对线性系统的滤波算法。针对非线性系统，在状态估计时，须对前一状态做实时的线性泰勒近似；在预测步骤中对量测方程也进行实时的泰勒近似，再进行卡尔曼滤波处理，这种方法被称为扩展卡尔曼滤波法。

5.3 电池组的热管理

5.3.1 热管理的概念及作用

过热、燃烧、爆炸等安全问题一直是动力蓄电池研究的重点。热量的产生与迅速积聚必然引起电池内部温度升高，尤其在高温环境下使用或者在大电流充放电时，可能会引发电池内部发生剧烈的化学反应，产生大量的热量。如果热量来不及散出而在电池内部迅速积聚，电池可能会出现漏液、放气、冒烟等现象，严重时电池将发生剧烈燃烧甚至爆炸。无论是传统的铅酸蓄电池，还是性能先进的镍氢蓄电池和锂离子电池，温度对电池整体性能都有非常显著的影响。一般来说，温度主要影响动力蓄电池的如下性能：

电池热管理系统

1）化学系统运行。
2）充放电效率。
3）电池的可充性。
4）电池的功率和容量。
5）电池的可靠性和安全性。
6）电池的寿命和循环次数。

温度上升，电池内阻减小，电池效率提高。但温度的升高又会加速电池内部的有害化学反应，进而破坏电池。一般来说，温度每上升 10℃，化学反应速率增加 1 倍。如镍氢蓄电池在 45℃ 条件下工作，其循环寿命缩短 60%；高倍率充电时，温度每上升 5℃，其电池寿命衰减一半。镍氢蓄电池的最佳工作温度范围为 20~40℃，铅酸蓄电池的最佳工作温度范围是 25~45℃。Ramadass 等人对索尼 18650 锂离子电池（容量为 1.8A·h）的循环性能进行了研究，结果见表 5-2。Sarre 等人的研究结果表明，锂离子电池在 40℃ 循环 22 个月后（放电深度为 80%），容量只衰减了 4%。Wu 等人将锂离子电池充满电后分别在 25℃ 和 60℃ 环境中放置 60 天后，在 25℃ 环境中放置的电池容量从 800mA·h 衰减到 790mA·h，而在 60℃ 环境中放置的电池，容量衰减到 680mA·h。当容量衰减率为 30% 时，锂离子电池在 45℃ 时的循环寿命为 3323 次，而在 60℃ 时仅为 1037 次。对于镍氢蓄电池和锂离子电池，当温度超过 50℃ 时，电池寿命都会下降。表 5-3 所列为目前锂离子电池的容量衰减与运行温度的关系。总体来说，铅酸蓄电池、镍氢蓄电池及锂离子电池最佳的工作温度范围为 25~40℃，电池模块之间温度差小于 5℃。

电动汽车在行驶过程中，动力蓄电池放电电流波动起伏。汽车在起动、加速等情况下，电流变化较大且产热不均衡。随着电动汽车技术的发展，动力系统功率要求不断提升，快速

表 5-2　索尼 18650 锂离子电池在不同温度下循环的容量损失

温度/℃	循环次数	容量损失/mA·h
25	150	28
	300	38
	800	71
45	150	27
	300	33
50	150	28
	300	62
	600	95
55	150	29
	300	81

表 5-3　锂离子电池的容量衰减与运行温度的关系

材料	放电区间	循环速率	循环次数	循环温度/℃	容量衰减(%)
C/LiFePO$_4$	2.0~3.6V	3C/1	600	45	25.6
				25	14.3
				0	15.5
				-10	20.3
	90%DOD	C/2	757	60	20.1
			2628	15	7.5
MCMB(中间相炭微球)/LiFePO$_4$	2.7~3.8V	C/3	100	55	70
				37	40
				25	很小
C/LiNi$_{0.8}$Co$_{0.15}$Al$_{0.05}$O$_2$	100%DOD	C/2	140	60	65
				25	4
C/LiCoO$_2$	2.0~4.2V	C/9~C/1	300	55	26.7
				25	10.1
C/LiMn$_2$O$_2$	2.5~4.2V	C/1	500	45	51.0
				21	28.0

充放电需求增加,导致电池在大电流充放电时产生大量热量。电池内部产生的热量往往使位于电池模块内部的单体蓄电池温度快速上升,在过充电时会更高。产生的高温可能会引燃周围的易燃材料从而引发产品外部的燃烧,造成安全隐患。对于单体蓄电池,随着电池尺寸增大,电池内部产热的不均衡问题更为突出,正极反应的产热量甚至是其他部位的 3 倍。由于电池内外温度差异及散热局限,电池模组内部各个单体蓄电池之间产生了非常严重的温度分布不均衡的问题,从而造成单体蓄电池之间的性能不一致。另外,在低温情况下(如温度低于0℃),电池充放电能力都会降低,可能的原因包括电解液受冻凝固等。对于部分地区,冬季气温常低于-20℃,电池基本不能放电或放电深度较浅。温度过高或者过低都不利于动

力蓄电池的性能发挥，因此，为延长动力蓄电池寿命，提升其电化学性能及能量效率，必须设计合理的电池热管理系统。

电池热管理（Battery Thermal Management，BTM）建立在材料学、电化学、传热学、分子动力学等多学科领域基础之上，旨在解决电池在温度过高或过低情况下工作而引起的热失控问题。BTM主要是根据温度对电池性能的影响，结合电池的电化学特性与产热机理，基于具体电池的最佳充放电温度区间，通过合理的设计，提升电池整体性能。

与电池热管理有关的工作最早见于20世纪80年代，但在1988年之前，由于电池普遍用于小型化的设备中，电池热管理相关工作鲜有报道。1999年之后，动力蓄电池的热问题日益突出，电池热管理相关工作开始系统化。经过多年的发展，电池热管理主要形成以下几种技术：

1）研究基于电池结构的耐温电池材料，包括耐高温材料及低温电极材料、电解液材料等。

2）以空气为介质的电池热管理系统。

3）以液体为介质的电池热管理系统。

4）基于相变传热介质/材料的电池热管理。

5）热管、热电、冷板等其他基于制冷制热原理的热管理系统。

6）上述两种或几种方式的耦合。

5.3.2　热管理的设计目标

随着电动汽车等动力系统对电池动力性能的要求日益提升，电池热管理的需求也越来越迫切。

1. 电动汽车动力蓄电池系统温度导致的问题

基于前述分析，电动汽车动力蓄电池系统温度导致的问题主要包括以下三个方面。

1）电池在高温环境中运行时热量的散逸不及时及大电流放电时产生的热量迅速积累而产生的高温，都会降低电池循环性能，甚至引起燃烧、爆炸等直接导致电池的安全问题。

2）电池单体产热不均衡、各电池之间温度分布的不均衡，都会降低电池组整体寿命，影响整车动力性能和寿命。

3）低温环境下电池冷起动效率低，电池放电深度与电动汽车动力性能不匹配，进而制约电动汽车在高寒地区及冬季的应用与发展。

2. 提出的要求

电动汽车电池动力性能与循环寿命的提升对电池热管理系统提出如下要求：

1）保证单体蓄电池工作在最适宜的温度范围，避免单体蓄电池整体或者局部温度过高，能够使电池在高温环境中有效散热，以及在低温环境中迅速加热或者保温。

2）减小单体蓄电池尤其是大尺寸单体蓄电池内部不同部位的温度差异，保证单体蓄电池温度分布均匀。

3）满足电动汽车轻型化、紧凑性的具体要求，安装与维护方便，可靠性好且成本低。

4）有害气体产生时的有效通风，以及与温度等相关参数一致的热测量与监控。

5.3.3 电池生热机理及模型

1. 电池生热机理

动力蓄电池生热主要包括可逆热和不可逆热，其中不可逆热又包括欧姆热、极化热等几部分。当电池充放电倍率较低时，可逆热占电池生热的主要部分；当充放电倍率较高时，不可逆热占主要部分。

（1）可逆热 动力蓄电池的可逆热又被称为反应热、熵变热，指的是电极电化学反应产生的热，在可逆过程中（如在同一电极荷电状态下的充电和放电过程）吸/放热的值相等。由电化学反应热力学可知，可逆热的计算式为

$$Q_r = \frac{T\Delta S}{\Delta t} \tag{5-13}$$

式中，Q_r 为可逆热（J/s）；T 为电池温度（K）；ΔS 为化学反应熵变（J/K）；Δt 为反应时间（s）。

化学反应熵变 ΔS 可利用吉布斯自由能的变化量计算：

$$\Delta S = \frac{d(\Delta G)}{dT} \tag{5-14}$$

式中，G 为吉布斯自由能（J）。

锂离子电池可逆电化学反应过程的吉布斯自由能变化量为

$$\Delta G = -nFE \tag{5-15}$$

式中，n 为电化学反应交换电子的物质的量（mol）；F 为法拉第常数，其值约为 96500C/mol；E 为电池的电动势（V）。

由此可得

$$Q_r = \frac{T\Delta S}{\Delta t} = T\frac{-nF\dfrac{dE}{dT}}{\Delta t} = IT\frac{dE}{dT} \tag{5-16}$$

式中，$\dfrac{dE}{dT}$ 为熵热系数，是与电机材料和电池荷电状态相关的量；I 为电流。

熵热系数是锂离子电池的重要热参数之一。Ralph E. Williford 等人测试 $LiCoO_2$/Li 半电池熵热系数 dE/dT 为 $-0.6306 \sim 0.1597$mV/K，NCM（镍钴锰三元材料）/Li 半电池熵热系数 dE/dT 为 $-0.10518 \sim -0.05226$mV/K；W. Lu 等人测试 $LiMn_2O_4$/Li 半电池熵热系数 dE/dT 为 $-0.12362 \sim 0.07296$mV/K；K. Jalkanen 等人测试 $LiFePO_4$/Li 半电池熵热系数 dE/dT 为 $-0.06877 \sim -0.02349$mV/K。

图 5-8 所示为常规正极材料的熵热系数。熵热系数越靠近零点，温度变化引起的可逆电动势的变化越小，电池反应过程中熵变也越小，则采用该种材料的电池更加稳定，因此可知采用相同负极时钴酸锂电池的热稳定性最差（此处提及的热稳定性只针对可逆热部分，区别于热安全中的热稳定性）。

除了研究材料的熵热系数外，很多学者也测试了单体蓄电池的熵热系数。Patrick J. Osswald 等人测试 1.5A·h 索尼 18650 型 $[LiNi_{0.8}Co_{0.15}Al_{0.05}O_2(NCA)/C]$（NCA 为镍钴

铝酸锂）电池的熵热系数为 − 0.3316 ~ 0.1503mV/K，K. Jalkanen 等人测试 LiFePO$_4$/Li$_4$Ti$_5$O$_{12}$ 电池的熵热系数为 − 0.2383 ~ 0.0518mV/K。

（2）不可逆热 动力蓄电池的不可逆热主要包括欧姆热和极化热，其中，欧姆热为电子在导体中的定向运动及锂离子的扩散、迁移和对流产生的热，而极化热为电极过电势所产生的热。在不同的电池模型中通常会采用不同的不可逆热计算方法。

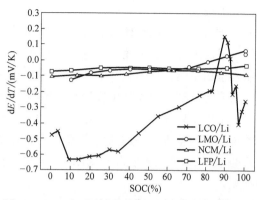

图 5-8 LCO/LMO/NCM/LFP 半电池熵热系数对比

（3）其他热 除可逆热与不可逆热之外，电池内部的副反应、电池中锂离子浓度的再平衡过程等同样有吸热和放热现象，其中后者又被称为混合热。在电池正常使用工况下，这些热源对电池总生热量的影响较小，通常可忽略不计。

2. 电池生热模型

（1）动力蓄电池电-热耦合模型 动力蓄电池的电-热耦合模型基于电池等效电路模型计算过电压，并利用电池能量平衡方程求解电池产热量。等效电路中的电阻、电容等与温度、电池 SOC 等参数相关。电池的电-热耦合模型较为简单，计算量小，实用性强，并可在一定的工况和温度区间内达到较高的精度。

常用的电池等效电路模型包括线性模型、戴维南模型、PNGV 模型、二阶 R-C（电阻-电容）模型等，如图 5-9 所示。其中，I 为电流，U_{ocv} 为电池开路电压，R_0 为欧姆内阻，R_p 为极化内阻，C_p 为极化电容，V 为电池工作电压。

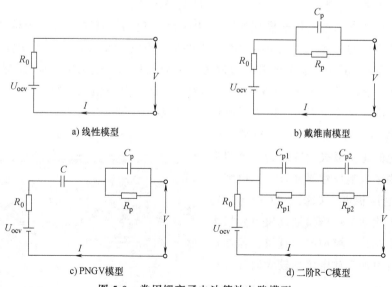

a) 线性模型   b) 戴维南模型

c) PNGV模型   d) 二阶R-C模型

图 5-9 常用锂离子电池等效电路模型

线性模型仅包括电池电动势与直流内阻两个元件，结构简单，但忽略了电池中的过渡过程，误差较大。

戴维南模型在线性模型的基础上添加了一组 R-C 环节，能够较好地模拟电池的非线性特性，是较为常用的电池等效电路模型之一。简单的戴维南模型不考虑温度、SOC 等因素对模型参数的影响，标定较为容易，但只能在特定工况下保证一定的精度；模型参数随 SOC 等因素变化的戴维南模型精度较高，但标定较为困难。

PNGV 模型是由美国提出的"新一代汽车合作"计划中运用的一种等效电路模型，其在戴维南模型的基础上添加的电容 C 用于描述电流累积造成的开路电压变化。这种模型在电池开路电压随 SOC 线性变化的工况下的精度较高，但总体精度低于考虑了 SOC 变化的戴维南模型。

二阶或更高阶的模型在戴维南模型的基础上串联了更多的 R-C 元件，用于模拟电池内部不同时间常数的极化过程，模型精度更高，但标定困难，通常仅应用于需要精确模拟电池特性的场合。

忽略副反应热、混合热等热源后，锂离子电池的能量平衡方程为

$$Q = Q_{\mathrm{irr}} + Q_{\mathrm{r}} = I(V - U_{\mathrm{ocv}}) + IT\frac{\mathrm{d}E}{\mathrm{d}T} \tag{5-17}$$

式中，Q 为电池总生热量；Q_{irr} 为不可逆热；Q_{r} 为可逆热，电池放电时为正，充电时为负。

（2）锂离子电池电化学-热耦合模型 锂离子电池电化学-热耦合模型从电池内部微观反应机理出发，基于多孔电极和浓溶液理论等计算电池内部浓度场、电场及放热/吸热速率等。模型中的参数，如扩散系数、反应速率常数等，依赖于电池温度，可以在较宽的温度和工况范围内较为精确地描述电池的生热特性，得到了广泛的应用。但这种模型计算速度慢，往往无法应用于大规模仿真或电池温度的在线预测。

目前常见的锂离子电池电化学模型主要有两种，即准二维（Pseudo 2-Dimension，P2D）电化学模型及单粒子模型（Single Particle Model，SPM）。

锂离子电池的准二维电化学模型如图 5-10 所示，包括了锂离子在电极极片厚度方向和活性粒子半径方向的扩散，因此被称为准二维模型。电池的正负极包括了活性材料（固相）和电解液（液相），其中，固相通常被等效为圆形的颗粒，而电化学反应则发生在固相和液相的接触表面，其速率由 Bulter-Volmer 方程控制。放电时电池负极材料中嵌入的锂离子进入电解液并扩散、迁移至正极，嵌入正极材料，充电过程则与之相反。

单粒子模型是对 P2D 电化学模型的简化，其将电池的正负极极片等效为两个圆形粒子，并忽略了电池极片厚度方向、电解液中的浓度及电压梯度，如图 5-11 所示。锂离子电池的电化学单粒子模型（SPM）极大地减少了电池电化学模型的计算量，但在极片厚度较大或电池充放电倍率较大时计算精度下降较为严重。

锂离子电池电化学模型的主要控制方程见表 5-4（单粒子模型不包含其中的部分方程）。

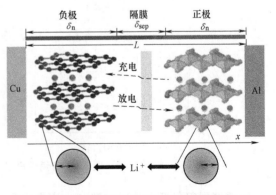

图 5-10 锂离子电池准二维电化学模型

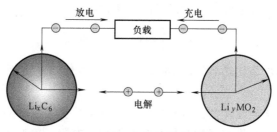

图 5-11 锂离子电池单粒子模型

表 5-4 锂离子电池电化学模型的主要控制方程

控制方程	意义
$\dfrac{\partial c_s}{\partial t}=\dfrac{D_s}{r^2}\dfrac{\partial}{\partial r}\left(r^2\dfrac{\partial c_s}{\partial r}\right)=D_s\left(\dfrac{2}{r}\dfrac{\partial c_s}{\partial r}+\dfrac{\partial^2 c_s}{\partial r^2}\right)$	固相扩散方程
$\dfrac{\varepsilon_e \partial c_e}{\partial t}=\dfrac{\partial}{\partial x}\left(D_e^{\text{eff}}\dfrac{\partial c_e}{\partial x}\right)+\dfrac{1-t_+^0}{F}j$	液相扩散方程
$\dfrac{\partial}{\partial x}\left(\sigma_{\text{eff}}\dfrac{\partial \phi_s}{\partial x}\right)=j$	固相电势分布方程
$\dfrac{\partial}{\partial x}\left(k^{\text{eff}}\dfrac{\partial \phi_e}{\partial x}\right)+\dfrac{\partial}{\partial x}\left(k_D^{\text{eff}}\dfrac{\partial \ln c_e}{\partial x}\right)+j=0$	液相电势分布方程
$j=s_e i_0\left[\exp\left(\dfrac{\alpha_a F}{RT}\eta\right)-\exp\left(-\dfrac{\alpha_c F}{RT}\eta\right)\right]$	电极反应动力学方程
$\Phi=\Phi_{\text{ref}}\exp\left[\dfrac{E_{\text{act},\Phi}}{R}\left(\dfrac{1}{T_{\text{ref}}}-\dfrac{1}{T}\right)\right]$	温度修正

注：表中，D_s 为固相浓度扩散系数，D_e 为液相浓度扩散系数，r 为活性颗粒的有效半径，c_s 为固相浓度，c_e 为液相浓度，σ_{eff} 为固相电导率，ε_e 为液相体积分数，k^{eff} 为电解液有效电解率，k_D^{eff} 为有效扩散传导性系数，j 为锂离子电池的局部体积转移电流密度，η 为表面过电位，i_0 为交换电流密度（大小取决于固体颗粒表面浓度和电解质浓度），ϕ_e 为电解质电势（由 c_s 和 c_e 表示），ϕ_s 为温度修正后的电热。

动力蓄电池电化学-热耦合模型需计算电池在正极、负极、隔膜三个区域所产生的欧姆热、极化热及可逆熵变热，其中极化热和可逆熵变热只产生于电池正负极区域。

欧姆热主要包括电子的定向运动和锂离子的扩散、迁移所产生的热：

$$Q_0=\sigma^{\text{eff}}\left(\frac{\partial \phi_s}{\partial x}\right)^2+k^{\text{eff}}\left(\frac{\partial \phi_e}{\partial x}\right)^2+k_D^{\text{eff}}\frac{\partial \ln c_e}{\partial x}\frac{\partial \phi_e}{\partial x} \tag{5-18}$$

极化热采用电极过电势及局部电流密度计算：

$$Q_p=j(\phi_s-\phi_e-U_i), \quad i=n,p \tag{5-19}$$

可逆熵变热的计算方法与电池电-热耦合模型类似：

$$Q_r=-jT\frac{\mathrm{d}U_i}{\mathrm{d}T}, \quad i=n,p \tag{5-20}$$

3. 电池传热模型

锂离子电池内部通常为层叠或卷绕式结构，且其正极、负极、隔膜、集流体等的厚度与采用的材料各不相同，因此，锂离子电池的传热系数各向异性，且跨层传热的传热系数比层

内传热的传热系数小一个数量级。电池内部的传热过程为

$$\rho C_p \frac{\partial T}{\partial t} = \nabla(k\nabla T) + Q \qquad (5\text{-}21)$$

式中，ρ 为电池密度；C_p 为比热容；t 为时间；k 为电池传热系数矩阵；Q 为电池单位体积生热量。

由于电池内部的各向异性特性，直接求解往往并不现实，在对实际电池生热传热特性进行模拟时，采用的电池传热模型通常为集总参数模型、有限元模型或各类等效模型。

电池传热的集总参数模型忽略了电池内部与表面的温度梯度，此时可近似认为电池内部的温度分布与位置无关，从而可将电池的质量和热容集中于一点，采用式（5-22）求解电池温度：

$$\rho C_p V \frac{dT}{dt} = hA(T - T_a) + Q \qquad (5\text{-}22)$$

式中，V 为电池体积；h 为电池表面等效换热系数；A 为电池换热面积；T_a 为形成电池温度梯度的参考温度；Q 为电池总生热速率。

当电池体积较大时，使用集总参数模型往往会产生较大的误差，因此通常需要先利用电池的毕渥数对使用集总参数模型的有效性进行判断。毕渥数的定义见式（5-23），当毕渥数小于 0.1 时，通常认为集总参数模型的误差不超过 5%。

$$Bi = \frac{hL_d}{\lambda} \qquad (5\text{-}23)$$

式中，Bi 为毕渥数；L_d 为特征尺度；λ 为该尺度方向的导热系数。

当电池尺寸较大时，往往不能满足使用集总参数模型的条件，此时可采用电池的有限元模型或各类等效模型。电池的有限元模型通常基于各类商业化仿真软件，如 COMSOL、ANSYS 等建立，往往计算量较大，可应用于热管理系统的仿真设计等方面。电池的各类等效模型是对其有限元模型的简化，如只考虑电池厚度方向/径向的温度梯度、将电池等效为温度不同的几个区域等，这类模型计算量较小，具有在线计算的潜力。

（1）当前热管理技术需求　电池热管理技术主要是在保证电池使用性能和安全性的前提下，结合电池电化学特性和生热机理所设计的一门技术。当前，动力蓄电池热管理技术主要有以下需求，一是使电池维持在合适的工作温度范围，二是需保证电池温度分布的均匀性，三是解决电池的热安全与热监控等问题。具体技术需求见表 5-5。

表 5-5　当前热管理技术需求

序号	热管理技术需求
1	电池温度能被准确测量和监控
2	电池温度升高时散热系统能够及时把热量散出
3	温度较低时对电池进行加热,确保其工作性能稳定
4	电池充放电过程中内部反应所产生的有害气体能及时通风散出
5	减小电池不同位置处的温度差异,保证电池温度的一致性
6	在满足新能源汽车动力性需求的同时,尽量减小整车质量;安装维护方便等

（2）发展趋势　电池技术是目前电动汽车的关键技术之一。随着电池模块容量的增大，

恶劣环境下运行对电池性能的要求越来越苛刻，而尽管研究人员已经在锂离子电池电极和电解质材料的选择及隔板开发方面做出了广泛的努力以增加电池容量和比功率，电池热管理的发展仍不充分。而锂离子电池的性能、寿命和安全性与其工作温度密切相关。不适当的温度会导致功率、容量降低，缩短循环寿命，甚至可能导致热失控，从而导致严重事故。电池之间或每个电池内的温度不平衡也可能导致电池失效。因此，建议锂离子电池应保持在 20~60℃ 的温度范围内，温差不超过 5℃。为此，有效的热管理系统对于将电池控制在所需温度范围内并解决相应问题至关重要。同时随着对快速充电、高比能量、高比功率、电池寿命长的要求越来越迫切，下一代电池热管理系统对热效率、成本、紧凑性、轻量化、可靠性等提出了更严格的要求。因此，开发更可靠、更耐用、更高效、寿命更长的锂离子电池热管理系统势必是未来的发展趋势。

思　考　题

1. 能量管理系统的工作原理是什么？典型功能有哪些？
2. 纯电动汽车中的电池管理系统有哪些功能？
3. 动力蓄电池模型主要有哪些？其特点是什么？
4. 动力蓄电池的 SOC 估计方法主要有哪些？特点是什么？
5. 温度对动力蓄电池的影响主要有哪些？
6. 动力蓄电池生热模型有哪些？特点是什么？
7. 当前热管理技术的要求和发展趋势是什么？

实　践　题

1. 利用几种 SOC 估计方法来计算电池 SOC，并进行对比分析，谈谈它们的优缺点。
2. 利用单片机设计一个简单的电池管理系统（至少 12 个单体），并记录各单体的电压、电流、温度参数及相关试验参数。

第6章

电动汽车电气系统

6.1 概述

电气系统是电动汽车的重要组成部分,它承担着能量与信息传递的功能,对电动汽车的动力性、经济性、安全性和舒适性等有很大影响。根据不同的电压等级和用途,电动汽车电气系统分为低压系统和高压系统两个部分。低压系统采用直流 12V 或 24V 电源,一方面为灯光、刮水器等车辆的常规低压电器提供电源,另一方面为整车控制器、高压电气设备的控制电路和辅助部件提供电源。高压系统主要由燃料电池、动力蓄电池、电源变换器和驱动电机等大功率、高压电气设备组成,根据车辆行驶的功率需求完成从燃料电池或动力蓄电池到驱动电机的能量变换与传输过程。图 6-1 所示为电动汽车电气系统的结构与原理。

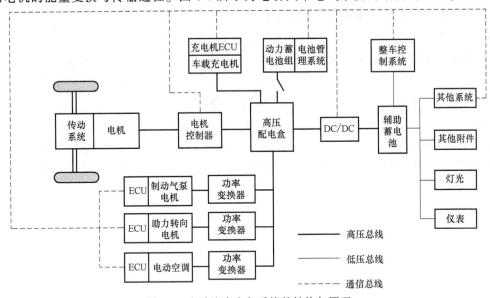

图 6-1　电动汽车电气系统的结构与原理

6.1.1 低压电气系统

电动汽车低压电气系统如图 6-2 所示,主要由 DC/DC 变换器、辅助蓄电池和若干低压电气设备组成。电动汽车的低压电气设备主要包括灯光系统、仪表系统和娱乐系统等。燃油汽车的蓄电池与发动机相连由发电机来充电,而电动汽车的辅助蓄电池则由动力蓄电池通过 DC/DC 变换器来充电。

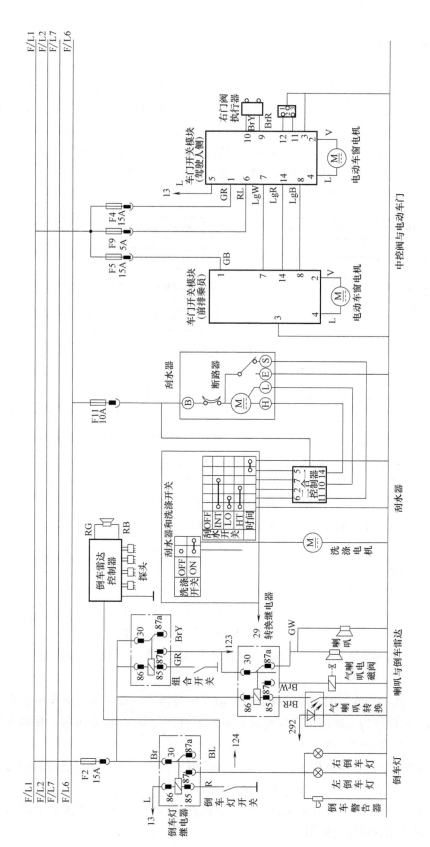

图 6-2　电动汽车低压电气系统

6.1.2　高压电气系统

不同的电动汽车动力系统构型，高压电气系统具有不同的电气部件，如图 6-3 所示。一般地，电动汽车最大的高压电气系统是采用燃料电池组或内燃机/发电机组与动力蓄电池组构成的双电源结构。燃料电池组或内燃机/发电机组是车辆运行的主要动力源，动力蓄电池组是辅助动力源。当采用燃料电池组为主要动力源时，动力蓄电池组在车辆起动过程中通过起动控制单元为燃料电池的起动提供能量。在车辆加速过程中，当燃料电池输出功率不足时，动力蓄电池组放电以补充车辆加速所需的能量。

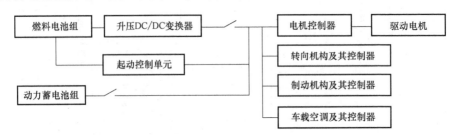

图 6-3　电动汽车高压电气系统

车辆减速和制动时动力蓄电池组吸收制动能量，这种结构降低了整车运行对燃料电池峰值功率和动态特性的要求，有利于提高整车电气系统的可靠性。由于燃料电池组和动力蓄电池组具有不同的输出电压范围和电源外特性，难以直接并联使用，在燃料电池组的输出端串接一个升压 DC/DC 变换器，对燃料电池的输出电压进行升压变换及稳压调节，DC/DC 变换器的输出电压和动力蓄电池组的工作电压相匹配，该电压称为高压电气系统的母线电压。母线电压通过各种电源变换器向驱动机构、助力转向机构和气压制动机构中的电机等大功率电气设备提供电能，实现车辆的行驶、转向和制动等功能。

6.2　电源变换器

电源变换器可分为直流/直流（DC/DC）变换和直流/交流（DC/AC）变换两类。电动汽车电气系统中的电源变换器主要是 DC/DC 变换器，有降压、升压、双向三种形式，是实现电气系统电能变换和传输的重要电气设备。在各种电动汽车中，电源变换器主要实现以下功能：

1）不同电源之间的特性匹配。以燃料电池电动汽车为例，一般采用燃料电池组合动力蓄电池的混合动力系统结构。在能量混合型系统中，采用升压 DC/DC 变换器；在功率混合系统中，采用双向 DC/DC 变换器。

2）驱动辅助系统中的直流电机。在小功率（一般低于 5kW）直流电机驱动的转向、制动等辅助系统中，一般直接采用 DC/DC 变换器供电。

3）给低压辅助蓄电池充电。在电动汽车中，需要高压电源通过降压变换器给辅助电池充电，一般采用隔离型的降压电路形式。

6.2.1 降压变换器

1. 直流斩波式降压变换器

直流斩波式降压变换器的基本电路如图 6-4 所示，其中，U_{in} 是输入电压；L、C 分别为电感与电容，对输出电压和电流进行滤波；VT 为功率开关管；VD 为续流二极管。当 VT 导通时，输出电压 U_o 等于输入电压 U_{in}；当 VT 关断时，输出电压等于 0，通过 VT 的交替导通与关断获得给定可调的输出电压，达到降压的目的，其输入电压与输出电压的关系为

$$U_o = U_{in}D \qquad (6-1)$$

式中，D 为开关占空比，$0 \leq D \leq 1$，因此 $U_o \leq U_{in}$。

直流斩波电路是非隔离式的，一般用在输入电压、输出电压相差不大的场合，如用于车载小功率高压直流电机的调速。

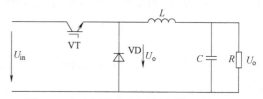

图 6-4　直流斩波式降压变换器的基本电路

2. 单端正激式降压变换器

图 6-5 所示的单端正激式降压变换器电路是由直流斩波电路衍生而来的，在变压器 TR 的一次侧，通过开关管 VT 的交替导通与关断，在一次绕组 W_1 上产生占空比可调的电压脉冲，通过变压器的电磁耦合作用，变压器二次绕组 W_2 的输出经过整流和滤波后输出直流电压 U_o，输出电压与输入电压的关系为

$$U_o = U_{in}D \frac{N_2}{N_1} \qquad (6-2)$$

式中，D 为开关占空比，$0 \leq D \leq 1$；N_1、N_2 分别为变压器一次绕组和二次绕组的匝数。

与式（6-1）相比，式（6-2）多了一项变压器一次绕组和二次绕组的匝数比，通过选择合适的变压器降压匝数比，可以得到输出平稳的低电压，同时，由于输入电压、输出电压的隔离性质，单端正激式降压变换器广泛用于车载 24V 蓄电池的充电电源。

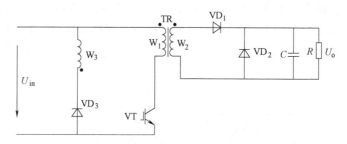

图 6-5　单端正激式降压变换器的电路

6.2.2 升压变换器

升压转换的 DC/DC 变换器一般有两种结构，即 Boost 型和全桥逆变式。

1. Boost 型变换器

Boost 型变换器的电路如图 6-6 所示，也称为并联开关变换器，由开关管 VT、二极管

VD 、储能电感 L 和输出滤波电容 C 组成。当 VT 导通时，能量从输入端 AO 流入并储存于电感 L 中，由于 VT 导通期间正向饱和管压降很小，二极管 VD 反偏，变换器输出由滤波电容 C 提供能量；当 VT 截止时，电感 L 中的电流不能突变，它所产生的感应电动势阻止电流减小，感应电动势的极

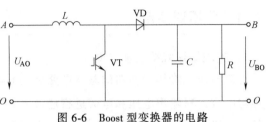

图 6-6 Boost 型变换器的电路

性为右负左正，二极管 VD 导通，电感中储存的能量经二极管 VD 流入电容 C 并供给输出端 BO。如果开关管 VT 周期性地导通和截止，开关周期为 T，其中，导通时间为 t_{on}，截止时间为 $T-t_{on}$，则 Boost 型变换器输出电压 U_o 和输入电压 U_i 之间的关系为

$$U_o = U_i \frac{T}{T-t_{on}} \tag{6-3}$$

由式（6-3）可知，当开关周期 T 不变时，改变导通时间 t_{on} 就能获得所需的上升电压值。

当开关管 VT 导通时，其饱和压降在 1V 左右。在 VT 截止期间，二极管 VD 的压降为 1V 左右，因此，Boost 型变换器的效率可以高达 90% 以上。而且，其电路结构简单、器件少，作为车载变换器还具有质量小、体积小的特点。

2. 全桥逆变式变换器

全桥逆变式变换器的电路如图 6-7 所示，主要由开关管 $VT_1 \sim VT_4$、中频升压变压器 TR 和输出整流二极管 VD_5、VD_6 组成。开关管 $VT_1 \sim VT_4$ 构成全桥逆变电路，需要两组相位相反的驱动脉冲进行控制；当 VT_1 和 VT_4 同时导通，VT_2 和 VT_3 同时截止时，输入电压 U_i 通过 VT_1 和 VT_4 加到中频变压器 TR 的一次绕组上，一次电压 $U_{TR} = U_i$；当 VT_1 和 VT_4 同时截止，VT_2 和 VT_3 同时导通时，输入电压通过 VT_2 和 VT_3 反向地加在中频变压器 TR 的一次绕组上，一次电压 $U_{TR} = -U_i$；当开关管 $VT_1 \sim VT_4$ 同时截止时，$U_{TR} = 0$。这样通过开关管 $VT_1 \sim VT_4$ 的交替导通和关断，将输入的直流电压变换成交流电压加到变压器上，其二次电压通过 VD_5 和 VD_6 整流输出直流电压。如果开关管 $VT_1 \sim VT_4$ 的开关周期为 T，其中，导通时间为 t_{on}，变压器电压比为 n，则全桥逆变式变换器输出电压 U_o 和输入电压 U_i 之间的关系为

$$U_o = U_i n \frac{t_{on}}{T} \tag{6-4}$$

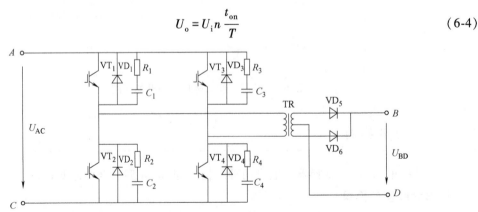

图 6-7 全桥逆变式变换器的电路

由式（6-4）可知，当采用升压变压器时，$n>1$，可获得变压器的升压特性；当开关周期 T 不变时，改变导通时间 t_{on} 就能调节输出的电压值。

与 Boost 型变换器相比，全桥逆变式变换器的输入和输出是通过中频变压器隔离的，由于变压器具有一定的频率响应带宽，在变换器输入端和变压器一次电路产生的部分高频干扰信号不能传输到变换器的输出端，因此，作为车载变换器，全桥逆变式结构具有较好的电磁兼容性能。

6.2.3 双向电源变换器

在混合动力电动汽车中，动力蓄电池组通过双向电源变换器连接到直流母线上，以实现动力蓄电池和燃料电池组或发电机组的功率混合。当燃料电池组或发电机组对动力蓄电池进行充电时，电源变换器起到降压作用；当动力蓄电池通过总线释放能量时，电源变换器起到升压作用。

1. 双向电源变换器的电路结构

双向电源变换器采用 Buck-Boost 复合电路结构，如图 6-8 所示。在 Boost 工作模式下，电池组端电压为 U_1，总线电压为 U_h，U_1 通过升压电感 L、开关管 VT_2 的升压转换经二极管 VD_1 连接到总线电压，和燃料电池发动机实现功率混合。在 Buck 工作模式下，总线电压 U_h 通过开关管 VT_1 的斩波降压经过电感 L、电容 C_2 的滤波作用输出 U_1 对电池组进行充电，二极管 VD_2 在降压过程中实现输出电流的续流作用。

以功率混合型燃料电池电动汽车为例，说明双向电源变换器升压特性和降压特性的实现方法。系统参数的配置如下：燃料电池发动机额定输出功率为 100kW，

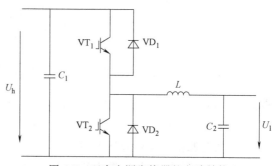

图 6-8 双向电源变换器的电路结构

工作电压为 350V；最大使用功率为 130kW，工作电压为 330V。当总线电压低于 350V 时，镍氢蓄电池组开始通过双向电源变换器放电，放电功率随总线电压的降低而增大。当总线电压低至 330V 时，镍氢蓄电池组达到最大放电功率 50kW。

2. 双向电源变换器的升压特性

双向电源变换器的升压特性如图 6-9a 所示，是缓降电压特性与恒流特性的复合电源特性。缓降电压特性段可以描述为

$$U = U_o - kI \tag{6-5}$$

式中，U_o 为电源变换器升压模型的空载输出电压；k 为表示缓降特性的常系数。

相应的输出功率特性为

$$P = U_o I - kI^2 \tag{6-6}$$

随着电流的增大，输出功率增大，当电流增大到一定值时，输出功率达到最大值，之后电源变换器的输出进入恒流特性，设置恒流特性是为了保证电源变换器和动力蓄电池组安全工作。

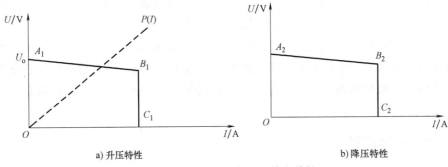

a) 升压特性   b) 降压特性

图 6-9　双向电源变换器的输出特性

结合燃料电池发动机或发电机的功率特性曲线，得到混合动力系统在总线电压变化时的总输出功率为

$$P = \frac{U_o}{k}U - \frac{1}{k}U^2 \tag{6-7}$$

式中，U 为总线电压。

功率随总线电压的变化率为

$$\frac{\mathrm{d}P}{\mathrm{d}U} = \frac{U_o}{k} - \frac{2}{k}U \tag{6-8}$$

在动力蓄电池组放电的混合动力工作模式下，$\frac{\mathrm{d}P}{\mathrm{d}U} < 0$，功率随总线电压的下降呈单调增大的趋势。因此，对于任意的车辆行驶功率，对应确定的总线电压值和燃料电池或发电机、电源变换器的稳定工作点，保证了动力系统工作的稳定性。

3. 双向电源变换器的降压特性

当需要对动力蓄电池组进行充电时，双向电源变换器处于降压工作模式，电源输出特性如图 6-9b 所示，由缓降电压特性段和恒流特性段组成。

当动力蓄电池组的荷电状态（SOC）较低时，降压电路工作在恒流特性段，实现大电流恒流充电；随着动力蓄电池组端电压升高，电源变换器工作在缓降电压特性段，充电电流随着电池组端电压的升高而逐渐减小，保证电池组充电过程的安全。

4. 双向电源变换器的工作模式

以燃料电池混合动力电动汽车为例，说明双向电源变换器的工作模式。根据母线电压的变化，结合上述电源变换器升压和降压特性，双向电源变换器主要有以下三种工作模式。

(1) 电池组放电的混合工作模式　当母线电压降低到接近 U_o 时，起动双向电源变换器的升压电路，输出空载电压 U_o。当总线电压保持在 U_o 以上时，升压电路中二极管 VD_1 处于截止状态，电源变换器没有输出电流；当燃料电池发动机输出功率进一步增大，使得母线电压小于 U_o 时，升压电路开始输出电流，并且跟随母线电压的进一步变化，自适应调节输出电流的大小，使得电源变换器输出功率随着燃料电池发动机输出功率的增大而增大。

(2) 纯燃料电池发动机工作模式　随着车辆行驶功率的减小，母线电压大于电源变换器升压电路的空载电压 U_o 时，升压电路自动停止输出电流，系统回到纯燃料电池发动机工作模式。

（3）电池组充电的混合工作模式 母线电压大于 U_0 较多时，说明车辆行驶的需求功率较小，起动双向电源变换器的降压电路。在降压特性作用下，根据电池组的端电压，充电电流自适应变化。随着电池组端电压的增大，充电电流逐渐减小。充电电流小于 5A 时，说明电池的 SOC 较大，关断降压电路。这种混合工作模式利用燃料电池发动机实现车载充电，与纯电动汽车需要专用充电设备和较长充电时间相比，车辆的使用效率得到了提高。

模拟车辆加速过程得到的总线电流、电压及燃料电池发动机和双向电源变换器输出电流、功率曲线的仿真波形，如图 6-10 所示。从图 6-10 中可以看出：当总线电压高于 U_0 时，只有燃料电池发动机提供总线电流，如图 6-10a 中 I_1 所示；当总线电压低于 U_0 时，电池组通过双向电源变换器输

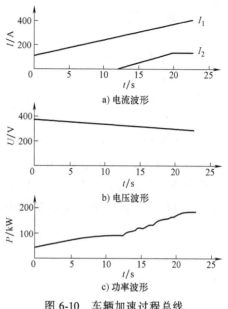

a) 电流波形

b) 电压波形

c) 功率波形

图 6-10 车辆加速过程总线
电流、电压、功率波形

出电流 I_2，随着总线电压的降低，混合动力系统总输出功率增大，在整个过程中，电压、电流变化平稳，系统运行稳定。

6.3 电气系统的电磁兼容性

6.3.1 电磁兼容概述

在电源变换器完成能量的变换与传输的同时，功率开关管周期性地导通与关断将产生宽频的电磁辐射，通过电缆和底盘对车辆控制系统产生干扰，形成复杂的电动汽车电磁环境。分析与评价电动汽车的电磁环境和电磁兼容性是电动汽车设计的要点。

电磁兼容性（Electromagnetic Compatibility，EMC）是指设备或系统在其电磁环境中符合要求运行，并不对其环境中的任何设备产生无法忍受的电磁干扰的能力。因此，EMC 包括两个方面的要求，一方面是指设备在正常运行过程中对所在环境产生的电磁干扰（Electromagnetic Interference，EMI）不能超过一定的限值，另一方面是指设备对所在环境中存在的电磁干扰具有一定程度的抗扰度，即电磁敏感性（Electromagnetic Susceptibility，EMS）。

电磁干扰有传导干扰和辐射干扰两种。传导干扰主要是电子设备产生的干扰信号，通过导电介质或公共电源线互相产生干扰；辐射干扰是指电子设备产生的干扰信号，通过空间耦合把干扰信号传给另一个电网络或电子设备。为了防止一些电子设备产生的电磁干扰影响或破坏其他电子设备的正常工作，一些国家和国际组织相继提出或制定了一些对电子设备产生的电磁干扰的有关规章或标准，符合这些规章或标准的设备就可称为具有电磁兼容性。

6.3.2 电磁噪声的分析

日常所接触到的电磁噪声，其时域特性与频域特性都是非常复杂的。按其时域特性分类，可分为随机噪声与脉冲噪声两大类。例如，热噪声、气体放电噪声等都属于随机噪声类型，而绝大多数脉冲噪声的时域波形都是非理想的不规则脉冲。实际上，电磁兼容领域最关心的不是脉冲的具体波形或频谱的细节，而是不同波形脉冲的总体特性。

以一个周期（周期为 T）梯形脉冲为例，其时域波形如图 6-11 所示，对应的频谱包络线如图 6-12 所示。频谱包络线有两个转折点：当频率低于 $1/(\pi d)$（d 为脉冲宽度）时，包络幅度基本不变；当频率在 $1/(\pi d) \sim 1/(\pi t_r)$ 范围内包络幅度按 20dB/10 倍频程下降；当频率高于 $1/(\pi t_r)$ 时，包络幅度按 40dB/10 倍频程下降。

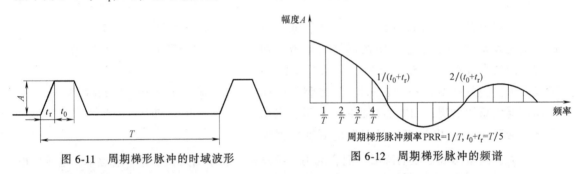

图 6-11　周期梯形脉冲的时域波形　　　　图 6-12　周期梯形脉冲的频谱

对于电磁波来说，无论是传导还是辐射，传播特性都与所研究的导线或空间的几何尺寸对信号的波长比值密切相关。由于电磁脉冲的频谱非常宽，信号波长所占的范围也非常大，表 6-1 所列为不同频率信号对应的波长。

表 6-1　不同频率信号对应的波长

频率	10kHz	1MHz	100MHz	1GHz
波长	30000m	300m	3m	0.3m

在一个特定的空间距离，对某些频率的信号为近场，而对另一些频率则为远场。例如，在 3m 距离测量，对于 10MHz 以下的频率属于近场范围，而对于 300MHz 以上频率已进入远场区。另一方面，同样长度的导线，对某些频率为长线，而对于另一些频率则为短线。这就需要在分析宽频谱电磁噪声的传播特性时，同时考虑远场与近场、长线与短线，从而大大增加了解决问题的复杂性。

6.3.3 电磁噪声的传播

从电磁噪声源到被干扰对象之间的耦合途径分为传导和辐射。下面对这两种耦合途径进行介绍。

1. 传导耦合

传导耦合要求在源与接收器之间有完整的电路连接。通常有三种耦合通路，即公共电源、公共回路和导线间的近场耦合，前两种均属于互传导耦合。

（1）互传导耦合　互传导耦合包括互阻抗耦合及互导纳耦合。如图 6-13 所示，当电路

1中的电流 I_1 流过公共阻抗 Z 时，就会在电路 2 中形成一个压降 U_2（其中 $U_2 = I_1 Z$），该电压就会对电路 2 的负载产生影响。引起这种耦合的公共阻抗可以是任何电路元件，甚至包括导线或结构件自身的阻抗。公共阻抗耦合的典型例子有公共回路阻抗——包括接地母线、机壳接地线和机架搭接带等。

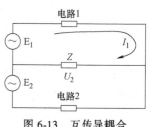

图 6-13　互传导耦合

（2）**导线间的感性与容性耦合**　两个闭合回路距离很近时，即使没有直接连接，没有互传导耦合，但由于电路间存在磁感应或静电感应，也会产生耦合。磁感应耦合和静电感应耦合的原理如图 6-14 所示。对于图 6-14a 中所示的两根导线，如果考虑两者之间的互感 M，则为如图 6-14b 中等效电路所示的互感耦合；如果考虑两者之间的分布电容 C，则为如图 6-14c 中等效电路所示的电容耦合。实际工程中的计算比图 6-14 所示的原理电路要复杂得多。若考虑的频率范围较大，还应充分注意其分布参数。

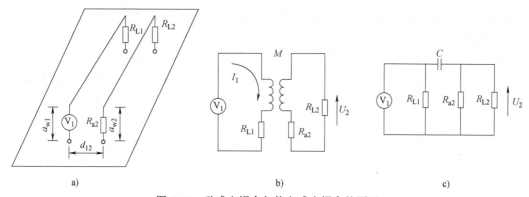

图 6-14　磁感应耦合与静电感应耦合的原理

2. 辐射耦合

用一个长度远小于所考虑的波长的短导线周围的电场、磁场特性来介绍辐射耦合的基本原理。

根据麦克斯韦（Maxwell）方程，一个短偶极子（载有电流的短导线）周围的场具有下列特性（用 r 表示观察点与短偶极子之间的距离）。

1）不同方向的电场及磁场分量分别包含有正比于 $1/r^3$、正比于 $1/r^2$ 及正比 $1/r$ 的项，当距离 $\lambda/(2\pi) = 1$（λ 为磁导率）时，三个分量相等。

2）当 $r \gg \lambda/(2\pi)$ 时，正比于 $1/r$ 的项起主要作用，此时的波阻抗 $Z = E_\theta/H_\varphi = Z_0 = 120\pi$（$E_\theta$ 为电场强度，H_φ 为磁场强度），称为远场。

3）当 $r \ll \lambda/(2\pi)$ 时，正比于 $1/r^3$ 的项起主要作用，此时的波阻抗 $Z = E_\theta/H_\varphi \approx Z_0\lambda = 2\pi r$，由于 $r \ll \lambda/(2\pi)$，$Z \gg Z_0$，称为高阻抗场，即由短偶极子产生的辐射，在近场区为高阻抗场。

此外，如果源不是一个短偶极子，而是一个小环，该小环将呈现低的电路阻抗。此时波阻抗 $Z = E_\theta/H_\varphi \approx Z_0 \times 2\pi r/\lambda$，在 $r \ll \lambda/(2\pi)$ 的条件下，$Z \ll Z_0$，称为低阻抗场，即由小环产生的辐射，在近场区为低阻抗场。

由上述分析可知，在研究场的辐射时，$\lambda/(2\pi)$（约为 $\lambda/6$）是一个很重要的距离。远大于此距离的即为远场，波阻抗与自由空间的波阻抗相等；而远小于此距离的即为近场。

在远场区，电波传播的特点是电场与磁场共存，且两者之间保持 120π 的关系。工程实践表明，对于远场耦合，大多是通过天线进行的。有关天线的理论与实践足以支持这方面的分析与计算。在分析通过天线进行的电磁噪声的传播时，应特别注意，在无线电业务中有关天线的特性，都是对该天线的工作频带给出的。但是在分析通过天线辐射的电磁噪声时，所关心的频率有时并非天线的工作频率。此时天线的全部参数，包括方向图等都将产生巨大的变化。例如，分析通信发射机通过天线的杂散辐射时，对于二次、三次等多次谐波，就不能使用天线对基波的参数。

6.3.4 减小电磁干扰的主要措施

通常用于减小电磁干扰的措施主要有屏蔽、滤波和接地，下面主要介绍前两种。

1. 屏蔽

屏蔽是利用屏蔽材料阻止或减少电磁能量在空间传输的一种措施。GB/T 4365—2003《电工术语　电磁兼容》中对电磁兼容性的定义是，设备或系统在其电磁环境中能正常工作且不对该环境中任何事物构成不能承受的电磁骚扰的能力。而屏蔽是从"空间"解决电磁兼容问题的方法。

屏蔽的性能用屏蔽效能来衡量。屏蔽效能的定义是：在对给定外来源进行屏蔽时，在某一点上屏蔽体安放前后的场强之比。

对于电场屏蔽：

$$SE_E = \frac{E_0}{E_1} \tag{6-9}$$

对于磁场屏蔽：

$$SE_H = \frac{H_0}{H_1} \tag{6-10}$$

式中，SE 为屏蔽效能（倍数）；E_0、H_0 分别为无屏蔽体时某点的电场强度和磁场强度；E_1、H_1 分别为有屏蔽体时同一点的电场强度和磁场强度。

在工程上，屏蔽效能一般用分贝表示，此时式（6-9）和式（6-10）可写为

$$dB_{SE_E} = 20\lg\frac{E_0}{E_1} \tag{6-11}$$

$$dB_{SE_H} = 20\lg\frac{H_0}{H_1} \tag{6-12}$$

屏蔽效能与屏蔽材料的电导率和磁导率、屏蔽体的结构、与源的距离、场的性质（电场或磁场）及所考虑的频率等因素有关。

从屏蔽机理来分析，对于单层的屏蔽体，完成屏蔽效果有以下三种不同的作用：

1）在空间传播的电磁波到达屏蔽体表面（图6-15中边界1）时，由于空气-屏蔽体表面阻抗的不连续性，对入射波产生反射作用。这种反射不要求屏蔽材料有足够的厚度，只要求边界的阻抗不连续。这部分衰减以 R 表示。

2）未被表面反射而进入屏蔽体内的能量，在其内传播时，被屏蔽材料所衰减（吸收）。此种衰减除了与材料的特性有关外，还与材料的厚度有关。

3）在屏蔽体内尚未衰减掉的剩余能量，传到材料的另一表面（边界2）时，因屏蔽体金属-空气界面阻抗的不连续而再次产生反射，并重新折回屏蔽体内。这种反射在两界面间可能重复多次。在能量每次到达边界2时总有一部分流向边界2外面的空间，所有这些能量的总和，就形成了存在屏蔽体时的电场强度或磁场强度。

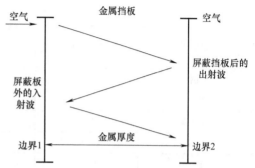

图6-15 在空气中单层金属材料的屏蔽机理

对屏蔽效能有贡献的以上三种作用都以分贝表示，则屏蔽效能可写为

$$dB_{SE_E} = R+A+B \tag{6-13}$$

式中，R 为边界反射引起的衰减；A 为穿过屏蔽材料引起的衰减；B 为多次反射修正项，反映了能量在金属材料内部多次反射对屏蔽效能的贡献。

在近场区，电场与磁场是分别存在的，而且电场的波阻抗是高阻抗，磁场的波阻抗为低阻抗。只有在距离远大于 $\lambda/(2\pi)$ 的远场区，场才以交变电磁场的形式存在。正因为场的特性不同，屏蔽才分为电场屏蔽、磁场屏蔽及交变电磁场屏蔽。

在电场屏蔽中，因为电场为高阻抗场，而屏蔽的金属材料的阻抗通常很低，所以对于电场屏蔽，在空气-金属界面的反射损耗起重要作用。对于电场屏蔽，R 值为

$$R = 362 - 20\lg \left(r\sqrt{\mu_r f^3 / \sigma_r} \right) \tag{6-14}$$

式中，f 为电磁波频率（Hz）；μ_r 为相对磁导率；σ_r 为相对于铜的电导率，铜的电导率为 $5.8 \times 10^7 S/m$；r 为电源与屏蔽表面的距离。

随着频率的提高，R 对屏蔽效能的贡献越来越大。但随着频率的提高，同样的距离 r，近场条件将趋向不满足。随着频率的提高，场进入远场区，此时若距离足够大，交变电磁场成为平面波，此时 R 值为

$$R = 168 - 10\lg \left(\mu_r f \sigma_r \right) \tag{6-15}$$

由式（6-15）不难看出，R 与距离无关，因为对于一个点源，只有当距离与波长相比很大时，才可形成平面波，于是距离的因子不再有意义。

在此，用统一的波的概念去解释电场屏蔽，在有些资料中是用电路的概念去解释的。

对于磁场屏蔽，由于在近场区磁场为低阻抗场，在空气-金属界面的反射损耗对屏蔽效能的贡献很小。对于磁场屏蔽，式（6-13）中的 A 项起着主要作用。由于只有在电磁波穿过空气-金属界面时才出现吸收损耗，A 值与能量的性质（电场或磁场）无关，一律由

式（6-16）决定：

$$A = 0.1314d\sqrt{\mu_r f \sigma_r} \tag{6-16}$$

式中，d 为屏蔽材料的厚度。

不同材料的吸收损耗差别很大，表 6-2 列出了一些常用屏蔽材料每毫米的吸收损耗。

表 6-2　不同材料的吸收损耗

材料	相对电导率 σ_r	相对磁导率 μ_r	吸收损耗/(dB/mm)	
			150kHz	50Hz
黄铜	0.26	1	26	0.47
铝	0.61	1	40	0.73
冷轧纯铜	0.97	1	50	0.92
不锈钢	0.02	1000	220	4.2
铁	0.17	1000	650	12
坡莫合金	0.03	80000	2500	45
高磁导率镍钢	0.06	80000	3500	64

由表 6-2 可知，铁磁材料由于 μ_r 较大，吸收损耗大，有利于磁场屏蔽。由于吸收损耗正比于频率的二次方，当频率低时，吸收损耗也相应降低，因此工频（50Hz，属于低频）磁场屏蔽是很困难的，不但需要好的材料，而且厚度也应足够。在计算表 6-2 时，对于铁磁材料认为 μ_r 是不随频率改变的，在 150kHz 以下，这一假设带来的误差不大，但当频率升高时，应考虑随频率的升高，μ_r 可能会下降。

在电磁屏蔽中，对交变电磁场（远场、平面波）的屏蔽，则应考虑 R、A、B 的全部内容，综合考虑下列内容：

1）考虑到对于远场条件电场与磁场是互相依存的，所以只要对两者之一进行屏蔽，另一个也将不复存在。一般情况下，采用非铁磁材料屏蔽电场。

2）对于平面波，当频率升高时，反射损耗的值随频率的变化远比近场的电磁屏蔽有效。因此交变电磁场屏蔽经常依靠界面的反射，而吸收损耗所起的作用很小，故而可以采用较薄的材料。

3）考虑式（6-13）中的多次反射修正项 B 时，若屏蔽材料很薄，则由于在材料内部的各次反射的相位很接近，能量有可能相互叠加，使得多次反射修正项变为负值，起到了抵消空气-金属界面的反射损耗 R 的作用，从而使总屏蔽效果有所降低。当屏蔽层厚度小于 $\lambda/4$ 时，屏蔽效果几乎与频率无关；而当厚度大于 $\lambda/4$ 时，由于 B 由负值趋向于 0，屏蔽效果将随频率的升高而增加，从而成为频率的函数。

以上只是讲述了屏蔽的基本原理，对于工程应用，还必须考虑接缝、孔洞、电缆的屏蔽及插接件的屏蔽等。

2. 滤波

滤波是在频域处理电磁兼容问题的手段，通过滤波可以抑制传导电磁干扰。完成滤波作用的部件称为滤波器。

滤波器按其处理信号的类别，可以分为信号选择滤波器与电磁干扰（抑制）滤波器两大类。信号选择滤波器的主要作用是选出所需频率（或所需频率范围）的信号。例如，在一般接收机和测量接收机内的高频放大级或中频放大级中就有许多信号选择滤波器。这里主要介绍电磁干扰（抑制）滤波器。按使用场合，常见的有电源线滤波器、电话线滤波器、信号线滤波器、控制线滤波器、数据线滤波器等。这些滤波器都是低通滤波器，对应滤波器的名称，就是需要在该类滤

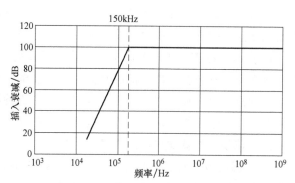

图 6-16 电源滤波器的频率特性曲线

波器内通过的有用频率成分，而高过这些频率的成分，则属于滤波器的阻带。一个电源滤波器的频率特性曲线如图 6-16 所示。由图 6-16 可知，对于 50Hz 的电源频率，其衰减很小，而对于高过 150kHz 的各种频率成分的电磁干扰，可以提供高达 100dB 以上的衰减。将这种滤波器串接在电源电路中，可以有效抑制由公共电网系统传来的各种传导干扰。

电磁干扰滤波器最主要的指标包括以下 5 部分：

（1）**频率特性** 频率特性反映了滤波器随频率改变时其插入损耗的变化。对于通带，其插入损耗应很小；对于阻带，其插入损耗很大。插入损耗 L 的定义为

$$L = 20\lg \frac{E_2}{E_1} \tag{6-17}$$

式中，L 为插入损耗（dB）；E_1 为不接滤波器时，信号源在负载电阻上建立的电压（V）；E_2 为信号源通过滤波器在负载电阻上建立的电压（V）。

从频率特性也可以看到通带与阻带间过渡段的频率特性曲线的斜率。要求的曲线越陡，则滤波器越复杂，成本也越高。

应用场合不同，通带的最高频率也不同。如电源滤波器，主要通过工频（50Hz、60Hz 或 400Hz），信号线滤波器、控制线滤波器、数据线滤波器则需根据所需传送的信号频带判定。当需要传送的频率上限较高时，往往高过所希望滤除的电磁干扰的最低频率，即要求的通带与阻带交叉。这种情况使用滤波器就不可能实现，而必须采取其他措施，如采用光电隔离器等。

（2）**阻抗** 理论上讲，滤波器插入信号源与负载之间，输入阻抗应与信号源匹配，输出阻抗应与负载匹配。但由于滤波器的工作频段（包括阻带与通带）很宽，如用于电磁屏蔽室的电源滤波器阻带的频段就要求从 10kHz 至十几 GHz，通带主要是 50Hz。在这样宽的频率范围内保证输入、输出端有良好阻抗匹配是很难的，并且信号源本身（如电源滤波器的源就是公共电网）的阻抗也变化很大，做到匹配更困难。于是就出现了以下问题：测量频率特性曲线时总需要规定一个固定的源阻抗与负载阻抗，而使用时的阻抗又很难与测试特性时的阻抗一致。这可能会导致工作时的频率特性曲线与实验室的测量结果有差异。

有一类电磁干扰滤波器被故意设计成在阻带频带范围内阻抗严重不匹配，从而通过反射达到阻带的高插入损耗，此种滤波器称为反射滤波器。

（3）**额定电压** 滤波器的额定电压必须足够高，以保证在所有的预期条件下都能够可

靠地工作。因为当外加电压超过额定电压时，滤波器内的电容器或电阻可能被击穿或烧毁。额定电压这项指标对于电源滤波器或输入信号中带有脉冲时尤为重要。

（4）**额定电流** 额定电流是指在连续运用时，不破坏滤波器中的电阻和电感性能的最大容许电流，它与滤波器内部的开关、熔丝、电感线圈导线的载流量、工作温度等有关。但更应该注意的是，如果滤波器中的电感采用了磁性材料，则所设计的安匝数应保证不将磁性材料的工作点推至饱和区。因为一旦进入饱和区，电感量会变小，将影响整个滤波特性，严重时还可能使滤波器输出波形失真。

（5）**漏电流** 对于电源滤波器，当负载开路时，输入端相线对地线之间的电流称为滤波器的漏电流。这一电流是由于该滤波器的相线与地线之间接有电容器以便滤除共模干扰而引起的。有时该电容器的容量过大，使得对于电压为220V、频率为50Hz的电源的漏电流可高达几安。但多个工作在同一电压、频率下的微小漏电流滤波器，可以将漏电流控制在2mA左右。漏电流的缺点是，如果在电源电路中滤波器前接有漏电流保护器，则滤波器的漏电流足以使保护器动作。此外，漏电流是容性的，如果大批高漏电流滤波器同时安装在同一电网上，则会使功率因数下降。对于同一滤波器，漏电流的大小正比于输入端工作电压。

6.4 电动汽车的电气安全技术

在电动汽车中，高压电气系统的工作电压可以达到300V以上，较高的工作电压对电气系统与车辆底盘之间的绝缘性能提出了更高的要求。高压电缆线绝缘介质老化或受潮湿环境影响等都会导致高压电路和车辆底盘之间的绝缘性能下降，电源正负极引线将通过绝缘层和底盘构成漏电流回路，使底盘电位上升，这不仅会危及乘员的人身安全，还将影响低压电气设备和车辆控制器的正常工作。当高压电路和底盘之间发生多点绝缘性能严重下降时，还会导致漏电回路的热积累效应，可能造成车辆的电气火灾。因此，高压电气系统相对车辆底盘的电气绝缘性能的实时检测是电动汽车电气安全技术的核心内容，对乘员安全、电气设备正常工作和车辆安全运行具有重要的意义。

6.4.1 电气绝缘检测的一般方法

对于封闭回路的高压直流电气系统，其绝缘性能通常用电气系统中电源对地漏电流的大小来表征，现在普遍使用两种漏电流检测方法，即辅助电源法和电流传感法。

1. 辅助电源法

在某些电力机车采用的漏电监测器中，使用一个直流110V的检测用辅助蓄电池，蓄电池正极与待测高压直流电源的负极相连，蓄电池负极与机车机壳实现一点连接。在待测系统绝缘性能良好的情况下，蓄电池没有电流回路，漏电流为零；在电源电缆绝缘层老化或环境潮湿等情况下，蓄电池通过电缆线绝缘层形成闭合回路，产生漏电流，监测器根据漏电流的大小进行报警，并关断待测系统的电源。这种检测方法不仅需要直流110V的辅助电源，增加了系统结构的复杂程度，而且难以区分绝缘故障是来自电源的正极引线电缆还是负极引线电缆。

2. 电流传感法

采用霍尔式电流传感器检测是对高压直流系统进行漏电检测的另一种方法。将待检测系统中电源的正极和负极同时同方向穿过电流传感器，当没有漏电流时，从电源正极流出的电流等于返回到电源负极的电流，因此，穿过电流传感器的总电流为零，电流传感器输出电压为零；当发生漏电现象时，电流传感器输出电压不为零。根据该电压的正负，可以进一步判断漏电流的来源是电源正极引线电缆还是负极引线电缆。但是，应用这种检测方法的前提是待测电源必须处于工作状态，需有工作电流的流出和流入，它无法在电源空载状态下评价电源的对地绝缘性能。

在目前的一些电动汽车研发产品中，采用母线电压在"直流正极母线-底盘"和"直流负极母线-底盘"之间的分压来表征直流母线相对于车辆底盘的绝缘程度。但是，这种电压分压法只能表征直流正、负极母线对底盘的相对绝缘程度，无法判别直流正、负极母线对底盘绝缘性能同步降低的情况，而且对直流正、负极母线对底盘绝缘电阻差异较大的情况会出现绝缘性能下降的误判断。严格地说，对于电动汽车，只有定量地分别检测直流正极母线和负极母线对底盘的绝缘性能，才能保证电动汽车的电气安全性。

6.4.2　电动汽车电气绝缘性的描述

电动汽车的电气设备直接安装在车辆底盘上，每个电气设备都有独立的电流回路，与底盘之间没有直接的电气连接。整个高压系统是与底盘绝缘、封闭的电气系统。

绝缘体是相对导电体而言的，在直流电源系统中，定量描述一种介质绝缘性能和导电性能的物理量是电阻。导体的电阻小，绝缘体的电阻大，绝缘体电阻的大小表征了其绝缘性能。电阻越大，绝缘性能越好，反之亦然，称该电阻为绝缘电阻。在电动汽车的高压电气系统中，分别利用电源的正极引线电缆和负极引线电缆对底盘的绝缘电阻来反映电气系统的绝缘性能。

6.4.3　绝缘电阻检测原理

为了检测上述绝缘电阻，直接将车载高压电源作为检测电源。在电源正、负极和车辆底盘之间建立了桥式阻抗网络，如图6-17所示。其中，A 点与电源正极相连，B 点与电源负极相连，O 点与车辆底盘相连。U_o 为高压电源的输出电压，R_{g1}、R_{g2} 分别为高压电源正、负极引线对底盘的绝缘电阻，R 为限流电阻，取 $R = 51\mathrm{k}\Omega$。VT_1、VT_2 为电子控制的开关管，通过控制 VT_1 和 VT_2 的导通与关断，改变 A 点和 B 点之间的等效电阻和电源的输出电流 I，根据 U_o、I 和等效电阻之间的关系，计算出 R_{g1} 和 R_{g2}。

相对于电压 U_o 而言，开关管 VT_1 和 VT_2 的导通电压很小，可以忽略不计。在电动汽车运行过程中，电压 U_o 不是恒定不变的，其读数需要和电流 I 同时采集。

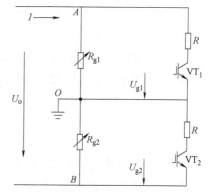

图 6-17　桥式阻抗网络电路

当 VT_1 导通、VT_2 关断时，桥式阻抗网络的等效形式为 R_{g1} 与 R 并联后与 R_{g2} 串联，这时，电源电压为 U_{o1}、电流为 I_1，即

$$U_{o1} = I_1 \left(R_{g2} + \frac{R_{g1}R}{R_{g1}+R} \right) \qquad (6\text{-}18)$$

当 VT_2 导通、VT_1 关断时，桥式阻抗网络的等效形式为 R_{g2} 与 R 并联后与 R_{g1} 串联，这时，电源电压为 U_{o2}、电流为 I_2，即

$$U_{o2} = I_2 \left(R_{g1} + \frac{R_{g2}R}{R_{g2}+R} \right) \qquad (6\text{-}19)$$

当高压电源正、负极引线对底盘的绝缘性能较好，满足 $R_{g1}>10R$、$R_{g2}>10R$ 时，可以做以下近似处理：

$$\frac{R_{g1}R}{R_{g1}+R} \approx R \qquad (6\text{-}20)$$

$$\frac{R_{g2}R}{R_{g2}+R} \approx R \qquad (6\text{-}21)$$

再综合式（6-18）和式（6-19）得到

$$R_{g1} = \frac{U_{o2}}{I_2} - R \qquad (6\text{-}22)$$

$$R_{g2} = \frac{U_{o1}}{I_1} - R \qquad (6\text{-}23)$$

如果 VT_1 和 VT_2 同时关断，电流 $I>2mA$，则说明绝缘电阻 R_{g1}、R_{g2} 之和小于 $250k\Omega$，电源的正、负极引线电缆对底盘的绝缘性能均不好，检测系统不再单独检测 R_{g1} 和 R_{g2}，立即发出报警信号。

在待测电源输出端建立阻抗网络是电动汽车电气绝缘性能检测的新方法，其电路结构简单，能够分别定量检测电源正、负极对车辆底盘的绝缘性能。

思　考　题

1. 分析电动汽车低压电气系统的工作原理。
2. 简述升压和降压电源变换器的基本组成与工作原理。
3. 画出双向电源变换器的原理图并分析其工作原理。
4. 简述减小电磁干扰的主要措施。

实　践　题

1. 高压电气系统主要进行哪几个方面的安全设计？
2. 简述动力蓄电池包对地绝缘检测方法。

第7章

电动汽车应用与管理

7.1 电动汽车性能及评价指标

电动汽车在驱动方式、动力系统布置等方面与传统汽车有明显区别，其动力系统由驱动电机、动力蓄电池组和传动系统等部分构成。从实际使用角度出发，也可以用传统汽车动力性能评价指标（如最高车速、加速性能和最大爬坡度等）评价电动汽车的性能。此外，电动汽车也存在续驶里程、动力蓄电池系统安全性等特有的性能指标。下面将着重介绍电动汽车的使用性能指标，同时对操纵稳定性、通过性等车辆通用指标参数做简要介绍。

7.1.1 行驶工况

世界上多个国家以标准、指令和法规等形式提出了不同车型在各种应用条件下的标准行驶工况。世界范围内车辆排放测试用行驶工况主要分成三类，分别为美国行驶工况（US-DC）、欧洲行驶工况（EDC）和日本行驶工况（JDC），其中又以美国 FTP72 为代表的瞬态工况和以欧洲 NEDC 为代表的模态工况使用最广泛。

1. 美国行驶工况

美国行驶工况种类繁多、用途各异，大致包括认证用（FTP 系）、研究用（WVU 系）和短工况（I/M 系）三大体系。广为熟知的行驶工况有联邦测试程序（FTP75）、洛杉矶工况（LA92）和负荷模拟工况（IM240）等。

1972 年，美国国家环境保护局（EPA）经过调查研究，从一条具有代表性的汽车上下班路线上解析出车辆的速度-时间曲线，并用作认证车辆排放的测试程序（简称 FTP72，又称 UDDS）。FTP72 由冷态过渡工况（0 ~ 505s）和稳态工况（506 ~ 1370s）两部分构成。1975 年，在 FTP72 的基础上增加了 600s 热浸车和热态过渡工况（即重复冷态过渡工况），构成了包含四个阶段的 FTP75 工况，持续时间为 2475s，同时可用于车辆热起动排放的测试。图 7-1 所示为美国 UDDS 行驶工况。除此之外，还有 SFTP、LA92、ARBO2、HLO7、REPO5 及 REMO1 等几种适用于乘用车和轻型载货汽车测试的典型工况。

近年来，重型车辆的行驶工况研究有向瞬态工况方向靠拢的趋势。其中，用作测试重型车燃油经济性的操作规程（SAE J1376）已经推出，CBD14 成为商业中心区域车辆测试工况，市内测功机测试工况（UDDSHDV）主要用于模拟重型汽油机汽车在市内区域的行驶工况和用于燃油蒸发排放测试，纽约城市工况（NYCC）则代表了大型车辆在市内区域道路的行驶工况。

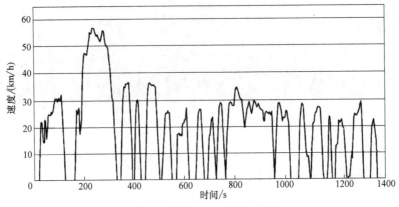

图 7-1　美国 UDDS 行驶工况

2. 欧洲行驶工况

用于在底盘测功机上认证轻型车排放的欧洲行驶工况，在欧洲又称为 MVEG-A，现已发展成为新 EDC（NEDC），其持续时间为 1180s，平均速度为 32.1km/h，最大加速度为 1.06m/s^2，如图 7-2 所示。NEDC 包括市内（ECE15）、市郊（EUDC）或市郊低功率工况（EUDCL），其局部行驶速度是恒定的，是一种模态工况。

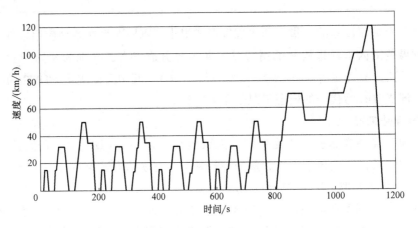

图 7-2　欧洲 NEDC 行驶工况

3. 日本行驶工况

日本行驶工况同样属于模态工况。20 世纪 70 年代以前，日本模拟市内行驶工况所采用的是 10 工况（10-mode），而 1976 年以后则采用了 11 工况，行驶里程共 4.08km，平均速度为 30.6km/h。1991 年 11 月，改用 10-15 工况，它由三个 10 工况和一个 15 工况构成。虽然 10-15 工况并未被国际公认，但行驶工况的相关研究在日本仍得到持续和深入的开展。2011 年，JCO8 工况替代 10-15 工况成为日本排放测试采用的标准循环工况。如图 7-3 所示，JCO8 循环工况是瞬态工况，分为城区、中心城区和高速道路三个部分，反映了车辆在拥挤的城市交通状况下的行驶情况，持续时间为 1204s，行驶里程为 8.171km，平均车速为 24.4km/h，最高车速达 81.6km/h。

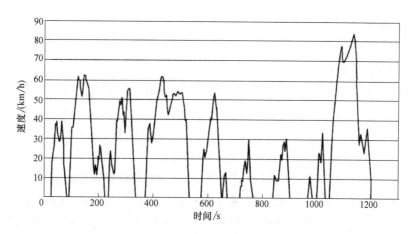

图 7-3 日本 JC08 行驶工况

4. 中国行驶工况

长期以来，我国直接采用欧洲的行驶工况，实施汽车产品排放和油耗认证，有效地促进了汽车节能减排和相关技术的发展。随着我国汽车保有量的快速增长，道路交通状况发生了很大变化，车辆实际行驶平均车速、油耗、排放与实验室认证结果差距很大。行驶工况作为车辆开发、评价的最基础的依据，对其开展深入研究，制定符合我国实际道路行驶状况的测试循环工况显得越来越重要。2015 年，工业和信息化部下达了"中国工况"研究任务，委托中国汽车技术研究中心牵头，组织行业单位等共同参与，展开为期三年的深入研究。"中国工况"项目利用 CAN+GPRS（通用分组无线业务）技术实现了 5048 辆车（含乘用车、轻型商用车和各类重型商用车）大规模驾驶数据的实时、同步采集，累计采集了 5539 万 km 的车辆行驶数据。在此基础上形成了全球范围内规模最大的工况开发数据库，并构建了 8 条高度契合我国交通实际运行情况的轻重型车中国工况曲线（2 条轻型车和 6 条重型商用车的工况曲线），如图 7-4 所示。

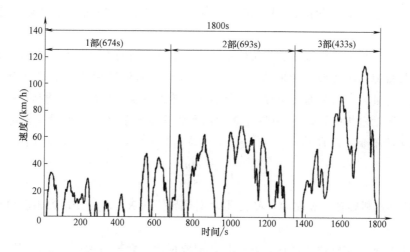

图 7-4 中国乘用车汽车行驶工况

7.1.2 动力性及其评价指标

1. 驱动力与行驶阻力

电动汽车行驶时，动力蓄电池系统将电能输送至驱动电机系统，驱动电机系统的输出功率用于平衡电动汽车机械装置的内阻力及由行驶条件决定的外阻力所消耗的功率。通常用汽车内机械装置的效率表示其内阻力的影响，用汽车行驶阻力来表示其外阻力。从电动汽车行驶时的受力状况出发，建立行驶方程式，这是分析电动汽车行驶性能的基础。

(1) 驱动力 电动汽车驱动电机输出转矩为 M，经过减速齿轮传到驱动轴上的转矩为 M_t，使驱动轮对地面产生作用力 F_0，同时地面对驱动轮产生反作用力 F_t。F_t 与 F_0 大小相等，方向相反。F_t 的方向与驱动轮前进方向一致，是推动汽车前进的外力，定义为电动汽车的驱动力。有

$$M_t = M i_g i_0 \eta$$
$$F_t = \frac{M_t}{r} = \frac{M i_g i_0 \eta}{r} \tag{7-1}$$

式中，F_t 为驱动力（N）；M 为驱动电机的传输转矩（N·m）；i_g 为齿轮减速器或者变速器的传动比；i_0 为主减速器的传动比；η 为电动汽车的机械传动效率；r 为驱动轮的半径（m）。

电动汽车机械传动装置包括与驱动电机输出轴有运动学联系的齿轮变速器、传动轴及主减速器等机械装置。机械传动链中的功率损失主要包括齿轮啮合处的摩擦损失、轴承中的摩擦损失、旋转零件与密封装置间的摩擦损失及搅动润滑油的损失等。由于影响因素较复杂，单独计算各功率损失比较困难。为了简化计算，将各项损失等效合并至齿轮啮合损失内。对于一般机械传动装置效率，可按式（7-2）计算：

$$\eta = \eta_y^n \eta_z^m \tag{7-2}$$

式中，η_y 为圆柱齿轮副的效率，$\eta_y = 0.97 \sim 0.98$；η_z 为锥齿轮副的效率，$\eta_z = 0.96 \sim 0.97$；n 为传递转矩时处于啮合状态的圆柱齿轮副数；m 为传递转矩时处于啮合状态的锥齿轮副数。

对于采用行星轮系或行星排的机械传动装置，其效率计算方法则较为复杂，在此不予讨论。单排行星减速器的效率一般取值为 $0.97 \sim 0.98$，万向传动轴的效率取值为 0.98。汽车在各种工况下行驶时，所需的转矩和功率是行驶速度的函数，取决于不同车速行驶时所遇到的行驶阻力。驱动电机的转矩-转速特性必须满足汽车的行驶需要。假设驱动电机在不同转速时的功率保持不变，则有

$$P_M = \frac{Mn}{9549} \tag{7-3}$$

式中，n 为驱动电机转速（r/min）；M 为驱动电机转矩（N·m）；P_M 为驱动电机的输出功率（kW）。

在驱动电机的工作转速范围内，转矩与转速成反比，转矩特性是一条在第一象限内的双曲线。转速低时转矩大，转速高时转矩小，这种特性比较接近汽车的行驶工况。但各类驱动

电机的转矩特性与这种理想的特性是有区别的。

（2）行驶阻力　电动汽车在上坡加速行驶时，作用于电动汽车上的阻力与驱动力保持平衡，可建立如下的汽车行驶方程式：

$$F_t = F_f + F_w + F_i + F_j \tag{7-4}$$

式中，F_t 为驱动力；F_f 为行驶时的滚动阻力；F_w 为行驶时的空气阻力；F_i 为行驶时的坡道阻力；F_j 为行驶时的加速阻力。

1）滚动阻力。电动汽车在硬路面上行驶时，由于橡胶轮胎的弹性迟滞形成的能量损失，相当于汽车车轮在前进方向上的阻力消耗了汽车的能量。将这个阻力定义为汽车行驶的滚动阻力 F_f，通常它与车轮上的法向载荷成正比，即

$$F_f = fG\cos\alpha \tag{7-5}$$

式中，G 为汽车所受的总重力（N）；α 为汽车在坡道上行驶时道路的坡度角；f 为滚动阻力系数。

滚动阻力系数 f 的数值由试验确定，影响滚动阻力系数的因素很复杂。通常滚动阻力系数与路面的种类、行驶车速和轮胎的材料、构造、气压等因素有关。为了降低滚动阻力系数，可采用低弹性迟滞橡胶、薄胎面、高压子午线轮胎。

2）空气阻力。根据空气动力学原理，汽车在行驶过程中受到的空气作用力在行驶方向上的分力称为空气阻力。空气阻力通常与气流相对速度的动压力成正比。空气阻力可以表示为

$$F_w = \frac{C_D A v_a^2}{21.15} \tag{7-6}$$

式中，C_D 为空气阻力系数；v_a 为汽车行驶速度（km/h）；A 为汽车迎风面积（m^2）。

降低空气阻力的主要途径是降低空气阻力系数 C_D 的值。空气阻力系数与汽车表面的结构形状有关，由风洞试验确定。通常，轿车的 $C_D = 0.3 \sim 0.46$，货车的 $C_D = 0.6 \sim 0.7$，客车的 $C_D = 0.6 \sim 0.70$。

3）坡道阻力。汽车上坡行驶时，除需要克服滚动阻力与空气阻力外，还需克服坡道阻力。汽车的重力沿上坡路面的分力阻止汽车前进，此力称为坡道阻力，有

$$F_i = G\sin\alpha \tag{7-7}$$

式中，G 为汽车所受的总重力（N）；α 为汽车在坡道上行驶时道路的坡度角。

道路的坡度角除了用角度表示外，道路工程上还常以坡度 i 表示，其定义为坡度角的正切值，即

$$i = \tan\alpha \tag{7-8}$$

一般路面的坡度角很小，可以近似地认为

$$F_i = Gi \tag{7-9}$$

4）加速阻力。设两个物体的质量均为 m，其中一个物体在运动时有一部分质量可以旋转，并与该物体有一定的运动学联系，另一个物体没有旋转质量。以相同的力作用于两个物体时，两个物体所得到的加速度是不相等的，而且前者的加速度小于后者。这是由于物体受力的作用做加速运动时，有旋转质量的那一部分除随该物体做平移加速外，还将产生旋转加

速度。因此，旋转质量加速旋转形成附加惯性负荷，表现为对该物体整体的阻力。对于有旋转质量的物体，其加速度比没有旋转质量的物体的加速度要小一些。可以设想有旋转质量的物体，其质量比无旋转质量的物体增加 δ 倍，δ 称为质量增加系数，或者质量换算系数，用牛顿第二定律表示为

$$F = \delta ma \tag{7-10}$$

式中，m 为汽车质量；a 为汽车行驶加速度。

电动汽车加速行驶时的加速阻力则可以表示为

$$F_j = \frac{\delta G}{g} \frac{dv}{dt} \tag{7-11}$$

式中，g 为重力加速度；v 为汽车行驶速度。

电动汽车的质量换算系数通常由试验确定，由于电动汽车没有内燃机和飞轮，其质量换算系数会相对小一些。

(3) 驱动力与行驶阻力的平衡 电动汽车行驶过程中，其驱动力与行驶阻力始终保持平衡。结合式（7-1）、式（7-4）~式（7-7）和式（7-11），可将这种平衡关系表达为

$$\frac{Mi_g i_0 \eta}{r} = fG\cos\alpha + \frac{C_D A v_a^2}{21.15} + G\sin\alpha + \frac{\delta G}{g} \frac{dv}{dt} \tag{7-12}$$

根据式（7-12），可以利用行驶方程式通过解析法或者图解法分析电动汽车的动力性能。

绘制给定电动汽车的驱动力和行驶阻力平衡图时，已知条件包括驱动电机输出的转矩特性、汽车的总质量、减速器与主减速器的传动比、传动效率、车轮半径、汽车空气阻力系数和汽车迎风面积。利用式（7-1）即可计算车轮上的驱动力，车速可根据式（7-13）利用驱动电机的转速推算，即

$$v_a = 0.377 \frac{nr}{i_d i_0} \tag{7-13}$$

式中，i_d 为减速器或者变速器的传动比；i_0 为主减速器的传动比；n 为驱动电机转速（r/min）；r 为驱动轮的半径（m）。

利用上述计算结果，即可画出驱动力图。

电动汽车在水平道路上等速行驶时，由式（7-4）得

$$F_t = F_f + F_w \tag{7-14}$$

将不同车速下的滚动阻力和空气阻力相加画在驱动力图上，如图 7-5 所示。图 7-5 中，曲线后标有坡度的为 $F_f + F_w$ 曲线，其他为 F_t 曲线。由 F_t 曲线与 $F_f + F_w$ 曲线的交点即可求出电动汽车的最高车速。特别要注意该交点是处于驱动电机的连续工作区还是瞬时工作区，电动汽车的最高车速只有处于驱动电机的连续工作区才有意义。

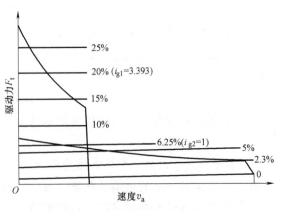

图 7-5 驱动力-行驶阻力平衡图

令

$$F_{fw} = F_f + F_w \qquad (7-15)$$

将式（7-4）改写为

$$F_i + F_j = F_t - F_{fw} \qquad (7-16)$$

汽车在坡道上以速度 v_a 等速行驶，$F_j = 0$，则

$$i = \frac{F_t - F_{fw}}{G} \qquad (7-17)$$

由式（7-17）可求出电动汽车以速度 v 等速爬坡行驶时的坡度 i。当速度 $v_a = v_{amin}$（爬坡最小车速）时，此时可求得电动汽车的最大爬坡度 i_{max}。注意此处应该取短时间工作的转矩曲线对应的 F_t。

当汽车在平直的良好硬路面上加速行驶时，$F_i = 0$，有

$$F_j = F_t - F_{fw} \qquad (7-18)$$

$$\frac{dv}{dt} = \frac{g}{\delta G}(F_t - F_{fw}) \qquad (7-19)$$

利用式（7-19），再经过一些数学处理，可由计算机编程计算汽车的加速性能。

2. 功率平衡

在电动汽车行驶时，驱动电机传递至驱动轮的输出功率 P_M 与等效到驱动轮的阻力功率 P_f 始终保持平衡，有

$$P_M = \frac{1}{\eta}\left(\frac{Gfv_a}{3600} + \frac{C_D A v_a^3}{76140} + \frac{Giv_a}{3600} + \frac{\delta G v_a^3}{3600g}\frac{dv}{dt}\right) \qquad (7-20)$$

式中，P_M 为驱动电机的输出功率（kW）；η 为电动汽车的机械传动效率；G 为汽车的总重量（N）；f 为滚动阻力系数；v_a 为汽车行驶速度（km/h）；C_D 为空气阻力系数；A 为迎风面积（m^2）；i 为坡度；δ 为质量增加系数；g 为重力加速度（m/s^2）。

用曲线图表示上述功率关系，将驱动电机的输出功率、汽车经常遇到的阻力功率 $\frac{1}{\eta}\left(\frac{Gfv_a}{3600} + \frac{C_D A v_a^3}{76140}\right)$ 与车速的关系归置在直角坐标系中，得到电动汽车功率平衡图，如图 7-6 所示。

由图 7-6 中阻力功率与连续工作的驱动电机输出功率曲线的交点求出电动汽车的最高车速为 v_{amax}。在平直的良好路面上加速行驶时 $i = 0$，车速为 v_a 时的加速度为

$$\frac{dv}{dt} = \frac{3600g\eta}{\delta G v_a}\left[P_M - \frac{1}{\eta}\left(\frac{Gfv_a}{3600} + \frac{C_D A v_a^3}{76140}\right)\right] \qquad (7-21)$$

汽车等速上坡行驶时，加速度 $\frac{dv}{dt} = 0$，车速为 v_a 时的爬坡坡度为

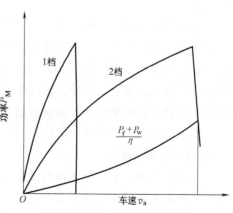

图 7-6　电动汽车功率平衡图

$$i = \frac{3600\eta}{Gv_a}\left[P_M - \frac{1}{\eta}\left(\frac{Gfv_a}{3600} + \frac{C_D A v_a^3}{76140}\right)\right] \quad\quad (7\text{-}22)$$

应当指出，利用功率平衡图求最高车速时，应取连续功率曲线上的点求取加速度；求最大爬坡度时，则可取持续 1~5min 工作的功率曲线上的点。

3. 动力性影响因素

通过前面的分析，对于由电机驱动的电动汽车来说，影响汽车动力性的主要因素包括以下几方面：

（1）驱动电机特性 驱动电机的最大功率、最大输出转矩及其调速性能是决定电动汽车动力性的主要因素。在地面附着条件允许的前提下，驱动电机的功率和转矩越大，汽车动力性就越好。但过大的电机功率会造成更高的成本及更大的车载质量与体积，而电动汽车的车载能源是有限的，应设法充分发挥驱动电机已有的技术优势，使得电机具有较大的起动转矩和较强的短时过载能力。

（2）车载能源 根据电动汽车的类型不同，其车载能源可以是动力蓄电池、超级电容、飞轮储能器及燃料电池等。对于提高汽车动力性来说，主要要求有较大的功率密度，即能瞬时提供大电流、大功率给驱动电机。因此为提高动力性，可采用功率密度大的超级电容或飞轮储能器与一般功率密度较小而能量密度较大的蓄电池组合构成复合电源系统。

（3）汽车结构参数 传动效率直接影响汽车的动力性，传动效率越高，传动功率损失越小，电机传至驱动轮的有效功率越大，汽车的动力性就越好。因此可在充分发挥电驱动技术优势的同时，采用适当的传动比增大电机输出转矩，并通过改善机械传动的润滑条件提高其传动效率。空气阻力的大小与车速的二次方成正比，可见对高速行驶的汽车来说，空气阻力对动力性的影响是非常显著的。而汽车的滚动阻力、坡道阻力和加速阻力都与车载质量成正比，因此车载质量对动力性的影响也很大。现代汽车多采用轻金属材料和非金属材料来减轻汽车自重以提高其动力性。汽车驱动力与车轮半径成反比，而行驶车速与车轮半径成正比，可见轮胎的尺寸与结构对汽车的动力性也有影响。对于一般结构的汽车来说，轮胎半径的减小有利于降低汽车的质心高度；而采用轮毂电机驱动时，由于去掉了机械差速器和贯穿于车轴的左、右半轴，轮胎半径与汽车质心高度及影响汽车通过性的最小离地间隙几乎无关，而轮胎半径的增大有利于增大电机的安装体积。因此，可按需求通过多方面的权衡来确定各参数。

（4）汽车使用条件 汽车使用条件主要是指道路条件和气候条件等。道路的附着系数越大、滚动阻力系数越小、弯道越少，汽车的动力性就越好。如在恶劣路况下，路面与轮胎间的附着系数减小，会使汽车动力性变差。风、雨、雪、高温、严寒等气候条件对汽车的动力性也有非常大的影响。另外，对汽车进行正确的维护保养和合理调整也有利于提高汽车的动力性。现代电动汽车应尽可能通过微机智能化控制来充分发挥电驱动技术的优势及其各项有利因素，降低对人工技能的依赖性。

4. 动力性评价指标

从获得尽可能高的车辆平均行驶速度的角度出发，汽车的动力性指标可以由最高车速、加速时间和最大爬坡度构成。

（1）最高车速 最高车速与试验条件（如路面、载荷等）有关。在我国，最高车速是指汽车在风速不大于3m/s的条件下，在干燥、清洁、平直的良好路面（混凝土或沥青）上满载行驶所能达到的最高行驶速度（km/h）。

（2）加速时间　车辆加速能力常用加速时间来表示。汽车加速时间是指汽车在风速不大于3m/s的条件下，在干燥、清洁、平直的良好路面上满载时由某一低速加速到某一高速所需的时间（s）。常用原地起步加速时间和超车加速时间来表示车辆的加速能力。

原地起步加速时间是指车辆由1档或2档起步，并以最大的加速强度（包括选择适当的换档时机）逐步换档至最高档后达到某一高速所需的时间。常用0~100km/h的时间（s）来表明车辆的原地起步加速能力。

超车加速时间是指用最高档或次高档由某一较低车速全力加速至某一较高车速所需的时间。对于超车加速能力，尚无一致的规定，一般采用最高档或次高档由30km/h或40km/h全力加速至某一较高车速所需的时间表示。

（3）最大爬坡度　车辆的爬坡能力是用满载时车辆在良好路面上行驶的最大坡度表示的。汽车的类型不同，对其爬坡度的要求也不同。货车会在各种路面上行驶，故要求其具有较高的爬坡能力。一般货车的最大爬坡度在30%左右。轿车通常在较好的路面上行驶，故一般不强调其爬坡能力。车辆最大爬坡度对在山区行驶车辆的平均行驶速度有很大的影响。

7.1.3　安全性及其评价指标

汽车的安全性是用户安全使用车辆的重要保障，目前一般通过对汽车进行一系列的碰撞试验，即使汽车以一定的速度撞向事先设置的障碍物，测量并记录相关的数据，然后根据各种测试数据来判断车辆的安全性，最终为车辆的安全性能评出分数等级。电动汽车作为近年来快速发展的汽车产品，要完全取代传统燃油汽车，除需考虑续驶里程和动力性等因素外，其自身的安全性也尤为重要。与传统燃油汽车相比，电动汽车由于装备了大容量的动力蓄电池组，对其安全性的要求更高，除了碰撞安全性、制动安全性等指标以外，还涉及电池安全、高压安全、电磁兼容性等一系列电动汽车所特有的安全性影响因素。

1. 电池因素

为避免动力蓄电池的热失控，需要根据电池热失控机理及传播原理，通过电池单体热失控安全技术和电池成组热失控安全技术，对可能存在的热失控产生因素及扩展路径进行有针对性的控制和防护。

2. 高压系统因素

为延长续驶里程，使车内具有舒适的温度环境，电动汽车设计时会选用大容量、高电压的动力蓄电池，这就使得电动汽车的高压安全隐患和其造成的高压电伤害程度大于传统燃油汽车。高压电路发生绝缘失效、短路及漏电等情况，将直接危及驾乘人员的生命安全。作为驱动电动汽车行驶的动力源，需要保证具有足够的安全性能。目前，电动汽车电池组的总电压普遍高于100V，纯电动大型客车电池整组电压甚至高达600V，远远高于36V的人体安全电压。电动汽车在行驶过程中的颠簸、振动可能使高压电缆磨损从而造成短路，也可能造成电池组高压放电；车辆起步瞬时会出现极高的电流，高压线缆极可能因发热而引起短路；除此之外，雨天行车也可能造成高压漏电等一系列安全问题。

从2016年开始，工业和信息化部就在积极推动新能源汽车尤其是电动汽车安全标准的制定和修订工作，目前已经完成 GB 18384—2020《电动汽车安全要求》、GB 38031—2020《电动汽车用动力蓄电池安全要求》、GB 38032—2020《电动客车安全要求》等强制性国家标准的制定工作。标准中对电动汽车高压系统的标记、直接接触防护、间接接触防护和防水性能做出了规范要求。此外，防水性能要求指出，车辆应该具备一定的防水性能，车辆在遇水之后应该仍能满足标准中的绝缘电阻要求，标准中同时给出了车辆模拟清洗和模拟涉水的整车防水测试方法。

3. 电磁干扰因素

随着消费者对汽车舒适性、安全性要求的提高和现代电子技术在汽车上的广泛应用，汽车越来越智能化、电子化。所使用的电子元件、电气产品给汽车的使用带来了舒适和便利，但同时其产生的电磁干扰也会在一定程度上影响汽车的安全性。电动汽车与燃油汽车相比，没有燃油汽车的点火系、起动机等，但电子元件、电气产品比燃油汽车多得多，如高频电源、交流电源、强电设备、各类电机、接触开关触点、继电器触点等。

电磁干扰按干扰途径的不同分为传导干扰、感应干扰和辐射干扰三大类。其中，传导干扰通过电路的共用导体传播，如共用电源线和共用搭铁线，任意一个设备的电流变化都会对共用导体的线路中其他设备的电压变化产生干扰；感应干扰是指电感应和磁感应干扰；辐射干扰由天线发射，汽车上通电的导线和电缆被视为等效天线。

电磁干扰按干扰源的频率不同分为低频干扰和高频干扰两类，按干扰源的不同分为车外电磁干扰、车体静电干扰和车内电磁干扰三类，纯电动汽车和燃油汽车都有车外电磁干扰、车体静电干扰、车内电磁干扰。对电动汽车来说，解决电磁兼容问题，抑制电磁干扰是保证车辆安全的重要手段之一。GB/T 18655—2018《车辆、船和内燃机 无线电骚扰特性 用于保护车载接收机的限值和测量方法》明确规定了 150kHz ~ 2500MHz 频率范围内的无线电骚扰限值和试验方法，适用于任何用于车辆、挂车和装置的电子/电气零部件。该标准规定，只有根据车辆限值进行的整车试验才能被用于最终评价零部件的兼容性。

4. 机械制动与电制动联合制动因素

为了提高新能源车辆的经济性，新能源车辆大都具备制动能量回收能力，这就决定了车辆的制动方式是机械制动与电制动联合制动（机-电复合制动）。汽车的制动性是指在行驶时能在短距离内停车且维持行驶方向稳定和在下长坡时能维持一定车速的能力。因此，机-电复合制动应主要满足三个要求，即短距离停车、保证制动行驶方向稳定性及下长坡能维持一定车速。要满足以上要求，必须保证机-电复合制动强度不仅能够满足制动距离的要求，还应做好制动能量回收系统与现有的防抱制动系统（ABS）、电子稳定程序系统（ESP）等汽车电子产品的协调控制，以及在下长坡时能量回收系统的回收功率不能过小。同时，还要考虑能量储存系统的容量大小，在能量储存系统满电情况下，机械制动能够单独工作且满足制动需求。

此外，制动能量回收系统的工作不应受磁场或电场的影响，并且机-电复合制动的感受应综合考虑驾驶人驾驶习惯及乘员舒适性。制动性能直接关系到交通安全，重大交通事故往往与制动距离过长、紧急制动时发生侧滑等情况有关，因此保证机械制动与电制动联合制动的性能至关重要。为了保证车辆的制动性能，我国已制定了相关标准。GB 7258—2017《机动车运行安全技术条件》明确规定了各类车辆的制动距离和制动稳定性测试要求，还对制动减速度、制动踏板力、制动气压进行了规定。GB 12676—2014《商用车辆和挂车制动系统技术要求及试验方法》详细规定了制动系统的技术要求及试验规程。

7.2 电动汽车运行监控与管理技术

7.2.1 概述

能源与环保近年来逐渐成为各国面临的重要课题，而交通领域作为能源消耗与环境污染的主要来源之一，也在积极寻求一场清洁能源的变革。因此，以电动汽车为代表的新能源汽车应运而生。在节能减排和绿色环保理念的推动下，我国的新能源汽车产业获得了快速发展。

目前，我国电动汽车产业正处于发展关键时期，电动汽车推广应用的安全问题既涉及用户的生命财产安全，也关系产业持续健康发展大局。电动汽车安全事故频发已经成为制约其推广应用的短板，没有安全就没有电动汽车的未来，对电动汽车进行质量监管势在必行。

随着互联网经济的发展，汽车制造企业正在经历从传统制造企业发展模式向服务型制造企业发展模式的转变，车联网与大数据相结合的"互联网+新能源汽车"模式，是未来汽车行业的发展方向。通过"国家、地方、企业"三位一体监管体系可以搭建全方位、多维度的电动汽车大数据生态圈，对相关数据进行挖掘与分析，不仅可以优化产品设计和质量，提高安全性，还可以与消费者产生持续互动，有助于深入理解消费者行为模式，及时满足消费者的需求，提高产品的综合竞争力。新能源汽车三位一体的安全监管体系如图7-7所示。

电动汽车安全监管体系明确了企业是第一责任主体，生产企业对其生产的全部电动汽车安全问题负总责。所有电动汽车数据的发送源是企业监测平台，通过企业监测平台对电动汽车实现100%的实时监测，并及时对发现的风险采取措施予以控制。

地方监测平台对公共服务领域的新能源汽车安全负监管责任，通过接收企业监测平台转发的实时数据，掌握公共服务领域电动汽车的运行状况，督促生产企业对其产品落实安全监控。

国家对全国电动汽车的推广应用和安全工作负监管责任，通过国家监管平台监督和检查企业监测平台、地方监测平台的运行情况。国家监管平台的责任主要有三个方面：第一是验

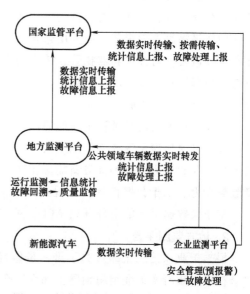

图 7-7 新能源汽车三位一体的安全监管体系

证车载终端是否满足 GB/T 32960—2016《电动汽车远程服务与管理系统技术规范》的要求，只有从车企到政府的每个环节都完全按照该标准执行，才能确保整个监管体系的执行；第二

电动汽车远
程服务与
管理体系

是对企业数据及地方平台数据进行抽检；第三是从整个政府的管理层面就安全问题、补贴问题及在运行过程的效益进行监管。

7.2.2 电动汽车安全监管体系

1. 国家监管平台

国家监管平台即新能源汽车国家监测与管理中心，可以获得新能源汽车"产、售、购、役"等相关数据，为行业政策制定、动态安全管理、新能源产业合理布局、财政补贴的公平公正发放提供了数据支撑，从宏观层面掌握全国新能源汽车产业现状，从需求层面掌握用户的使用习惯和实际需求，实现新能源汽车行业供给侧和需求侧的全面信息对接，解决了政府对供需统筹、供需对等、供需协调的管理问题，有效地提升了政府的产业支撑与服务能力。

新能源汽车国家监管平台采用 Hadoop 体系架构，与相关公司的大数据技术同步，同时具有更强的灵活性和可扩展性，如图 7-8 所示。该平台主要分为五个层次：最底层是采集层，负责平台数据的采集，平台的数据来源有车载终端、省级平台、日志流及第三方平台的数据；采集层之上是大数据层，大数据层对采集层采集的数据进行分类集群，采集层的数据首先进入大数据层的高速服务总线，然后由大数据层对其进行实时计算并存入缓存集群，或通过数据层的统一接口存入 Hadoop 分布式文件系统（Hadoop Distributed File System，HDFS）集群、索引数据集群及关系数据集群；大数据层之上是分析层，可对大数据层传来的数据进行分析计算，分析层功能强大，具有实时计算、离线计算、图计算、机器学习等多个引擎，拥有进行业务规则建模，标签规则建模，清洗、结构化、统计建模的能力，可进行数据过滤及充电统计、行驶统计、驾驶行为、故障追溯的分析；分析层之上是服务层，可利用分析层的处理结果提供多项服务，服务层包含多个云平台，包括用户云、监控云、故障云、运维云和专家决策云，可提供容器托管、镜像仓库、服务管理等多项功能；平台还设有展示层，主要有大屏幕展示、微信展示、计算机展示及通过平台研发分别适用于安卓系统和 IOS 系统的应用程序（App）展示。

目前，该平台已经掌握了新能源汽车大量数据接入、数据分析、大数据处理、分布式计算、数据可视化展示等核心技术，实现了大量可横向扩展的设备接入能力、大量可横向扩展的大数据存储能力、多种针对新能源特性的数据挖掘与分析能力及多样化新能源汽车生产智慧服务能力。基于数据挖掘，可提供面向不同用户群的差异性、个性化数据分析和技术服务。基于大数据平台的对外开放 API，可实现与其他平台间的数据互联互通。

2. 地方监测平台

根据工业和信息化部《关于进一步做好新能源汽车推广应用安全监管工作的通知》的要求，地方政府要加强组织领导，加大安全监管力度，建立健全地方监测平台，及时发现安全隐患；建立安全事故处理机制，对出现的安全问题要及时启动调查机制。地方监测平台主要服务于地方政府，方便其履行对公共服务领域新能源汽车安全监管的责任，地方监测平台接收企业监测平台转发的实时数据，包括动态统计信息、故障报警及处理信息等，掌握公共服务领域新能源汽车的运行状况。

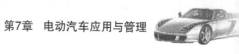

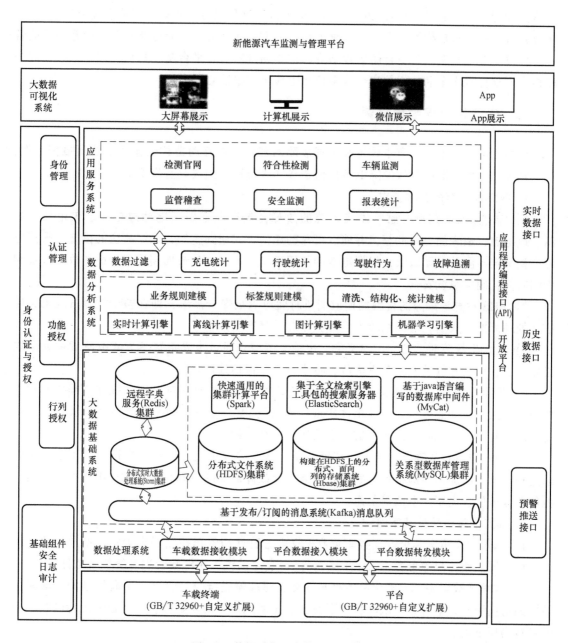

图 7-8 数据采集、存储、挖掘流程

3. 企业监测平台

工业和信息化部《关于进一步做好新能源汽车推广应用安全监管工作的通知》同时指出，新能源汽车生产企业是安全第一责任人，应做到 100%的实时监控，对整车产品负总责。要牢固树立质量安全责任意识，从研发制造、运行监控、维护保养等各环节严格管控，确保推广应用的新能源汽车产品质量安全及生产一致性。生产企业要建设和完善新能源汽车企业监测平台，与用户充分沟通并签订保密协议，自 2017 年 1 月 1 日起对新生产的全部新能源汽车安装车载终端，通过企业监测平台对整车及动力蓄电池等关键系统运行安全状态进行监测和管理，按照 GB/T 32960—2016《电动汽车远程服务与管理系统技术规范》的要求，将公共服务领域车辆相关安全状态信息上传至地方监测平台。企业监测平台应设置国家监管平台接口，接受国家监管平台的监督抽查，在接到国家监管平台实时数据调用指令时，应当按指令要求将对应车辆的相关安全状态信息上传至国家监管平台。

7.2.3 电池系统安全预报警

动力蓄电池是电动汽车中较容易出现故障的部件，做好动力蓄电池系统的预报警工作，对于减少动力蓄电池的事故及降低事故所造成的人员财产损失具有重要的意义。

1. 故障预报警的基本要求

1）能有效及时判断电池单体或系统的故障，包括但不限于电池过电压、欠电压、过温、过电流、绝缘能力降低等，并能以可靠的通信方式通知整车，采取相应的措施。根据电池类型标定不同的故障阈值，根据电池的使用环境、不同的生命周期调整合适的故障阈值和检测时间，确保系统安全。

2）BMS 对电池故障的检测周期或消抖时间应满足安全需求，即在整个故障的检测、通信、处理周期完成前，电池系统不会对整车或乘员产生危害。

3）在发生故障时，若非绝对必要，电池系统应先通过声光报警等方式提醒驾驶人采取必要措施，如通知驾驶人减速靠边等，再进行断电保护处理。

4）发生故障后，在确认故障消失或足够安全时，才能允许对电池系统继续操作。对于电池系统的永久性故障，如电池单体严重过放电至 1V 以下等，BMS 宜具备故障锁存记录功能以防止对电池系统继续操作，避免后续出现安全问题。

5）BMS 应具备故障存储功能，能够记录电池系统发生过的所有故障码，并可在维护时通过外部操作清除；能够根据厂家需要记录发生故障前 2min 和后 5min 的详细数据，包括电池的单体电压、温度、电流等信息。

2. 典型故障信号处理策略

1）阈值通常由电芯企业及整车企业根据电芯特性和整车控制要求确定，不同电池系统的阈值不同。典型故障可参考 QC/T 897—2011《电动汽车用电池管理系统技术条件》。

2）应根据故障特点，细化故障处理策略，对故障进行分级管理，不同级别的故障采用不同的对应策略，如警告、限功率、下高压、提醒用户远离车辆等，应尽量避免行驶过程中的直接高压下电。

3）故障阈值设置、判断时间、恢复时间应充分考虑电池系统的能力及车辆运行需求，避免漏报和误报。

7.2.4 电动汽车远程服务与管理系统

电动汽车远程服务与管理系统是对电动汽车信息进行采集、处理和管理，并为联网用户提供信息服务的系统，由公共平台、企业平台和车载终端组成。其中，公共平台由国家、地方政府或其指定机构建立，对管辖范围内电动汽车进行数据采集和统一管理；企业平台是由整车企业自建或委托第三方技术单位，对服务范围内的电动汽车和用户进行管理，并提供安全运营服务与管理的平台；车载终端是安装在电动汽车上，采集及保存整车和系统部件的关键状态参数并发送到平台的装置或系统。系统总体结构如图7-9所示。

车载终端连接到企业平台，可以采用企业自定义的通信协议，企业平台采集的数据应包括公共平台需要的参数，车载终端数据采集频率应不低于公共平台要求的数据发送频率。企业平台按照平台交换通信协议，将车载终端采集的数据及相关信息传输给公共平台。公共平台对企业平台提供的车辆信息进行管理，提供监管服务，并向车辆管理、质量监督等部门提供相关信息。电动汽车远程服务与管理系统的一般要求如下：

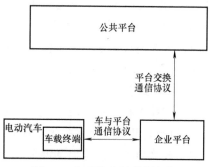

图 7-9 电动汽车远程服务与管理系统总体结构

(1) **车载终端** 车载终端应按照 GB/T 32960.2—2016《电动汽车远程服务与管理系统技术规范 第 2 部分：车载终端》的要求，从车辆上采集整车及各个部件的数据，参数范围至少要包含 GB/T 32960.3—2016《电动汽车远程服务与管理系统技术规范 第 3 部分：通信协议及数据格式》的要求，并将数据发送到企业平台。

(2) **企业平台** 企业平台应与车载终端进行通信，并应具备车辆故障监控和安全报警的功能，根据可能对车辆造成的安全隐患的严重程度，对故障和报警进行分级管理，各级别应设置相应的处置措施。企业平台应定期将故障和报警的处置措施、处置进度和结果上报至公共平台。

(3) **公共平台** 公共平台应具备整车企业使用的信息录入及维护功能，用于企业录入车辆静态信息及上报故障与报警的处置措施、处置进度和处置结果。公共平台应对企业录入信息进行审核，从企业平台获取车辆行驶、充电等运行数据，进行监管和相关数据分析，公共平台与企业平台的数据传输可加密处理。公共平台应具备故障和报警的处置措施、处置进度和结果的统计和分析功能，公共平台之间应具备数据交换的功能。

(4) **平台交换通信协议** 平台间应按照 GB/T 32960.3—2016 的要求，进行数据交互。

(5) **动力蓄电池单体电压及温度数据** 在车辆出现 GB/T 32960.3—2016 规定的 3 级故障或报警时，整车企业应具备提供动力蓄电池单体电池电压和各个电池包探针温度数据的能力，确保故障相关数据的完备。

7.2.5 电动汽车充换电设施运营管理

相关标准规定了电动汽车充电站、电池更换站和分散充电设施运营的总体要求、环境要求、标志标识、运营管理要求、服务要求、评价改进。其中，分散充电设施是结合用户居住地停车位、单位停车场、公共建筑物停车场、社会公共停车场、路内临时停车位等配建的为电动汽车提供电能的设施。相关要求如下：

1. 充换电设施的总体要求

1) 充换电设施运营管理应符合国家法律法规的规定和相关标准要求。

2) 充换电设施运营管理宜充分利用供电、交通、消防、排水等公用设施。

3）充换电设施选址及环境应符合 GB 50966—2014《电动汽车充电站设计规范》、GB/T 29781—2013《电动汽车充电站通用要求》、GB/T 29772—2013《电动汽车电池更换站通用技术要求》的相关要求，运营前应通过竣工验收，具备运营条件。

4）充换电设施运营管理应按照安全、便捷、高效、智能的原则提供服务，创新服务内容，完善服务流程，提升服务质量。

2. 环境要求

1）充换电设施应环境卫生，设施整洁。在不影响运行、设备检修及消防安全的前提下，因地制宜开展绿化，绿化布置应与市容市貌保持一致。

2）充换电设施工作时的温度、湿度、气压等环境条件应满足电动汽车动力蓄电池正常充换电的要求。

3）充换电设施充换电工作区域不应存放易燃易爆物品、污染和腐蚀介质。

4）充电站、电池更换站应保持日常照明和应急照明设施完好。电池更换站内工作环境明亮，操作区域营业间照度不小于 200lx，罩棚下照度（距地 1.2m 平面）不小于 50lx。

5）充电站和电池更换站宜设置临时停车位。

3. 标志标识符要求

1）充换电设施应在明显位置明示运营机构的名称、运营时间、服务范围、服务项目、收费标准和计算方式、服务热线电话号码、求援电话号码、监督举报电话号码等，宜显示当前充换电设备可供使用情况。

2）充换电设施应设置合理的引导标识，出入口和车辆限速标志应明确，应在地面清晰标识行车导引线。

3）充电设备上需有明确的标识并标注技术参数，包括但不限于交直流类型、额定电压、额定电流、额定功率等，应在显著位置标注充电接口版本年号。

4）安全、消防设施标志应明显、清晰，应符合 GB 2894—2008《安全标志及其使用导则》和 GB 15630—1995《消防安全标志设置要求》的有关要求。

5）充换电设施应设置安全警示标志，提示用户注意设施环境、电气安全、安全操作等信息。

6）公共信息图形标志应醒目、清晰、无破损，使用规范，符合 GB/T 10001.1—2012《公共信息图形符号 第 1 部分：通用符号》的要求，充换电设施标志应符合 GB/T 31525—2015《图形标志 电动汽车充换电设施标志》中的要求。

7）宜设置相应标识提示充换电车位仅供充换电车辆使用。

4. 运营管理要求

（1）制度管理

1）应明确运营管理职能，合理设置岗位，并应制定可行的运营管理制度。

2）应建立岗位责任制，明确工作职责、服务质量要求等。

3）应建立健全充换电设施管理制度，包括运行监控、巡视检查、维修养护、缺陷管理、器具备件管理等内容。

4）应制定运营管理系统的操作规范，确保系统稳定运行。

5）应具备完善的记录管理制度。

6）应建立完备的安全与应急管理制度。

（2）设施管理

1）设施管理应包括充换电系统、供电系统、监控系统和消防设施等。电池更换站还应对换电设施、电池存储设施及动力蓄电池进行管理。

2）应制定相应设施操作规范和作业指导书，并建立完整准确的管理台账。

3）应定期进行巡查、检测与维护，及时发现并处理设备运行过程中的异常情况，形成记录，确保设备处于安全运行状态。

4）电池更换站应在规定的区域内进行动力蓄电池的更换、维护、保养、存放等作业。

5）分散充电设施的监控、消防设施管理应能满足运营需求。

（3）人员管理

1）应根据运营管理需要及服务环节设置岗位，明确责任人、工作流程、职责，制定岗位操作规程。

2）工作人员应接受安全生产教育和岗位技能培训，掌握电动汽车基础知识、动力蓄电池基础知识、电动汽车安全知识、用电规范、紧急情况的处理方法，考核合格后上岗。

3）工作人员应统一着装，并佩戴易识别的服务标志。

4）工作人员应及时响应现场情况、用户反馈信息，并及时处理问题。

5）应配备安全员，安全员应遵守岗位安全管理制度，了解电动汽车构造、充换电设施工作原理，掌握充换电操作规程、安全知识和应急处理方法。

6）运营管理系统维护人员应遵守岗位规范，对网络系统进行实行查询、监控，及时对故障进行有效的隔离、排除和恢复，对系统及时进行维护和管理。

7）客服人员应遵守岗位职责，尊重服务对象，使用文明用语，及时反馈、处理客户反馈信息。

8）充电站内的充电作业、设备维护等人员应掌握电动汽车充电安全知识、岗位操作规程和紧急情况的处理方法，持证上岗。

9）电池更换站换电作业、电池维护人员应了解电动汽车相关知识，掌握换电设备的工作原理和岗位操作规程，持证上岗。电池维护人员还应掌握电池的检测、故障判断和处理方法。

10）分散充电设施的设备维护人员应掌握本岗位的操作规程，应对设备进行定期巡检，及时上报、处理发现的故障并进行记录，保证设备运行状态正常。

（4）运营管理系统管理

1）运营管理系统建设应满足运营管理需求、符合互联互通要求。充换电设施应有易于人机识别的编码，编码应有唯一性、可扩展性、协调性，并符合电动汽车充换电服务公共信息交换的有关要求。

2）系统除应满足业务需求、安全需求外，还应满足提供服务的性能要求，以提高服务质量和用户体验。

3）应根据岗位、业务性质、重要程度、涉密情况等确定系统的操作权限，建立相应的授权使用制度。

4）应定时进行数据备份，备份介质应异地存放并妥善保管，防止未经授权访问业务备份数据。

5）应有防信息泄漏及篡改、防病毒、防网络入侵等的措施，保证运营管理系统信息安全。

（5）记录管理

1）应对运营管理、服务进行记录，记录应包括但不限于充换电记录、运行日志、用户交易记录、账单记录、设备及电池检修维护记录、巡查记录、交接班记录及客户投诉处理记录等。记录应及时、准确、真实、齐全完整。

2）应明确记录收集、整理、归档、修改流程，并由专人负责记录管理。

3）应保留相关人员签字记录原始文件，其他资料可采用纸质或电子媒介等形式保存。

4）应按照记录不同类型进行不同保存周期的分类保存。

（6）安全与应急管理

1）安全控制。

① 应增强人员安全防范意识，各项安全责任落实到人。

② 应采取保证充换电设施运营、检修等安全的组织措施和技术措施。

③ 应为操作人员提供工作区域安全防护措施，并提示相关危险点。

④ 应定期开展安全检查，及时消除安全隐患。

⑤ 应全面开展危险因素辨识、危险评价及危险控制程序，辨识和评价检修工作中存在的危险因素并加以控制。

2）消防安全。

① 应建立符合法律法规和标准规定的消防安全管理制度。

② 应完善配备消防设施，制定消防安全工具、器具操作规程，不应挪用消防设施，不应埋压和圈占消防设施。

③ 应定期对消防设施、器材进行检查、维护和保养，填写相关记录，发现消防设施问题，应及时维修并上报。

④ 有驻场人员的充电站运营机构应定期进行消防培训和演练，全体人员应掌握消防知识、熟知消防器材的位置、性能和使用方法。

⑤ 防火重点区域禁止吸烟，应有明显标志。

3）应急管理。

① 应建立应急队伍，配备应急所需设备，并进行日常保养，保证设备完好。

② 应编制突发事件应急预案，应急预案编制应科学合理、内容完备，针对性和操作性强，并定期进行演练。

③ 发生运营安全事故后，应按规定立即启动相应的应急预案，采取应急措施，防止事态扩大，在确保安全的前提下尽快恢复正常运营，并按规定及时上报。

④ 应根据有关法律法规和标准的变动情况、安全条件的变化情况及应急预案演练和应用过程中发现的问题，及时修订完善应急预案。

7.3　电动汽车常见故障处理方法

1. 动力系统常见故障及处理方法

（1）动力蓄电池系统　电动汽车动力蓄电池系统的功能是保证整车动力系统电能的供

给，并随时检测整个动力蓄电池系统的绝缘失效、断路故障、接地故障和高压故障等，是保证整车设备和人员安全的重要系统，也是电动汽车产业化的关键之一。

动力蓄电池系统属于高压部件，其设计的好坏直接影响整车安全性和可靠性。在动力蓄电池系统中，常见的故障有传感器故障、执行器故障（接触器故障）和部件故障（电芯故障）等。这些故障将导致电动汽车系统性能下降，甚至引发安全事故，造成人员伤亡和财产损失，因此动力蓄电池系统故障诊断及处理十分必要。

按故障发生的位置，动力蓄电池系统故障可以分为三类，即单体电池故障、电池管理系统故障、线路或连接件故障。

1）单体电池故障。单体电池故障包括以下三种：

① 单体电池性能表现正常，但相对于电池包内其余单体出现 SOC 偏低或偏高的情况，可通过电池均衡方式来改善，无须更换。若单体电池 SOC 偏低，则该电池在电动汽车行驶过程中，电压最先达到放电截止电压，使电池组实际可用容量降低，应对该单体电池进行补充充电；若单体电池 SOC 偏高，则该电池在充电末期最先达到充电截止电压，影响充电容量，应对该单体电池进行单独放电消耗。

② 单体电池性能严重衰退，具体表现为单体电池容量不足或单体电池内阻偏大。在电池组中，最小的单体电池容量限制了整个电池组的容量，因此单体电池容量不足会影响整车的续驶里程。电池内阻过大，会严重影响其电化学性能，如充放电过程中极化现象严重、活性物质利用率低、循环性能差等。

③ 单体电池影响行车安全，对应故障有单体电池内部或外部短路，造成故障的主要原因有单体电池极性装反，以及在强振动下电池极耳/极片上活性物质、接线柱、外部连线和焊点发生折断或脱落。

通常情况下，造成单体电池前两种故障的原因可能有两个：一是动力蓄电池成组时单体电池间的一致性问题，单体电池的 SOC、容量及内阻本身就存在差异；二是单体电池在成组应用过程中由于应用环境（如温度、充放电电流）有差异，一致性差异增加，加剧了单体电池的不一致性。

2）电池管理系统故障。电池管理系统能够保障电池组的安全和延长使用寿命，最大限度地发挥电池系统效能。电池管理系统一般对单体电压、总电压、总电流和温度等进行实时监控采样，并将实时参数反馈给整车控制器。电池管理系统除对电池性能参数进行监控、实施电性能管理以外，还具备以热管理为主的应用环境管理，对电池进行加热或冷却以保证电池工作于良好的应用环境温度，同时调节温度分布的一致性。一旦电池管理系统发生故障，就意味着失去了对电池的监控，无法估计电池的 SOC，容易导致电池过充电、过放电、过载、过热及不一致性问题的增加，影响电池的性能、使用寿命，危害行车安全。

电池管理系统常见故障包括 CAN 通信故障、总电压测量故障、单体电压测量故障、电流测量故障、温度测量故障、继电器故障、加热器故障和冷却系统故障等。

电动汽车常见
故障处理方法

3）线路或连接件故障。线路或连接件故障诊断对于保证行车安全和整车可靠性也十分重要。例如，车辆振动使得单体电池间的连接螺栓松动，电池间接触电阻增大，甚至引起电池间虚接故障，导致电池组内部能量损耗增加，从而使得车辆动力不足，降低车辆的续驶里程；在极端工况下还可能引发高温，产生电弧，熔化电池电极和连接片，甚至造成电池起火等严重的电池安全事故。

在电动汽车运行过程中，单体电池之间的位置可能出现相对跳动，造成两电池间的连接片折断。电池箱与电动汽车的电气连接部件也是故障的高发点，电插接器在经历长时间振动后容易虚接，出现烧蚀、接触不良等故障。动力蓄电池系统常见故障及处理方法见表7-1。

表 7-1　动力蓄电池系统常见故障及处理方法

动力蓄电池系统	故障现象	故障后果	处理方法
单体电池	单体电池 SOC 偏低	电池组容量降低,电动汽车续驶里程短	对单体电池单独充电
	单体电池 SOC 偏高		对单体电池单独放电
	单体电池容量不足	电池组充电不足、使用寿命缩短,续驶里程短	更换单体电池
	单体电池内阻偏大	电池组充电不足、使用寿命缩短,电动汽车动力不足、续驶里程短	
	单体电池过充电	电池内部短路、电池热失控,严重时会起火、爆炸	检查电池管理系统
	单体电池过放电		
	单体电池内部短路	电池温升剧烈,严重时会起火、爆炸	换单体电池
	单体电池外部短路		排除短路故障、更换单体电池
	单体电池极性装反		更换单体电池
电池管理系统	CAN 通信故障	无法及时传输数据	检查 CAN 网络
	总电压测量故障	无法监控总电压	检查总电压测量模块
	单体电压测量故障	无法监控单体电压	检查单体电压测量模块
	温度测量故障	无法监控电池温度	检查温度测量模块
	电流测量故障	无法监控电池电流	检查电流测量模块
	冷却系统故障	电池温度偏高	检查冷却系统是否出现堵塞或破损
线路或连接件	电池间虚接	电动汽车动力不足、续驶里程短	紧固电池连接
	电池间短路	电动汽车无法起动	检查电池连接
	快速熔断器断开		检查快速熔断器
	动力电插接器断开		检查动力电插接器
	动力电插接器虚接	插接器易烧蚀,电动汽车动力不足	
	信号电插接器故障	无法监控电动汽车	检查信号电插接器
	正极接触器故障	电动汽车无法起动	检查接触器
	负极接触器故障		
	电源线短路	电池热失控,严重时会起火、爆炸	检查电源线

（2）驱动电机系统　由于器件本身的结构和物理特性及相互间的电磁兼容性问题，电机控制器故障也是驱动电机系统发生故障的主要原因。电机控制器的故障主要有功率器件故

障、输入电源线与接地线故障、整流二极管短路、直流母线接地错误、直流侧电容短路、晶闸管短路、温度超限报警，以及相电流过电流、过电压和欠电压等高压电气系统故障。

驱动电机常见故障及处理方法见表7-2。主电机控制器常见故障及处理方法见表7-3。

表7-2 驱动电机常见故障及处理方法

故障现象	故障原因	处理方法
电机在空载时不能起动	①电源未接通 ②逆变器控制故障 ③定子绕组故障(断路、短路、接地和连接错误等) ④电源电压太低	①检查开关、接触器触点及电机引出线头，查出故障后修复 ②检查逆变器 ③检查定子绕组，找出故障并修复 ④检查电源电压和每个连接处
电机通电后，电机不起动，且有"嗡嗡"声	①绕组引出线始末端接错或绕组内部接反 ②电机负载过大或被卡住 ③电源未能全部接通	①定子绕组中通入直流，检查绕组极性(用指南针)；判定绕组首末端连接是否正确 ②检查设备，排除故障 ③紧固接线柱松动的螺钉，用万用表检查电源线某相断线或假接故障，然后修复
定子过热	①过载 ②绕组匝数不对 ③通风不良	①减少负载或增加容量 ②检查绕组电阻 ③检查风机是否正常
绝缘电阻低	①绕组受潮或被水淋湿 ②绕组绝缘粘满粉尘、油垢 ③引线绝缘老化破裂 ④绕组绝缘老化	①进行加热烘干处理 ②清洗绕组油垢，并经干燥、浸漆处理 ③重包引线绝缘 ④经鉴定可以继续使用时，可清洗干净，重新涂漆处理；如果绝缘老化，不能安全运行，需更换绝缘
电机振动	①轴承磨损，间隙不合格 ②气隙不均匀 ③转子不平衡 ④笼型转子导条断条 ⑤定子绕组故障(短路、断路、接地和连接错误等) ⑥转轴弯曲 ⑦铁心变形或松动	①检查轴承间隙，应符合设计要求 ②调整气隙 ③重新校对转子平衡 ④更换转子 ⑤查出绕组故障点并进行处理 ⑥校直转轴 ⑦校正铁心，或重新叠装铁心
电机空载运行时空载电流不平衡，且相差很大	①绕组首末端接错 ②电源电压不平衡 ③绕组有故障(匝间短路、某线圈组接反等)	①查明首末端，改正后再起动电机试验 ②测量电源电压，找出原因消除 ③拆开电机，检查绕组极性和故障，并改正和消除故障
电机运行时有杂音	①轴承磨损，有故障 ②定子、转子铁心松动 ③电压不平衡 ④绕组有故障(如短路、接错等) ⑤轴承缺少润滑脂 ⑥气隙不均匀、定子、转子相擦	①检修并更换轴承 ②检查振动原因，重新压装铁心 ③测量电源电压，检查电压不平衡原因并处理 ④检查绕组故障并处理 ⑤清洗轴承，添加规定量的润滑脂 ⑥调整气隙，提高装配质量
轴承发热超过规定	①润滑脂过多或过少 ②脂质不好，含有杂质 ③轴承与轴配合过松或过紧 ④轴承与端盖配合过松或过紧 ⑤油封间隙配合过紧 ⑥轴承内盖偏心，与轴相擦 ⑦电机两侧端盖或轴承盖未装平 ⑧轴承有故障、磨损、有杂物等 ⑨轴承间隙过大或过小	①拆开轴承盖，检查油脂量，按规定增减润滑脂量 ②更换洁净润滑脂 ③采取措施，使轴承与轴配合符合要求 ④采取措施，使轴承与端盖配合符合要求 ⑤更换或修理油封 ⑥修理轴承内盖，使其与轴的间隙合适 ⑦按正确工艺将端盖或轴承盖装入止口内，然后均匀紧固螺钉 ⑧更换损坏的轴承，对含有杂质的轴承要彻底清洗，换油脂 ⑨更换新轴承

表 7-3　主电机控制器常见故障及处理方法

故障现象	处理方法
W 相 IGBT 饱和保护	重新起动系统,若故障不能消除或经常发生则需专业维修
U 相 IGBT 饱和保护	重新起动系统,若故障不能消除或经常发生则需专业维修
V 相 IGBT 饱和保护	重新起动系统,若故障不能消除或经常发生则需专业维修
高压欠电压(预充电状态)	表示系统高压未接通,若高压已接通,而故障长时间没有消除则需专业维修
系统上电自检异常	需专业维修
高压过电压	重新起动系统,若故障不能消除或经常发生则需专业维修
旋转变压器检测异常	检查旋转变压器信号线,重新起动系统,若故障不能消除或经常发生则需专业维修
瞬间超速保护	检查旋转变压器信号线,重新起动系统,若故障不能消除或经常发生则需专业维修
超速保护	检查旋转变压器信号线,重新起动系统,若故障不能消除或经常发生则需专业维修
过电流保护	重新起动系统,若故障不能消除或经常发生则需专业维修
24V 瞬间断路	检查供电系统是否断路或接触不良
+15V 驱动电源工作异常	重新起动系统,若故障不能消除或经常发生则需专业维修
+15V 驱动电源起动异常	重新起动系统,若故障不能消除或经常发生则需专业维修

2. 底盘常见故障及处理方法

(1) **转向系统**　转向系统主要由转向器和传动机构两部分组成。转向系统技术状况的好坏直接影响汽车行驶的平顺性、操纵稳定性、安全可靠性和轮胎的磨损等。随着汽车行驶里程的增加,转向系统中的某些机件将因磨损而失去正确的几何形状,配合间隙也不断增大,转向系统的技术状况不断变差,最终出现种种故障。

1) 转向盘自由行程过大。

① 故障现象。汽车转向或路感不灵敏;转向盘游动间隙超过规定标准;转向盘虽然转动了许多,但转向轮没有发生偏转,或转向盘不动而转向轮却自动偏转。

② 故障原因。转向盘与转向轴固定螺母松动,转向器主、从动部分啮合间隙过大,摇臂轴与衬套间松旷,转向器内主、从动轴承松旷,横、直拉杆球节调整不当或磨损松旷,转向节主销与衬套磨损过度等。

③ 处理方法。两人配合,一人在车上转动转向盘,另一人在车下观察摇臂和转向轮。若转向盘已转动许多而摇臂并不摆动,说明故障在转向器部分;若摇臂已转动许多而前轮不偏转,则故障在传动机构。

2) 转向沉重。

① 故障现象。汽车在运行中,驾驶人向左或右转动转向盘时,感觉沉重且无回正感。当汽车以低速转弯行驶时,转动转向盘非常费力,甚至转不动转向盘。

② 故障原因。转向轴弯曲变形,转向器内主动部分的轴承预紧力过大,转向器内缺润滑油,摇臂轴与衬套装配过紧,主销内倾、后倾角度变大或前束不符合要求,前钢板弹簧挠度、尺寸不符合要求,轮胎气压不足。

③ 处理方法。支起前桥,若转向轻便,则故障在前轴、轮胎等部位;若转向沉重,则

故障在转向器或传动机构。

3）前轮摇摆。

① 故障现象。汽车在一定速度下行驶时，两前轮各自绕主销产生角振动，通常为前轮摆动。前轮左右摆动严重时，转向盘抖振强烈，手感发麻，甚至在驾驶室内可看到车头晃动，此时，前轮沿着一条弯曲的波形轨迹向前滚动。

② 故障原因。前轮定位失常，转向机构松旷，前轮质量不平衡，转向系统刚度低，U形螺栓或钢板销与衬套松旷，前悬架运动干涉，道路不平等。

③ 处理方法。检查并调整前轮定位参数、转向机构、前轮的动平衡等。

4）行驶跑偏。

① 故障现象。汽车在平直路面上行驶时，不能保持直线行驶，总是自动偏向道路某一侧，必须用力握住转向盘才能直线行驶。

② 故障原因。前桥或车架变形，前轮轮毂轴承和主销松旷，定位参数改变，前轮轮胎新旧程度不同或气压不一致，减振器失效等。

③ 处理方法。在平坦地段检查轮胎磨损和气压，检查前桥、车架有无变形及钢板弹簧的片数，路试检查制动鼓轮毂的温度。

（2）制动系统　在电动汽车行驶过程中，无论发生什么危险情况，制动都是驾驶人应当采取的最基本、最有效的处理方法。因此，制动系统是电动汽车最重要的安全系统之一，保证其正常、高效工作至关重要。制动系统常见故障及处理方法见表7-4。

表 7-4　制动系统常见故障及处理方法

故障现象	故障描述	处理方法
制动不良或失灵	制动管（如接头处）渗漏或阻塞，制动液不足，制动油压下降导致失灵	定期检查制动管路，排除渗漏、添加制动液、疏通管路
	制动管内进入空气使制动迟缓，制动管路受热，管内残余压力太小，致使制动液汽化，管路内出现气泡。因为气体可压缩，所以在制动时导致制动力矩下降	维护时，可将制动轮缸及管内空气排净并加足制动液
	制动间隙不当。制动摩擦片工作面与制动鼓内壁工作面的间隙过大，制动时轮缸活塞行程过大，以致制动迟缓、制动力矩下降	按规范全面调校制动间隙，即用平头螺钉旋具从检查孔拨动棘轮，将制动蹄完全张开，使间隙消除，然后将棘轮退回3～6齿，以得到所要求的间隙
	制动鼓与摩擦衬片接触不良，导致摩擦衬片与制动鼓接触不良，制动摩擦力矩下降	镗削或校正修复，或更换新件
	制动摩擦片被油垢污染或浸水受潮，摩擦系数急剧降低，导致制动失灵	拆下摩擦片用汽油清洗，并用喷灯加热烘烤，使渗入片中的油渗出来，渗油严重时必须更换新片。对于浸水的摩擦片，可用连续制动产生热能使水蒸发，恢复其摩擦系数即可
	制动主缸、轮缸皮碗（或其他件）损坏，制动管路不能产生必要的内压，油液渗漏，致使制动不良	应及时拆检制动主缸、轮缸皮碗，更换磨蚀损坏部件
制动单边	同轴左右两边制动器制动时间不一致，大多是由两边制动器制动间隙不均或接触面积有差异所引起的。制动时，一边摩擦片先接触制动鼓进行制动，而另一边因间隙大、摩擦片与制动鼓接触滞后，制动不同步	按规范重新调校左右轮制动间隙

（续）

故障现象	故障描述	处理方法
制动单边	同轴左右两边制动器的制动力矩不同,致使车轮转速不同,直线行驶的距离就不相等,从而造成制动单边。这通常是由某边制动轮缸漏油、制动摩擦片油污严重、摩擦系数出现差异或左右轮胎气压不等所造成的	用汽油清洗摩擦片、检查轮胎气压、修复渗漏处,分别予以排除
	汽车制动踏板自动滑行到一侧。这多由一侧前悬架变形、前悬架车身底板变形、前悬架螺旋弹簧弹力严重下降及车架等有关部位在汽车制动时相互干涉或不协调所致	查明原因后予以修复
	制动时车轮自动向一边转弯而跑偏。这主要是由两边制动鼓与摩擦片工作表面粗糙度不同,或一侧制动管路接头堵塞等引起的	分别查找根源,予以修复
	左、右轮胎气压不均造成偏离轨迹线。左右轮胎充气气压必须一致,否则会由于两边车轮的实际转动半径不同、行驶的直线距离不等而出现侧滑	按规定的标准给各轮胎充气
	车轮定位失准及左右轮胎磨损不同,由此路面对左右车轮的阻力差也会造成跑偏侧滑	找准原因之后分别按规范予以调校或更换部件
制动噪声	制动鼓失圆,其圆度误差较大,制动鼓工作面变形,制动时摩擦片与制动鼓贴合瞬间发生碰撞,同时发出尖锐的撞击响声	拆下制动鼓,按规范标准进行镗削,按需要进行平衡性能校验
	制动摩擦片表面过于光滑、摩擦系数小而制动压力大时,光滑的表面滑动摩擦便产生摩擦噪声;有异物塞进摩擦副之间的摩擦表面时,也会出现摩擦噪声	拆下制动鼓,清除异物并用粗砂纸打磨摩擦片,并使之配合摩擦副接触面积达70%以上
	制动摩擦片严重磨损,表面出现沟槽及不规则形状,制动时不能完全有效地和制动鼓贴合,或制动支撑板变形,破坏了鼓与片的同轴度,局部摩擦、碰撞而出现噪声	更换摩擦片,校正制动支撑板
	前轮轴承损坏,滚道和滚珠表面出现沟槽甚至碎裂,出现异响	更换前轴头轴承
制动鼓发热	当放松制动踏板时,制动力不能完全解除,使得摩擦副长时间处于摩擦状态,造成起步困难、行驶无力,用手触摸轮毂表面感到烫手	按规范重新调节制动间隙
	驻车制动手柄没有完全放开,由于操作上的疏忽,摩擦副长时间处于摩擦状态而发热	按规范调整手柄
	制动产生的热量使回位弹簧受热变形,弹力下降或消失,不能保证制动摩擦片总成及时回位,导致无法彻底解除制动状态而使制动鼓发热	及时检修或更换回位弹簧,消除故障
驻车制动失灵	拉索或外套锈蚀,牵引弹簧折断、脱落等,致使驻车制动操纵拉索或制动拉索在其外套内拉动不灵活,由此造成驻车制动松不开而工作失效	应检查制动操纵拉索和制动系统部件表面有无损伤,手柄操纵动作是否灵活,有无卡滞现象,拉索连接头和固定部位是否松动、损坏。检修时,对拉索加注润滑脂进行润滑,或更换损坏件,重新按修理规范调整制动手柄转动量

（3）**行驶系统** 汽车行驶系统技术状况的好坏直接影响汽车行驶的平顺性和操纵稳定性，因此对行驶装置的常见故障要及时处理。

1）悬架发生刚性碰撞或异响。

① 故障现象。汽车行驶中悬架发生撞击，有异响，振动强烈。

② 故障原因。钢板弹簧销或螺旋弹簧产生塑性变形，减振垫、限位块损坏，润滑不良，减振器失效等。

③ 处理方法。检查悬架是否变形、松动；检查减振垫的润滑情况，必要时加注润滑脂；检查减振器是否损坏。

2）轮胎异常磨损。

① 故障现象。轮胎出现两肩磨损、胎冠中部磨损、内（外）侧磨损、锯齿形磨损或波浪形磨损。

② 故障原因。前车轮外倾角及前束不符合要求，车轮轮毂轴承磨损、松旷，轮胎不平衡量过大，轮胎气压不正常，减振器失效，轮毂变形。

③ 处理方法。检查减振器是否失效，轮毂是否变形，必要时更换；检查车轮轮毂轴承是否磨损、松旷，轮胎气压是否正常，必要时调整、补气，做轮胎动平衡。

3. 电气设备常见故障及处理方法

（1）**灯光设备** 汽车灯光设备的常见故障有灯不亮、灯光暗淡、忽明忽暗及熔断器发出响声等。造成上述故障的原因一般是熔丝烧断、导线松脱、接地不良、断路或短路，以及充电电压调整过高、各种开关失效等。通常采用试灯法、试火法和电源短接法检测。

灯光设备常见故障及处理方法见表7-5。

表7-5 灯光设备常见故障及处理方法

故障原因	处理方法
线路断路或插头松动	检修线路或接好插头
接触不良	检查、调整
灯泡不良	更换
开关触点烧蚀	消除烧蚀物或更换
熔丝烧断	更换
继电器工作不良或损坏	检修或更换
闪光器工作不良或损坏	检修或更换
变光器工作不良或损坏	检修或更换

（2）**组合仪表** 电动汽车电子组合仪表的故障除了可以由车载微机自诊断系统进行诊断外，还可以使用专门的检测设备对其进行检测和诊断。检测时，应首先将传感器电路断开或拆下，用检测设备逐个对它们进行检查。电动汽车电子仪表显示系统的故障一般都出现在传感器、针状插接器和导线、部分仪表及显示器上。

1）里程表不工作。可能的原因有组合仪表故障、里程表传感器损坏及相关线路故障。首先检查仪表本身，然后对里程表传感器进行检测，若判断出传感器损坏，则更换新传感器，排除故障。

2）仪表板上电源指示灯不亮而电机运转正常。

① 仪表板正负极引线间无电压。插接件接触不良或引线断路，重新插接或换线。

② 发光管损坏。更换或修复发光管。

③ 仪表板电路板有断路故障。更换或修复仪表板电路板。

3）主控制器功能一切正常（包括灯光夜间照明功能及与仪表的通信功能等），但其他所有控制器工作都不正常。检查 CAN 通信线是否有短路或断路故障发生，系统断电后直接用万用表测量 CAN 线是否短路或断路。

4. 空调系统常见故障及处理方法

空调系统出现故障时，应先检查冷却系统、压缩机、冷凝器散热片、冷凝器、空调真空管及真空电机等的工作情况。

空调系统常见故障及处理方法见表 7-6。

表 7-6　空调系统常见故障及处理方法

故障内容	故障原因		故障分析方法	处理方法
不能制冷	压缩机不转	电机断线、烧损	测定线圈电阻	更换压缩机
		高压压力开关故障	检查冷凝风机是否正常	修理
		低压压力开关故障	检查制冷剂是否泄漏	更换制冷剂
		温度开关故障	查看接通情况	修理
		接线端子固定螺钉松动	检查紧固情况	拧紧
	电气控制元件不良	过、欠电压继电器故障	电源电压过高或过低	调整供电电压
		接触器、中间继电器线圈烧毁或触点故障	检查元件	修理或更换
		压缩机或冷凝风机电机故障	检查压缩机及电机	修理或更换
	压缩机运转故障	制冷剂泄漏	室内吸入和排出空气温度相同	修理制冷系统
			蒸发器回气管温度过高	
		涡旋压缩机反转	压缩机电流小	调换相序
			压缩机声音异常	
冷量不足	蒸发器、冷凝器积满污物		检查	清扫
	蒸发器结冰		检查（目视）	送风化冰
	设定温度过高或温度传感器接线接触不良		检查	调整或修理
	少量制冷剂泄漏		测定运转电流，进行判定	修理制冷系统
	制冷剂充注过多		电流过大	少量排出制冷剂
	单循环运行不良		测定运转电流	修理不良循环
不出风	离心风机的配线	插接器处断线	查看电路接通情况	修理
		配线螺钉松动	查看电路接通情况	拧紧
	电机烧损或断路		测量线圈电阻是否平衡及是否断线	更换电机
	控制线路及电器故障		检查电路及电器元件	修理或更换
风量小	风机电机反转		检查风机转向	调换相线
	蒸发器结霜或结冰		检查（目视）	送风运转化冰、霜

（续）

故障内容	故障原因		故障分析方法	处理方法
风量小	蒸发器翅片脏堵		检查（目视）	清洗
	风道处泄漏		检查	修理
	空气过滤网堵塞		检查过滤网	清除网眼堵塞物
振动噪声大	通风机电机球轴承异常		检查风机的平衡性	修理风机
	通风机不平衡		检查风机的平衡性	修理风机
	紧固部位松弛		检查各紧固部位	拧紧
	涡旋压缩机反转		检查压缩机	调换相序
低压压力过低	制冷剂泄漏		压缩机电流小	修理制冷系统
	吸入空气温度太低		蒸发器结霜	充入制冷剂
	风量不足		见"风量小"项	见"风量小"项
	低压管路堵塞		检查	排除
	蒸发器翅片积满灰尘		检查	清扫
高压压力过高	冷凝器脏污		检查冷凝器	清扫
	制冷剂充注过多		电流过大	少量排放制冷剂
	冷凝风机反转		检查	调整相序
	排气管段堵塞		检查	排除
	冷凝风机不转	电机烧损	检查	更换电机
		电机的球轴承损伤	测定线圈电阻	更换电机球轴承
	空气或不凝性气体混入系统中		检查	排除
漏水	回风口漏水	排水口堵塞	检查	清扫
		安装不良导致风口密封垫处渗水	检查	正确安装
		机组顶部密封胶条破损或保温材料破损	检查	更换易损件
	出风口漏水	滴水盘脏堵		清洗蒸发器及滴水盘水道，排清积水
	风道内凝露形成水珠，从出风口吹出		检查	清扫

5. 典型车辆故障及处理方法

（1）纯电动乘用车　纯电动乘用车故障及处理方法见表 7-7。

表 7-7　纯电动乘用车故障及处理方法

故障现象	可能原因	处理方法
充电机故障	输入欠电压	需到维修站维修或进行更换
	输入过电压	
	输出欠电压	
	输出过电压	
	输出未接电池	
	过温	
	短路	
	正负极反接	

（续）

故障现象	可能原因	处理方法
DC/DC 转换器故障	输入欠电压	需到维修站维修或进行更换
	输入过电压	
	输出欠电压	
	输出过电压	
	过温	
	短路	
动力蓄电池异常断开	绝缘监测电路故障	更换 BMS 主控盒
	绝缘阻抗过低	检查高压线束绝缘状况和中控盒绝缘状况
	动力电缆母线折断	更换动力电缆
	高压继电器不吸合	更换高压继电器
	熔断器熔断	更换熔断器
	BMS 故障	更换 BMS 主控盒
动力蓄电池不能正常断开	高压继电器粘连	更换高压继电器
单体电池电压过高	单体电池损害	需到维修站维修或进行更换
	单体电池连接条松接	紧固单体间连接
单体电池电压过低	单体电池损害	需到维修站维修或进行更换
	单体电池连接条松接	紧固单体间连接
单体电池电压不均衡	单体电池损害	需到维修站维修或进行更换
	单体电池连接条松脱	紧固单体间连接
电池包温度过高	冷却系统故障	检查电池包冷却管道与冷却液加注情况
	温度传感器故障	更换温度传感器
电池包温度过低	气温过低	检查电池加热系统能否正常起动
	温度传感器故障	更换温度传感器
电池包温度不均衡	冷却管路堵塞	疏通冷却管路
SOC 过高	SOC 显示异常	更换显示屏或 SOC 主控盒
	电池充电饱和	驱动车辆行驶，对电池放电
SOC 过低	SOC 显示异常	更换显示屏或 SOC 主控盒
	电池需要充电	对动力蓄电池进行充电
电流显示异常	电流传感器故障	更换电流传感器
	显示屏故障	更换显示屏
	BMS 发送数据故障	检查并维修 BMS 主控盒
空调故障	高压继电器不能吸合	同"动力蓄电池异常断开"
车辆不能起动	高压继电器不能吸合造成 DC/DC 变换器不能正常工作	同"动力蓄电池异常断开"
暖风不能起动	高压继电器不能吸合造成 DC/DC 变换器不能正常工作	同"动力蓄电池异常断开"
	暖风继电器不能吸合	更换暖风继电器

（2）**纯电动客车** 某型号纯电动客车故障及处理方法见表7-8和表7-9。

表7-8 **纯电动客车故障及处理方法**（动力系统部分）

故障现象	处理方法
电池温度过高	此时车辆处于强制停车模式：①运用强制档位模式将汽车移动到不妨碍交通的位置；②通过仪表查看温度过高的点所在的电池箱号；③在不妨碍交通的情况下打开电池箱盖，运用散热风扇散热；④待温度降到正常温度时，运用自动档模式将车辆低速开回充电站，通知技术人员检查电池箱
SOC过低	方法1：运用强制档位模式将车辆开回充电站充电（对电池损害较大）
单体电池电压过低	方法2：用拖车拖回充电站充电（对电池损害较小）
电池箱甩脱	将车辆缓慢移动到路边，然后检查电池箱
电池温度高	在不妨碍交通的情况下停车检查电池箱，或尽量保持低速、匀速行驶，返回充电站后检查电池箱
总电压低于360V	尽快返回充电站充电
电机控制器温度高	在不妨碍交通的情况下，打开行李舱盖散热
电池管理通信异常	返回充电站后通知相关技术人员检查
整车系统故障	返回充电站后通知相关技术人员检查
变速器通信异常	返回充电站后通知相关技术人员检查
IGBT故障	返回充电站后通知相关技术人员检查
通信异常	返回充电站后通知相关技术人员检查
电机控制器故障	返回充电站后通知相关技术人员检查
电机通信异常	返回充电站后通知相关技术人员检查
绝缘报警	返回充电站后通知相关技术人员检查
整车控制器通信中断（根据整车控制器现场判断）	返回充电站后通知相关技术人员检查
电池不匹配	通过仪表检查电池电压过低的电池箱号并更换
车身通信异常	返回充电站后通知相关技术人员检查
电控空气悬架系统故障	返回充电站后通知相关技术人员检查
电池过电流	降低电池电流
SOC过高	停止充电
电池电压过高	停止充电
电机超速	记录现象，返回充电站后通知相关技术人员检查
相电流过高	
自检错误	
直流电压过高	
电池均衡故障	返回充电站后通知相关技术人员检查

表7-9 **纯电动客车故障及处理方法**（车身部分）

故障现象	处理方法
左前转向灯故障	①检查灯泡是否损坏，如果是，则更换新灯泡
左侧转向灯故障	②检查电线是否有断开的部位

（续）

故障现象	处理方法
左前雾灯故障	①检查灯泡是否损坏,如果是,则更换新灯泡 ②检查电线是否有断开的部位
左前近光灯故障	
左前远光灯故障	
左前小灯故障	
左前侧位灯故障	
右前转向灯故障	
右侧转向灯故障	
右前雾灯故障	
右前近光灯故障	
右前远光灯故障	
右前小灯故障	
右前侧位灯故障	
前门线圈 1 故障	更换新的电磁阀线圈
前门线圈 2 故障	
电闸继电器故障	更换新的继电器
除霜器故障	返回充电站后通知相关技术人员检查
左厢灯 1 故障	①检查灯泡是否损坏,如果是,则更换新灯泡 ②检查电线是否有断开的部位
右厢灯 1 故障	
左厢灯 2 故障	
右厢灯 2 故障	
左前示廓灯故障	
右前示廓灯故障	
驾驶人照明灯故障	
前换气扇电动机故障	返回充电站后通知相关技术人员检查
左后转向灯故障	①检查灯泡是否损坏,如果是,则更换新灯泡 ②检查电线是否有断开的部位
右后转向灯故障	
牌照灯故障	
左后行车灯故障	
右后行车灯故障	
左后雾灯故障	
右后雾灯故障	
左倒车灯故障	
右倒车灯故障	
左制动灯故障	
右制动灯故障	
后示廓灯故障	
左后侧位灯故障	
右后侧位灯故障	

（续）

故障现象	处理方法
倒车蜂鸣器故障	检查线路是否有问题,若不是则更换蜂鸣器
电暖气继电器故障	更换继电器
后换气扇电动机故障	返回充电站后通知相关技术人员检查
电闸控制状态故障	返回充电站后通知相关技术人员检查
跳板电路故障	返回充电站后通知相关技术人员检查
前门行程开关故障	返回充电站后通知相关技术人员检查
后门线圈 1 故障	更换电磁阀线圈
后门线圈 2 故障	
高位制动灯故障	①检查灯泡是否损坏,如果是,则更换新灯泡 ②检查电线是否有断开的部位
干燥器线圈故障	更换电磁阀线圈
报警蜂鸣器故障	检查是否线路有问题,若不是则更换蜂鸣器
控制电源故障	返回充电站后通知相关技术人员检查
高压功率输出故障	返回充电站后通知相关技术人员检查
复位继电器故障	更换继电器
左前灯节点掉线	返回充电站后通知相关技术人员检查,检查 CAN 线是否正常连接,检查熔丝有无断路
右前灯节点掉线	
前顶节点掉线	
后顶节点掉线	
后门节点掉线	
后灯节点掉线	
电控空气悬架系统节点掉线	

7.4　电动汽车安全事故预防

随着电动汽车的快速发展,电动汽车安全事故时有发生,因此研究电动汽车的应用安全技术尤为重要。下面主要从电动汽车安全技术、电动汽车安全管理规范、电动汽车安全事故防范与处理几方面来介绍电动汽车应用安全技术。

7.4.1　电动汽车安全技术

1. 电动汽车安全影响因素

电动汽车技术发展很快,而电动汽车安全试验往往不够充分,使得电动汽车安全问题成为人们不容忽视的问题。2011~2015 年年底,全球电动汽车累计销量约为 130.89 万辆,我国电动汽车累计销量约为 44.7 万辆。据不完全统计，在此期间全球共发生电动汽车安全事故 39 例，事故发生率为 0.3‰；我国发生电动汽车安全事故 24 例，事故发生率为 0.54‰，其中电动客车安全事故 20 例，事故发生率为 1.7‰，如图 7-10 所示。2019 年 1 月至 7 月，我国共发生 85 起新能源汽车起火事故，涉及 102 辆车。其中客车 5 起，涉及 8 辆车；乘用车 48 起，涉及 55 辆车；专用车 32 起，涉及 39 辆车。我国电动汽车尤其是电动客车的事故发生率高于世界平均水平，因此对电动汽车安全影响因素进行分析，提出针对性的技术发展规划，具有十分重要的意义。

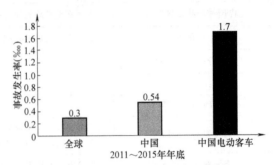

图 7-10　2011～2015 年年底电动汽车事故发生率

影响电动汽车生产、使用及回收等环节安全性能的因素主要可以分为动力蓄电池安全、整车安全和充电设施与充电过程安全三个方面。

(1) 动力蓄电池安全技术　动力蓄电池作为高能量载体，在不需要外部能量输入的情况下，本身就能够因能量非正常释放而产生巨大的破坏力，因此动力蓄电池安全技术是电动汽车安全技术的重中之重。据统计，自 2010 年以来，电动汽车起火事故中有近 2/3 为动力蓄电池系统起火，起火原因既有电池系统自身故障，也有人为使用不当。

(2) 整车安全技术　电动汽车整车安全主要包括碰撞安全、电气安全、功能安全和维修安全等。碰撞是电动汽车最为重要的安全问题之一，与传统内燃机汽车相比，电动汽车动力系统较为特殊，因此需要更加复杂的安全系统设计。电动汽车在充电或行驶过程中，可能出现碰撞、倾覆等事故，进而导致动力系统短路、漏电，极易发生燃烧甚至爆炸等事故，对车内人员造成伤害。当车辆发生碰撞时，碰撞过程中及碰撞后都要保证相关人员的人身安全。电动汽车既有传统燃油车的一般碰撞安全问题，又有纯电动汽车的高压碰撞安全问题，因此对于纯电动汽车来说，除了具有传统汽车的相关保护需求之外，还应当满足碰撞发生时的电气安全条件。

高压电气系统是纯电动汽车的重要组成部分，它正常工作时，电流即可达到几十甚至数百安培，若出现短路，瞬时电流会更大。高电压和大电流会对车上电气元件的正常工作造成严重的影响，也会威胁车内人员人身安全。因此，电动汽车高压电气系统的设计必须充分确保车辆运行安全性因素，设计完善的安全保护措施。

功能安全主要包括为了防止汽车出现期望之外的运动，在汽车的安全系统中加入的转矩安全管理系统、充电时的安全控制、电控系统在故障情况下保持工作的能力，以及电磁兼容性（EMC）安全等几部分。

维修安全是纯电动汽车安全系统设计的一个重要内容，主要指的是高压安全。工作人员在对汽车进行操作时，必须要确保汽车本身的电压是处于安全范围内的，以防对汽车的使用人员产生影响。为此，在这个系统的设计上，要注意安装维修开关，当汽车的维修开关断开时，汽车的电力输出就处于中断的状态，可有效地防止出现高压危险。

(3) 充电设施与充电过程安全技术　充电设施与充电过程安全包括充电设施安全、充电策略安全、冗余保护安全，见表7-10。

表7-10　充电设施与充电过程安全

充电设施安全	安全防护、建设规范等
充电策略安全	车辆充电策略安全、充电基础设施充电策略安全
冗余保护安全	对控制系统冗余保护机制

2. 电动汽车安全性

电动汽车安全性由主动安全性、被动安全性、事故安全性和生态安全性四方面组成。

（1）**主动安全性**　主动安全性是指汽车通过自身性能来达到预防或减少交通事故、安全事故发生的能力。汽车的主动安全性与多种因素相关，如汽车尺寸、动力性、操纵稳定性、通过性、制动性、驾驶人驾驶舒适性等。

（2）**被动安全性**　电动汽车被动安全性是指事故发生后，减轻车内和车外人员伤亡和减少车辆损失的能力。电动汽车被动安全技术的重点是如何在交通事故发生后最大限度地降低人员伤害程度。汽车发生碰撞时，大量零件之间产生复杂的相互作用，产生形变，这是一个复杂的非线性物理过程。经过多年发展，目前汽车上已装配了多种装置来吸收和缓冲汽车碰撞时产生的能量，保护乘员安全。汽车被动安全性可以分为内部被动安全性和外部被动安全性。

内部被动安全性是指在事故中减轻车内乘员受伤和货物受损程度的能力。车内安全包括事故发生后使乘员具有足够的生存空间、减轻碰撞所产生的加速度和力对人员带来的伤害、确保人员被安全救出所需要的车辆装置不受损坏等方面的措施。比较典型的装置包括安全气囊、安全带、护膝垫、头枕、吸能式转向柱等。

汽车外部被动安全性是指减轻对事故所涉及的其他人员和车辆的损害的性能。可设计用来降低交通事故后汽车对行人、摩托车、自行车及其他车辆上的人员的伤害程度的装置和措施，以提高外部被动安全性。

汽车被动安全性的好坏与车身强度、结构、空间尺寸等因素密切相关。

（3）**事故安全性**　事故安全性是指汽车能减轻事故后果的性能，具体指能否迅速消除事故后果并避免新的事故发生的性能。

（4）**生态安全性**　生态安全性主要是指汽车行驶时减轻噪声和电磁干扰等对生态环境造成的影响的能力。

3. 电动汽车安全技术法规与标准

电动汽车在使用过程中，可能因自身零部件问题导致安全事故，也可能因交通事故或一些外部原因造成安全事故。电动汽车由于结构的一些特点，其安全技术与传统汽车存在较大的区别。高能量的动力蓄电池系统是主要危险源之一，它存在起火、爆炸的可能性，是传统汽车所没有的。电池质量较大，其结构一旦出现问题，可能会侵入驾驶舱，对乘员产生比较大的影响。同时，电池作为一种化学品，有产生可燃气体和有害气体的可能，而且高压电系统涉及很多安全问题，对乘员有较大影响。

面对日益严峻的电动汽车安全问题，许多国家都制定了相关的汽车安全法规。但由于各国汽车技术的发展及交通事故的状况存在差异，安全标准或法规的侧重点和发展也并不相同。

对电动汽车整车及关键零部件建立一套完整的标准与法规，不仅有利于提高行业产品总体质量，还可以减少甚至避免安全事故的发生。

(1) **国际电动汽车安全标准** 国际上建立较早的电动汽车安全相关标准主要有 ISO 标准、欧盟标准、美国标准（SAE 标准和 FMVSS 标准）及日本工业标准（JIS 标准）。

ISO 关于电动汽车整车安全要求方面的标准主要有三个，分别为 ISO 6469-1：2009《电动道路车辆安全性规范 第 1 部分：车载储能装置》、ISO 6469-2：2009《电动道路车辆安全性规范 第 2 部分：功能安全方式和故障防护》和 ISO 6469-3：2011《电动道路车辆安全性规范 第 3 部分：人身防电击保护》。该系列标准是在 2001 年第 1 版的基础上修订形成的，其中 ISO 6469-3：2011 在结构上相对于第 1 版变化较大。

欧盟在电动汽车整车安全要求方面的标准制定得比较早，相关标准主要有三个，分别为 EN 1987-1：1997《电动道路车辆特殊安全要求 第 1 部分：车载储能装置》、EN 1987-2：1997《电动道路车辆特殊安全要求 第 2 部分：功能安全和故障防护》和 EN 1987-3：1998《电动道路车辆特殊安全要求 第 3 部分：人员触电防护》。该系列标准在安全要求方面的结构和内容与 ISO 标准比较接近。

美国电动汽车整车方面关于安全要求的标准有 FMVSS 305《电动汽车：电解液溢出及电击防护》和 SAE J2344—2010《电动汽车安全导则》。在安全要求方面，美国标准与 ISO 标准及欧盟标准的结构区别较大，其中 FMVSS 305 主要是针对车辆碰撞后电解液泄漏、动力蓄电池保护及电绝缘方面的要求，与其他几个标准相比更具针对性。

日本电动汽车安全系列标准等效采用了 ISO 6469 的第 1 版，一共分为三个标准，分别为 JIS D5305-1：2007《电动道路车辆安全性规范 第 1 部分：车辆蓄能器》、JIS D5305-2：2007《电动道路车辆安全性规范 第 2 部分：功能安全方法和失效防护》和 JIS D5305-3：2007《电动道路车辆安全性规范 第 3 部分：人员的电危险防护》，因此该系列标准与上述标准要求比较接近。

(2) **国内电动汽车安全标准** 我国电动汽车安全标准采用了 ISO/DIS 6469（2000 年第 1 版），在适用范围上根据我国当时电动汽车行业发展情况对最大工作电压做出了调整，现行标准为 GB 18384—2020《电动汽车安全要求》。随着近几年我国电动汽车行业质量和技术水平的迅速提升，我国电动汽车产品标准也需要及时更新，新标准在安全指标要求方面与 ISO 最新标准更接近。

此外，针对层出不穷的锂离子电池安全事故，国家从标准制定层面对动力蓄电池的安全性做了强制要求。现行标准 GB 38031—2020《电动汽车用动力蓄电池安全要求》是对 GB/T 31485—2015《电动汽车用动力蓄电池安全要求及试验方法》和 GB/T 31467.3—2015《电动汽车用锂离子动力蓄电池包和系统 第 3 部分：安全性要求与测试方法》的修改、合并，并升级为强制性标准。该标准对规范电动汽车持续、健康、稳定、安全发展意义重大。

7.4.2 电动汽车安全管理规范

为实现电动汽车运行规范管理，进一步加强车辆管理的安全工作，保证汽车运行和使用安全，有必要针对电动汽车应用过程中可能出现的各种问题制定相应的管理规范。下面以电动公交车为例,重点介绍充换电站设施,并给出车辆维护、高压电气安全、高压电气消防技术及电动汽车运行安全保证的一般管理规范。

1. 充电设施

电动汽车可以采用多种充电模式,根据站点规划和布局的特点、功能和服务对象的不同,充电设施可以分为不同的类型。其中,根据能量补给方式的不同,电动汽车充电设施可分为充电站和换电站两种方式,这也是综合服务能力最强的两种方式。

(1) 充电站 充电站是为电动汽车充电的场所,充电站占地面积大,功能完善,可采用快充和慢充两种充电模式,且在对电池进行充电的同时,可以对充电装置和电池状态进行实时监控。充电站系统一般由多台充电机和充电桩组成,其中充电机采用电力变换设备为电动汽车的电池充电,功率较大,因此充电速度较快,大大缩短了充电时间,可满足不同类型电动汽车的需求;充电桩则直接采用交流充电的方式对电动汽车充电。

根据充电方式的不同,充电站又分为有线充电充电站和无线充电充电站。有线充电充电站以电缆为媒介为电动汽车输送电能;而无线充电充电站采用感应式充电方式,送电装置及受电装置之间没有物理连接,完全通过电磁波传输能量,支持多设备同时充电,极大地增加了电动汽车充电的便利性与灵活性。目前,由于传输功率和效率的问题,无线充电充电站仅在公交车辆领域进行探索,尚处于工程研究阶段。

(2) 换电站 换电站是为电动汽车提供更换电池和电池维护服务的场所,其主要设备是电池拆卸和安装设备,凭借更换电池时间短、场地占用面积较小和易于城市整体规划布点等特点,有利于合理安排充电功率,减小对电网的冲击负荷,在公交车辆、出租车等特定使用场景具有优势。换电操作就是将充满电的电池换到电动汽车上,能够让汽车快速拥有满电量的电池,整个操作过程只需几分钟,效率极高。被更换的电池可以在换电站进行常规充电,这样就避免了电池充电时间长或快速充电对电池损伤的问题,可以实现电动汽车的持续行驶。

2. 车辆维护规范

(1) 高压线端子 需要重点维护的高压线端子有电池外箱高压接线端子、电机控制器接线端子、开关箱内高压接线端子、断路器箱内高压接线端子、DC/DC(或 DC/AC)变换器内高压接线端子、空调高压输入接线端子、油泵电机和气泵电机接线盒内端子。

(2) 电池箱插接件及电池 需重点维护电池箱高压接线柱清洁度、平面接触度、温度传感器、接触电阻,电池箱通信插接件,动力电缆、通信线束和插接件防水防尘及绝缘,电池舱烟雾传感器,电池箱温控风扇,电池箱内及电池单体温度传感器。

(3) 整车控制器与显示终端(显示仪表) 整车控制器与电机及控制器、电池系统及能量管理系统正常通信检查;显示仪表与各系统正常通信及故障显示检查;故障声光报警系统检查。

(4) 电机及控制器 电机及控制器机体绝缘,动力电缆、通信线束和插接件防水防尘及绝缘,温度传感器与温控风扇检查。

(5) 高压部件安装 电池外箱、电机控制器、开关箱、断路器箱、DC/DC(或 DC/AC)空气压缩机、转向油泵、电机与自动机械式变速器(AMT)、空调系统等的安装需格外注意。

（6）**气泵、油泵、转向、驻车制动**　调整制动踏板行程，检查制动总泵传动连接杆是否松动，检查气泵工作压力范围（0.7~0.85MPa），气泵停机时干燥器是否排气，（原地转方向）检查转向油泵是否正常，驻车制动是否有效。

（7）**部件润滑及气路**　给各个润滑部件加油，检查变速器油位、气泵油位、转向油泵油位、轮胎气压、空气悬架、开关车门及气路系统有无漏气。

（8）**安全装置及设施**　检查灭火器、应急车门开关、逃生窗、安全锤。

（9）**紧固螺栓**　紧固轮胎螺栓和传动轴螺栓。

（10）**测试绝缘电阻**　高压电器部件绝缘电阻的测试见表7-11。

表 7-11　高压电器部件绝缘电阻的测试

电机控制器高压+对机箱壳体(基本绝缘)	电机控制器高压-对机箱壳体(基本绝缘)
电机控制器高压+对车身(附加绝缘)	电机控制器高压-对车身(附加绝缘)
主电机绕组对电机外壳(基本绝缘)	主电机绕组对车身(附加绝缘)
控制器开关箱高压+对机壳(基本绝缘)	控制器开关箱高压-对机壳(基本绝缘)
(DC/DC、DC/AC)高压+对车身(附加绝缘)	(DC/DC、DC/AC)高压-对车身(附加绝缘)
(气泵)DC/AC高压+对机壳(基本绝缘)	(气泵)DC/AC高压-对机壳(基本绝缘)
(油泵)DC/AC高压+对机壳(基本绝缘)	(油泵)DC/AC高压-对机壳(基本绝缘)
DC/DC高压+对机壳(基本绝缘)	DC/DC高压-对机壳(基本绝缘)

注：电机控制器、开关箱、电机和变速器外壳与车身做绝缘检测后一定要放电（用导线将上述部位与车身金属部分短路）。

3. 高压电气安全规范

（1）**高压电气系统**　高压电气系统主要包括动力蓄电池组、电机与控制器、助力转向油泵电机、空调压缩机电机、车厢电暖气装置、暖风除霜器、电源变换器等。

（2）**安全措施**

1）坚持安全第一的原则。电动汽车与其他乘用车一样，均为运送乘员的交通工具。但是，由于电动汽车电气化程度较高，其安全问题更为重要。必须从源头解决电动汽车安全问题，提高设计质量，完善工艺流程，遵循安全第一的原则。

2）确保人身安全与系统安全。电动汽车的安全包括人身安全与系统安全。在制订安全防范措施时，人身安全是优先级最高的。系统安全也很重要，没有安全可靠的系统支持，电动汽车无法发挥其行驶性能。因此，建立健全完备的闭环监测控制系统较为必要。有条件时可配置备用系统，发生故障时可以自动切换，确保系统安全。

3）参照有关电动汽车的国家标准和国际标准，从系统设计到部件选型、加工工艺、质量检验都按相关标准执行。

（3）**安全装置**　电动汽车安全装置主要分为以下七个部分：

1）动力蓄电池组分组串联，每组电压不大于96V并配有熔断器，发生意外短路时可切断电池之间的连接。

2）动力蓄电池组的输出端装有直流接触器，受控于驾驶人和安全检测信号。发生故障时可手动或自动切断动力电源。

3）车用电器与电池组之间有过电流自动分断的快速开关，驾驶人也可以执行手动闭合与分断的操作。当负载电流超过快速开关的设定电流时，可自动切断电源。

4）各分路用电器分别串联快速熔断器和接触器，用电器发生过电流或短路时，熔断器自动分断。驾驶人不直接操作高压电器，所有开关均为低压控制。

5）设有锂电池信息采集和冷却风扇自动控制系统。单体电池电压、电池箱温度、总电压、总电流、剩余电量均可通过仪表板显示器实时显示。电池组采用双线制连接，无论是用电器还是电缆与车身之间都必须绝缘。所有用电器的工作状态均通过 CAN 总线输入整车控制器，通过显示器分级显示和报警，提示驾驶人执行安全操作指令。

6）设有充电安全装置。当充电插头插入车载充电插座时，将自动闭锁电机控制器，使车辆不能起动。

7）低压电源由 12/24V 蓄电池和 DC/DC 变换器组成，为全车低压电器和电机控制器提供电能，一旦发生故障会造成车辆停驶。因此，对其工作状态进行监测十分重要。故障监测通过多能源管理系统显示器、声光报警提示驾驶人及时采取措施。

4. 高压电气消防技术规范

(1) 整车安全问题及解决方案　电动汽车的动力蓄电池组受到碰撞时，要考虑内部电池的形变、挤压、穿刺等损坏，以及所引发的"电池极柱"短路和短路电弧可引发的火灾问题。

1）被动防范。电池箱必须能够快速拆装。电池箱周边必须使用阻燃材料，在电池箱内可安装"红外传感器""烟雾报警器"。

2）车身安装"加速度传感器"。当发生意外碰撞时，"传感器"信号经"多能源管理系统"自动切断动力电源，并通过声光报警，提示驾驶人迅速停车。

3）动力蓄电池漏电检测报警装置。监测动力蓄电池组的正、负极对车身的绝缘和漏电电流，超过设定值时可通过"多能源管理系统"显示器报警。

(2) 电动汽车消防规范　在针对动力蓄电池生产、动力蓄电池储运、充换电基础设施、电动汽车整车四个方面的火灾预防和灭火救援的电动汽车行业消防安全技术规范体系框架中，在火灾防控方面，主要包括《动力电池的火灾危险性分级规则及试验方法》《动力电池运输许可条件及测试方法》《动力电池厂房（仓库）防火设计技术规范》《电动汽车换电站建设防火设计规范》《锂离子电池包和电池系统安全要求和试验方法》《电动汽车灭火装置评价标准》《动力电池二次使用的安全要求和试验方法》；在消防应急救援方面，主要包括《动力电池灭火指南》《电动汽车充换电站消防应急预案》《电动汽车识别标识》《电动汽车交通事故救援规程》《电动汽车火灾事故救援规程》等。

5. 运行安全保证工作预案

1）车辆行驶过程中，若发现车辆异常或故障影响行车，驾驶人首先应在安全区域停车，切断主电源，打开车门，使乘客及时下车保证乘客人身安全。在车门无法正常开启的情况下，采用放气阀放气的方法保证乘客安全下车，同时通知调度人员安排抢修和救援。车辆内发现异味或烟火等险情时，在保证乘客安全的情况下，利用车上装备的灭火装置灭火。

2）雨雪天行车时，除加强绝缘测量外，在行车过程中必须注意车辆涉水深度限制，不贸然涉水行驶。若发生车辆漏电情况，必须停止车辆行驶，切断车辆主电源。

3）车辆充电过程中，密切关注电池电压、电流等参数变化，若出现参数异常，超出充电技术参数最大限制，应立即停止充电过程，并及时汇报。若发现异味、电池燃烧等情况，应立即切断电源，利用灭火设施灭火，并尽快使发生故障的电池组与车辆分离。

4）电动汽车绝缘测量的规定。凡参加运营的电动汽车，每天至少测量一次总绝缘电阻，测量时间一般规定为回厂车在当天晚上停车后至次日发车前，停外站车须在每天 2∶00 以前测量总绝缘电阻。若夜间有雨，应根据雨情和车辆的绝缘情况，考虑早晨发车前再对所有运营车测量一次总绝缘电阻或泄漏电流。当测得电动汽车总绝缘电阻或泄漏电流值后，必须填写"高压电器绝缘电阻测试表"，并由当班负责人检查、核实、签字，要保证做到在绝缘方面不漏测一辆车。

7.4.3 电动汽车安全事故防范与处理

随着电动汽车保有量的逐年增加，交通意外、汽车自燃等事故频频发生，电动汽车安全问题引发了全社会的高度重视。需要制定电动汽车安全事故防范与处理应急预案来进一步规范电动汽车的应急管理工作，提高应对风险和防范事故的能力，保证人员安全健康和财产的安全，防止突发性安全事故的发生。在事故发生的情况下，能够及时、准确、有条不紊地控制和处理事故，有效地开展自救和互救，尽可能把事故造成的人员伤亡、环境污染和经济损失减小到最低程度。

安全事故防范与处理是一项系统工程，国家和地方政府相关部门应联合电动汽车企业、电动汽车监管平台、行业协会等，根据组织结构、管理模式、风险大小、地理位置，以及新能源车辆应用规模的不同，结合实际情况，从生产方、运营方、监管方和应急救援方，分别制定相应的综合应急预案、专项应急预案和现场处置方案。做到危害因素清楚，应急责任明确，应对措施有效，应急响应及时，应急资源充分，立足自救，形成体系。按照统一领导、分级负责、条块结合、属地为主的原则，同国家应急预案相衔接。

1. 安全事故风险描述

（1）电动汽车基本情况 电动汽车具有一般车辆的外在危险因素，同时其动力蓄电池和高压电动部件在行驶时也具有内在危险因素，而且其内在危险因素可由外在危险因素触发或加剧。

电动汽车在其行驶、停放、充/换电过程中主要存在交通事故、触电、火灾、灼伤、爆炸、中毒、起重伤害、机械伤害等危险因素，涉及动力蓄电池系统、高压零部件、充/换电设施设备、配变电系统、特种设备等危险源。

（2）电动汽车起火原因、危害及安全管理 随着电动汽车的发展和普及，越来越多的人开始接受并使用电动汽车，但是由于技术和应用问题，电动汽车起火事件偶有发生，这不仅影响新能源汽车产业的发展，更危害着个人和公众的安全。下面将对电动汽车起火原因、起火危害和起火安全管理进行介绍。

1）起火原因。

① 充、放电引起的火灾。电动汽车在充电过程中，若电池单体 SOC 达到 100% 后仍继续充电，则会导致电池过充电。过充电时，三元材料等层状正极材料分解产生氧气，进而导致电解液氧化分解，电池内部温度上升。当使用石墨作为负极时，过量的锂沉积在负极表面，并与电解液反应产生热量，导致电池内部温度升高，当达到反应的临界温度时，会导致

满电石墨负极及锂金属的剧烈氧化，产生大量的热量和气体，导致热失控。而在低温或大倍率充电的情况下使用石墨作为负极时，容易在负极表面析出锂金属单质，形成锂枝晶。锂枝晶可以穿透隔膜，造成正负极内短路，引起电池起火、爆炸。电动汽车在行驶时为放电状态，如果放电时存在过放电，使用石墨负极及铜箔作为负极集流体时，铜箔会溶解并沉积在隔膜及正极上，可能导致电池内短路，进而导致电池热失控。

② 发生机械碰撞。当发生交通事故时，若电池部位受到撞击，将会导致电池出现严重的挤压、形变、穿刺等，导致内短路、发热、电解液蒸发、电池鼓胀，可能引发燃烧和爆炸等问题。另外，电池破损后还可能出现电击情况，使汽车出现火灾事故。碳基锂离子电池负极材料与空气接触以后，会造成剧烈氧化，导致电池破裂，严重的甚至还会出现燃烧爆炸现象。

③ 电池组局部过热。除机械滥用和电滥用易引起电池过热外，电池连接件接触松动也可能引起局部过热。电池组中的电池单体通过金属连接件连接，在车辆行驶时，若电池连接件松动，则会导致接触电阻显著增加。电极与连接件接触处的不良连接可能导致界面过热，热量由接触界面传向电池，易导致电池温度升高甚至热失控。

④ 汽车涉水时引发火灾。汽车在行驶过程中，往往会遇到恶劣的天气，若路面出现大量的积水，则电池间接线或电机控制系统容易被水侵蚀，直接造成电池漏电，使电路出现短路的问题。外短路与电解水产气耦合产生拉弧，电弧击穿电池壳体导致电解液泄漏，泄漏的电解液溢出后遇空气燃烧。高温电弧也可能导致电池热失控，加剧浸水失效的危害。石墨基负极在充满电的嵌锂状态下是一种反应活性很高的材料，遇水会发生剧烈的化学反应，产生氢气并放出大量热量，引起剧烈燃烧。

⑤ 电动汽车内部电子器件原因起火，主要包括高压、低压故障。其中，低压故障与传统内燃机车区别不大，包括熔丝、继电器、整车控制器等的故障。高压故障与传统内燃机车区别较大，主要包括电池系统、驱动电机、逆变器、DC/DC变换器、主控盒、正温度系数（PTC）电阻、车载充电机、快充装置等的故障。由于这些高压部件线束过多，一旦连接不可靠，就可能会发生短路导致部件失效，进而引发火灾。

2）起火危害。

① 动力蓄电池燃烧温度高。以三元材料锂电池为例，当发生热失控燃烧时，经红外热像仪测试，其火焰最高温度可达880℃。常规汽油燃烧时温度在400℃左右，动力蓄电池燃烧温度远远高于传统汽车中汽油燃烧的温度。

② 动力蓄电池燃烧迅速。动力蓄电池发生火灾的过程中，由于各种诱因的作用发生副反应，易导致动力蓄电池热失控，电池中的电解液挥发、分解，冲开安全泄压装置，最终电解液着火。从有明火出现至完全烧毁，有些电池仅需数秒。

③ 不同体系的动力蓄电池燃烧差异大。不同体系的电池由于其正极材料的不同，具有不同的电化学反应、电池电压和容量，因此发生火灾时的表现也不尽相同。以磷酸铁锂电池和三元材料锂电池为例：磷酸铁锂电池燃烧前发烟量大，燃烧持续时间较长；三元材料锂电池发烟较少，燃烧初期火焰呈喷射状，燃烧迅速。

④ 动力蓄电池火灾扑救困难。动力蓄电池的火灾是由一系列电化学反应引发的，并且这些电化学反应速度较快，燃烧时一些电池成分会分解形成氧化物，即使在没有氧气的环境

中也能支持燃烧反应。根据动力蓄电池的结构，其电芯外部由外壳材料包裹，燃烧反应发生在电池内部，灭火剂一般不能直接作用于电池内部。对于动力蓄电池包而言，电池包的外壳材料阻挡了灭火剂对起火电芯的直接作用，灭火更为困难。此外，有些负极（如石墨负极）在满电时会和水发生反应，生成可燃性气体，促进燃烧。

3）起火安全管理。

① 电机热保护要求。电机应装配温度传感器，并通过电机控制器实现温度检测功能。如果检测到电机温度过高，电机控制系统应限制电机功率或者禁止电机工作，并通过整车CAN通信向整车控制器输出电机温度报警或者电机温度过高信号，整车控制器通过仪表板向驾驶人提示。

② 电机控制器热保护要求。电机控制器具备温度检测功能，如果检测到温度过高，系统应限制电机功率或者禁止电机工作，并通过整车CAN通信向整车控制器输出控制器温度报警或者控制器温度过高信号，整车控制器通过仪表板向驾驶人提示。

③ 充电系统热保护要求。在充电过程中，整车的充电系统需要对充电口的温度进行监控，当采用国家标准规定的模式充电时，建议对充电插头进行温度监控。当超出温度保护阈值时，应能采取有效措施进行保护（如降低功率或者停止充电），以免导致器件损坏或者起火。

④ 动力蓄电池热保护要求。整车应能有效地对电池系统进行散热和降温，以确保电池系统温度始终在正常使用范围内，避免温度过高影响电池系统寿命。整车设计时应考虑如果电池发热温度超出正常使用范围时，应该限制功率输出，并加以提醒。如果有热失控发生风险，整车应具备提前提醒和报警功能，确保驾乘人员提前安全撤离。

⑤ 整车空调PTC发热器件热保护要求。整车应对空调PTC发热器件进行绝缘监测，空调PTC发热器件应具备故障诊断功能及过热保护和故障报警功能。

（3）危险源与风险分析 电动汽车类型众多，应用场景和工况复杂，存在危险因素多的特点，涉及动力蓄电池系统、高压零部件、充/换电设施与设备、配变电系统、特种设备等危险源。电动汽车危险源、危险等级划分标准见表7-12，电动汽车应用过程中的主要危险因素与风险分析见表7-13，主要危险源分布情况见表7-14。

表7-12 电动汽车危险源、危险等级划分标准

危险等级	分级标准	
	可能造成伤亡人数	直接经济损失
一级	3人以上(含)死亡或10人以上(含)重伤	500万元以上
二级	3人以下死亡或3人以上10人以下重伤	100万~500万元
三级	1~2人重伤	50万~100万元
四级	轻伤或无人员受伤	50万元以下

表7-13 电动汽车应用过程中的主要危险因素与风险分析

运行过程	主要危险因素	风险分析		危险等级
		危险发生可能性	严重程度	
充电	触电	小	小	四级
	火灾	小	中	三级

（续）

运行过程	主要危险因素	风险分析		危险等级
		危险发生可能性	严重程度	
充电	爆炸	小	中	二级
	中毒	小	中	三级
换电	火灾	小	大	二级
	爆炸	小	大	一级
	中毒	小	中	三级
	起重伤害	中	小	四级
	机械伤害	中	小	四级
车辆行驶	交通事故	中	中	二级
	火灾	小	大	二级
	爆炸	小	大	二级
	灼伤	小	小	四级
	触电	小	小	四级
	中毒	小	中	三级
车辆停放	火灾	小	大	二级
	爆炸	小	大	二级
	中毒	小	中	三级
车辆运输	火灾	小	中	一级
	爆炸	小	中	一级
	中毒	小	中	三级

表 7-14　主要危险源分布情况

场所	危险等级	危险因素	相关单位
充电站	二级	触电、火灾、爆炸、中毒	充电站运营管理单位 充电设施设备生产企业
换电站	三级	触电、火灾、爆炸、起重伤害、机械伤害、中毒	换电站运营管理单位 充、换电设施设备生产企业
道路	一级	交通事故、火灾、爆炸、灼伤、触电、中毒	电动汽车生产企业 动力蓄电池单体/包生产企业
电动汽车密集存放场所	二级	火灾、爆炸、中毒	电动汽车密集存放场所运营管理单位
电动汽车运输工具	二级	火灾、爆炸、中毒	电动汽车生产企业 相关零部件生产企业

2. 应急组织机构及职责

（1）组织体系　全国电动汽车应急救援组织体系由国务院有关部门、各级地方人民政府安全生产事故灾难应急领导机构、综合协调指挥机构、专业协调指挥机构、应急支持保障部门、应急救援队伍和生产经营单位组成。地方各级人民政府的安全生产事故灾难应急机构由地方政府确定。应急救援队伍主要包括消防部队、专业应急救援队伍、生产经营单位的应急救援队伍、社会力量及有关国际救援力量等。

（2）**现场应急救援指挥部及职责**　现场应急救援指挥以属地为主，事发地省（区、市）人民政府成立现场应急救援指挥部。现场应急救援指挥部负责指挥所有参与应急救援的队伍和人员，及时向国务院报告事故灾难事态发展及救援情况，同时抄送国务院安全生产委员会办公室。

涉及多个领域、跨省级行政区或影响特别重大的事故灾难，根据需要由国务院安全生产委员会或者国务院有关部门组织成立现场应急救援指挥部，负责应急救援协调指挥工作。

3. 安全事故预警及信息报告

（1）**安全事故预警**　安全事故预警信号可以通过现场报警、企业监测平台、地方监测平台、新能源汽车国家监管平台及其他部门发出。

1）预警分级。对于电动汽车可能发生和可以预警的突发安全事故进行预警。预警级别依据突发公共事件可能造成的危害程度、紧急程度和发展态势，一般划分为四级，分别为Ⅰ级（特别严重）、Ⅱ级（严重）、Ⅲ级（较重）和Ⅳ级（一般），依次用红色、橙色、黄色和蓝色表示。

Ⅰ级预警：电动车辆应用过程中出现重大人身伤亡事故、群体性事件和媒体重点关注的负面事件。

Ⅱ级预警：危及人身安全、引起主要总成报废、造成重大经济损失或对周围环境造成严重危害的故障。

Ⅲ级预警：造成车辆停驶、性能下降或影响行车安全，可能引起主要零部件、总成损坏或性能显著下降，不能通过重新起动系统或采用随车工具在短时间内修复的故障。

Ⅳ级预警：对汽车运行安全没有直接影响，不需更换零件，通过重新起动系统、车辆断电静置或采用随车工具在短时间（约5min）内可轻易排除的故障。

电动汽车典型电气系统故障预警项目及阈值见表7-15。

表7-15　电动汽车典型电气系统故障预警项目及阈值

报警		参考阈值范围	备注
温度差异报警（车辆行驶工况）		最高温度与最低温度差值>8℃（预警级）	
电池高温报警		≥50℃	
单体过电压报警	锰酸锂/三元材料	>4.3V	
	磷酸铁锂	>3.75V	
单体欠电压报警	锰酸锂/三元材料	<2.75V	
	磷酸铁锂	<2V	
SOC低		SOC<10%（预警值）	具体报警参数由企业根据具体车型以此为基础自定义
电机过温		≥150℃	
电机控制器过温		≥90℃	
电池反接		≤0V	
动力输出异常中断		Φ（踏板开度值）=0，I（输入电流）=0A	
电池系统过电压报警		企业自定义	
电池系统欠电压报警			
电池包不匹配报警			
电池一致性差报警			
绝缘失效信息			

电动汽车电气系统严重故障预警阈值见表7-16。

表7-16 电动汽车电气系统严重故障预警阈值

报警		分级规则
电池高温报警		≥65℃,持续大于10s
电池快速温升报警		最高温度变化率≥5℃/10s
单体过电压报警	锰酸锂/三元材料	≥4.5V
	磷酸铁锂	≥4V
单体欠电压报警(含电池反接)		≤1V
电机过温		≥170℃
电机控制器过温		≥110℃
绝缘信息(可选项)		≤10000Ω

2)安全事故防范措施。当达到Ⅱ级预警条件或以上时,相关单位负责人有发布预警报警及宣布进入预警期的权力,同时有启动本级应急救援预案的权力,根据实际情况有权指挥应急救援队伍按预案程序进行救援行动,有权越级向上级部门或相关单位汇报相关情况和已经采取的措施。当出现重大险情,不能保证现场人员人身安全时,有权决定停止现场救援并组织人员安全撤离现场。发布预警警报,宣布进入预警期后,应急响应办公室接到事故发生应采取应急救援行动的信息,应立即做出研究和判断,上报总指挥,总指挥发布命令启动应急预案;组织有关部门和人员,预测发生事故可能性的大小、影响范围和强度及可能发生事故的级别;责令应急救援队伍人员进入待命状态,并动员后备人员做好参加应急救援和处置工作的准备;当预警级别扩大为Ⅰ级时,上报总指挥,由总指挥发布Ⅰ级预警警报,除采取以上应急措施外,还应转移、疏散或者撤离易受事故危害的人员并予以妥善安置,转移重要财产,通知事故发生地周边受到影响的单位。有事实证明不可能发生突发事件或者危险已经解除的,发布警报的负责人应当立即宣布解除警报,终止预警期,并解除已经采取的有关措施。

3)预警信息发布。当出现预警情况时,发现者(现场操作人员、巡检人员和监控平台部门)应及时发布预警信息,根据不同的事故类型,采取不同的预警方式,预警和应急行动流程如图7-11所示。

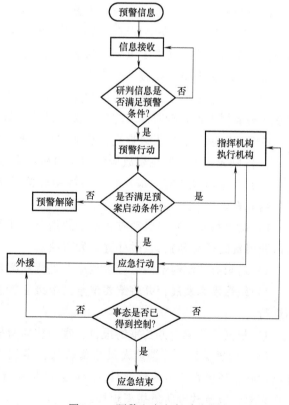

图7-11 预警和应急行动流程

（2）**信息报告** 突发事件发生后，现场有关人员应立即向本单位应急救援领导组（应急救援指挥中心或应急响应办公室）报告。应急救援领导组接到报告后，首先须立即做出判断，若需要启动预案，立即通知各职能部门或可能受到事故影响的单位进入预警状态；应急救援领导组的成员立即到位，开展工作。同时根据事件等级，决定是否向地方人民政府、上级主管部门报告，根据需要提出援助申请。

突发事件的信息通报由应急救援领导组根据具体情况确定后统一发布，任何单位和个人不得随意发布突发事件信息。在事件处理过程中，要即时向上级主管部门、地方政府报告事故处理进展情况。

4. 安全事故应急响应

（1）**突发事件及响应分级**

1）突发事件分级。突发事件按照人员伤亡和财产损失情况一般分为以下四个等级。

一级突发事件：造成3人以上（含3人）死亡或10人以上（含10人）重伤，或危及多人生命安全，或者多人中毒，或者造成直接经济损失500万元以上（含500万元），或社会危害及影响重大的突发事件。

二级突发事件：造成3人以下死亡或3人以上10人以下重伤，或者造成直接经济损失100万（含100万）~500万元，造成一定社会影响的突发事件。

三级突发事件：造成3人以下重伤，或者造成直接经济损失50万（含50万）~100万元。

四级突发事件：发生轻伤或者未遂事故，或直接经济损失在50万元以下的突发事件。

2）响应分级。根据突发事件的分级标准，突发事件响应分为Ⅰ级响应、Ⅱ级响应、Ⅲ级响应和Ⅳ级响应，其中Ⅰ级响应为最高级别响应。

发生一级突发事件要做Ⅰ级响应，启动安全事故综合应急预案，同时报告地方政府和上级主管部门，请求给予应急支援；发生二级突发事件要做Ⅱ级响应，启动安全事故综合应急预案，酌情报告地方政府请求应急支援；发生三级突发事件要做Ⅲ级响应，启动专项预案；发生四级突发事件要做Ⅳ级响应，启动现场处置方案。

（2）**响应程序** 安全事故应急响应的相关流程如图7-12所示。

（3）**应急救援步骤** 应急救援指挥中心接到突发事故报告后，根据事件可能造成的危害和响应等级，一般采取如下应急步骤：

1）做出判断，发出启动应急预案的指令（指挥协调交通、消防、医疗急救等有关应急队伍开展救援行动等），及时处置突发事故。

2）通知有关职能部门做好事故应急处置和配合工作。

3）跟踪事态发展，并将重要信息向上级主管部门定时通报，保障事故应急救援工作顺利进行。

4）根据应急响应办公室的报告，宣布应急救援工作结束，撤除应急指令。

（4）**应急结束** 当遇险人员全部获救，事故现场得以控制，导致次生、衍生事故的隐患已消除，环境符合有关标准时，经应急救援领导组确认，由应急救援总指挥宣布现场应急工作结束，应急救援队伍撤离现场。

应急救援指挥中心将应急救援过程中掌握的事故经过、事故发生初步原因判断、应急处

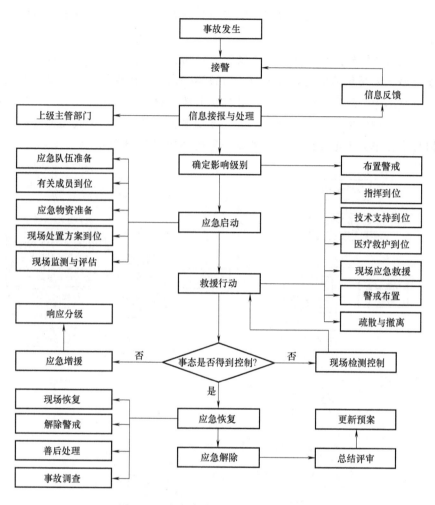

图 7-12　安全事故应急响应的相关流程

置的详细过程等材料及时移交给事故调查组，并向事故调查组或事故发生单位提出预案和应急救援工作的改进建议。

5．安全事故后期处理

现场应急结束后，应采取措施保护好现场，为事故调查、善后恢复做好准备。针对事故原因采取控制措施，如控制火源措施、控制泄漏源措施等，将事故现场恢复至相对稳定、安全的基本状态，以恢复秩序。为避免恢复现场过程中出现危险，并为长期恢复提供指导和建议，应明确以下事宜：①相关人员的撤点、撤离和交接程序；②宣布应急结束的程序；③重新进入和人群返回的程序；④受影响区域的连续检测；⑤事故调查和损失评估。

总结报告内容应包括：①事件情况，包括事件发生的时间、地点、波及范围、损失、人员伤亡情况、事件发生的初步原因；②应急处置过程；③处置过程动用的应急资源；④处置过程遇到的问题及取得的经验和应吸取的教训；⑤对预案的修改意见。

应急救援指挥中心负责将应急总结、值班记录等资料进行汇总归档，并起草上报材料，上报当地政府相关管理部门及上级主管部门。同时有关部门应及时将安全事故信息公开，在信息发布过程中，应遵守国家法律法规，实事求是、客观公正、内容翔实、及时准确，并符合有关保密规定。

　　一般性安全故障和事故由企业负责人发布，重大安全事故由政府相关部门和企业联合发布。信息发布形式主要包括接受记者采访、向媒体提供信息稿件等。在电动汽车安全事故处理流程中，由监测中心进行事故上报，并进行相关数据分析，得出车型分析结果，由国家平台和企业平台对车辆数据进行对比分析，事故详细报告分级审核后上传至监管部门。新能源汽车国家监管平台中关于电动汽车安全事故处理流程如图 7-13 所示。

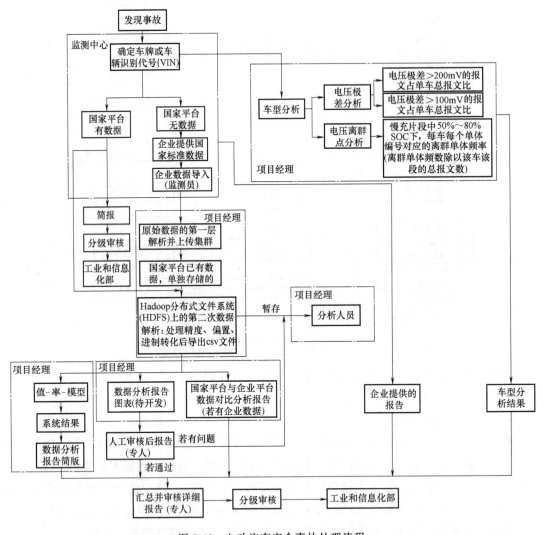

图 7-13　电动汽车安全事故处理流程

7.5　电动汽车报废与回收利用

　　传统燃油汽车的报废与回收产业相对成熟，而对于新兴的电动汽车，由于其动力蓄电池具有复杂的电化学特性，增加了电动汽车在回收利用阶段的处理难度，且国内尚未形成完善的回收及再生利用产业模式，对动力蓄电池全生命周期的监管也处于探索和试行阶段，因此，研究电动汽车报废与回收利用对我国电动汽车产业具有重要意义。下面从我国动力蓄电池溯源管理体系、动力蓄电池梯次利用及电动汽车废料与材料回收三个方面来介绍电动汽车的报废与回收利用产业及其技术发展现状与趋势。

7.5.1　动力蓄电池溯源管理体系

1. 溯源管理的背景、目的及意义

作为电动汽车的核心零部件，动力蓄电池在未来几年将迎来大规模的"退役潮"。行业研究机构预测，到2025年，累计退役量将达到116GW·h（约78万t），如图7-14所示。预计2025年累计退役的动力蓄电池中，磷酸铁锂电池占比约为44%，三元材料锂电池占比约为50%，如图7-15所示。

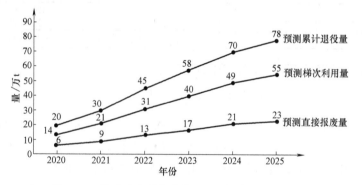

动力蓄电池溯源管理体系

图7-14　我国动力蓄电池退役及梯次利用情况预测

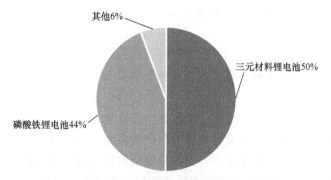

图7-15　预计2025年累计退役动力蓄电池种类分布

退役动力蓄电池若不进行合理的梯次利用和再生利用，将会引发一系列资源、环境和安全问题。然而，我国动力蓄电池回收产业仍处在发展初期，行业不够规范，市场不够成熟，动力蓄电池梯次利用及回收网络体系尚不健全，动力蓄电池单体、模块和系统在全生命周期的源头缺乏标准化设计和精准编码，这都会给生产追溯过程增加难度，给退役电池拆解再利用及全生命周期状态评估造成困难，导致回收作业效率低下。部分废旧动力蓄电池流入了缺乏资质的翻新"小作坊"，这些"小作坊"缺乏回收利用的专业技术，设备落后，不仅无法实现对废旧电池剩余价值的利用，还会带来安全和环保隐患，同时扰乱市场秩序。此种情况下，大规模的动力蓄电池报废回收无法得到保障和支撑，严重影响了动力蓄电池产业和新能源汽车产业的健康可持续发展。因此，急需对动力蓄电池梯次利用及再生利用行业进行规范，对动力蓄电池全生命周期体系进行监管。

2. 溯源管理国家平台

溯源管理国家平台（以下简称国家平台）包括车载管理模块和回收利用管理模块（图 7-16 所示）。其中，车载管理模块面向新能源汽车生产企业，采集新能源汽车生产、销售、维修、更换、回收环节的溯源信息；回收利用管理模块面向报废汽车回收拆解、梯次利用及再生利用企业，采集车辆报废、梯次利用及再生利用溯源信息。

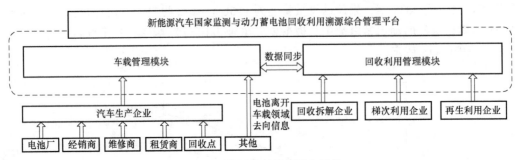

图 7-16　溯源管理国家平台架构

国家平台包含车辆生产、车辆销售、车辆维修、回收网点入库、回收网点退役、电池厂退役和车辆换电七个与动力蓄电池溯源全生命周期相关的环节。国家平台的主要功能包括：

1）接收汽车生产企业上报的车型规格书及与其配套的电池规格书。其中，电池规格书应由电池厂发送给新能源汽车生产企业，包括所交付电池产品的电池编码清单。汽车生产企业汇总整理信息，将电池规格书和车型规格书合并，上报至对应的检测机构进行符合性审查。最终上报给国家平台。

2）接收汽车生产企业上报的电动汽车销售数据。当新车完成销售时，汽车生产企业应将车牌与 VIN 绑定，并将所销售车辆上的电池编码信息连同车辆信息及时上传至国家平台，完成电池编码信息的收集储存。

3）接收车辆维修、换电时的溯源管理数据。在车辆的使用过程中，当发生电池更换、拆解、报废等行为时，相关企业均需要及时将更替的电池编码信息上报至汽车生产企业，由汽车生产企业统一上传至溯源管理系统，完成电池编码信息的更新替换。

4）接收车辆退役和电池梯次利用溯源管理数据。在电池进入梯次利用和回收利用环节时，相关的车辆退役网点、电池回收利用企业应将退役电池的编码信息、去向信息及时发送给汽车生产企业，并由汽车生产企业转发至国家平台，实现动力蓄电池全生命周期的监管。

5）数据存储与分析。动力蓄电池全生命周期溯源管理中的编码、去向等信息，存储在 Kudu 数据库中，以便实现电池包编码、电池模块编码的插入、修改、删除的数据操作。此外，利用 Hadoop、Spark 等技术，国家平台还具有依据电池规格信息中的外形、电池类型、生产厂商结合车辆的生产厂商、车辆用途等信息进行全局统计、区域分布、维修量的统计分析的功能。

溯源体系的完整逻辑结构如图 7-17 所示。

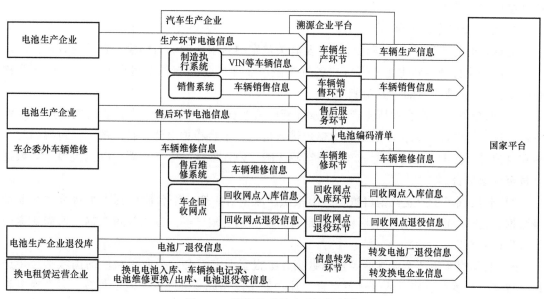

图 7-17 溯源体系的完整逻辑结构

根据图 7-17 所示的溯源体系便可以高效、实时地监控动力蓄电池全生命周期溯源信息，并进行数据分析和性能评估。

从技术层面看，国家平台主要由基础设施及基础服务层、数据存储层、服务支撑层和应用服务层组成，其技术架构如图 7-18 所示。其中：

1）基础设施及基础服务层是系统高效、稳定、安全运行的重要保障，包括系统硬件设备和软件设备。

2）数据存储层主要是各种基础数据库和业务数据库，包括用户表、角色表、接口配置表、字典表、车辆信息表、电池包表、电池模块单体表、日志表等数据信息。

3）服务支撑层立足于解决系统的共性需求，在统一数据库和数据访问接口的基础上，开发公共模块，能够满足绝大多数情况下的业务服务需求。

4）应用服务层提供对外的服务接口的调用，包括车辆电池生产信息接口应用服务、车辆电池销售信息接口应用服务、车辆电池维修

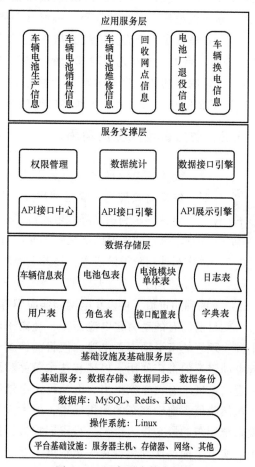

图 7-18 国家平台技术架构

223

信息接口应用服务、回收网点信息接口应用服务、电池厂退役信息接口应用服务和车辆换电信息接口应用服务。

3. 溯源管理企业平台

为更好地落实生产者责任延伸制度及有关规定的要求，确保与国家平台平稳对接，满足汽车生产企业自身差异化业务需求，各汽车生产企业应建立溯源管理企业平台（以下简称企业平台）。企业平台的主要功能如下：

1）收集汽车生产企业所生产车辆及配套电池数据并上报至国家平台。由电池厂向企业平台传送车辆电池信息，以电池包为单位进行传送，平台根据电池厂传入的电池包编码对车辆和电池进行匹配，完成匹配的车辆将车辆 VIN、公告型号、生产日期、电池包编码等数据上报至国家平台。

2）收集汽车生产企业销售数据并上报至国家平台。企业平台应向国家平台传送车辆销售数据，包括 VIN、车牌、车辆用途、销售日期和销售地区等。接入销售数据之前需要提前录入生产数据。

3）收集汽车生产企业维修及换电数据并上报至国家平台。企业平台应向国家平台传送维修数据，与生产、售后数据进行组合。此功能用以完成车辆维修中电池更换，以及换电租赁电池信息，可以根据实际情况单独维修或更换电池包或电池模块，传入数据包括车辆 VIN、新电池编码、旧电池编码、维修日期和维修厂商等。

4）收集汽车生产企业退役数据并上报至国家平台。企业平台采集汽车回收网点数据，并向国家平台上报汽车退役时车辆的 VIN、退役电池编码、退役去向等信息。

5）定制化功能。汽车生产企业根据自身情况定制包括整车信息接入、底盘信息接入、改装厂子账号开放、维修厂数据接口等功能。

7.5.2 动力蓄电池梯次利用

动力蓄电池
梯次利用

动力蓄电池梯次利用是指当动力蓄电池不能满足电动汽车的功率和能量需求时，继续将其应用到满足使用要求的其他领域，充分发挥其剩余价值。

电池梯次利用是降低电动汽车使用成本的重要手段。电池购置价格偏高是限制电动汽车推广的重要因素之一。通过对动力蓄电池进行梯次利用，可有效降低电池在电动汽车使用阶段的成本，提升电池的利用价值。动力蓄电池梯次利用将是提高能源综合利用率的一个重要环节。当电动汽车大规模应用后，已淘汰的动力蓄电池将有巨大的利用价值，可以在电网储能应用等方面发挥重要作用。

就目前已有的动力蓄电池而言，锂离子电池在综合效率和能量密度方面优于其他电池，是较为理想的牵引动力蓄电池。但目前锂离子电池在电动汽车上应用时的成本仍偏高，制约着电动汽车的推广便用。以现有技术条件和原材料成本来说，要在短期内大幅降低成本具有一定的难度。有关专家提出，电池可由电池制造商以出租的形式租给电动汽车用户，这种方式虽然降低了电动汽车的购买成本，但大大增加了电池制造商的投资成本。建立一套电池更换系统所需的资金投入巨大，投资回报慢，过程中存在的所有潜在风险均需由电池制造商承担。实行电池梯次利用则在一定程度上缓解了这个问题，既降低了成本，又缩减了电池制造商的投资回报周期。

结合电动汽车推广应用的实际情况来看，城市公交、市政、环卫、城乡短途客运及旅游观光等行业都有零排放电动汽车的使用需求。因此，研究和发展基于电池租赁模式的电池梯次利用，非常符合电动汽车的产业化需求。

电池梯次利用技术包括电池梯次分类的判定技术及电池组的模块化、标准化设计技术等。

1. 电池梯次分类的判定技术

作为梯次分类的判断依据，电池容量的检测至关重要。对于已使用的锂离子电池，一般采用电池容量检测仪进行电池容量的测量。其基本原理是根据放电时间与放电电流的积分来计算电池容量。电池容量检测仪是电动汽车制造与维修过程中用来测量电池性能的设备。为方便电池的梯次分类，可将电池容量检测仪在线测得的电池容量通过车内控制器局域网络（CAN）总线动态反映到车辆仪表上。

2. 电池组的模块化、标准化设计技术

为了便于后续电池梯次分类，使车用动力蓄电池组具有可移植性，电池在使用前需要经过严格的分选，电池模块也需要采取通用化设计。梯次利用实际应用中，不同种类及新旧程度不同的电池不能混用，以免由于电池容量的不匹配而引起过充、过放等情况。为保证各梯次车型之间电池梯次利用可行且移用方便，车用电池模块的标准化、通用化设计也至关重要。

从理论上讲，电池包、蓄电池模块、单体电池都可以进行梯次利用。但从现阶段退役动力蓄电池的实际情况分析，受限于技术条件，电池包直接梯次利用存在电压等级不匹配、BMS不兼容、内部电池一致性差等安全隐患，因此还未大规模普及。单体电池梯次利用由于单体拆解成本高、电池电极容易在拆解过程中被损坏、检测重新配组成本高等问题，也很少被采用。相比之下，电池模块梯次利用的方式是现阶段最普遍采用的。

（1）动力蓄电池包的拆解过程

1）采用专用起吊工具和起吊设备将动力蓄电池包（组）起吊至专用拆解工装台。

2）拆除动力蓄电池包（组）外壳。

3）外壳拆除后，应先拆除托架、隔板等辅助固定部件。

4）使用绝缘工具拆除高压线束、电路板、电池管理系统、高压安全盒等功能部件。

5）根据动力蓄电池模块的位置和固定方式，拆除相关固定件、冷却系统等部件，采用专用取模器移除模块。

6）动力蓄电池包（组）拆解过程中，要注意避免拆除的螺栓等金属件与高低压连接触头的接触，以免造成短路起火，同时要配备专用磁吸工具，用于取出脱落在缝隙中的金属件。

（2）动力蓄电池模块的拆解过程

1）采用专用模块拆解设备对模块进行安全、环保拆解。

2）采用专用起吊工具及起吊设备将动力蓄电池模块起吊至拆解工装台或模块拆解设备进料口。

3）拆除电池模块外壳。

4）外壳拆除后，采用绝缘工具拆除导线、连接片等连接部件，分离出电池单体。

5）动力蓄电池模块拆解过程中，要注意模块的成组类型与连接方式，拆解过程中应做好绝缘防护，高低压插接件的接口应利用绝缘材料及时封堵，不应徒手拆解模块。

（3）动力蓄电池梯次利用的产品性能及经济性分析

1）安全性。从现有研究及使用情况看，梯次利用电源产品在安全性方面与采用新电池制造的电源产品无明显差异，与铅酸蓄电池电源也没有明显差异。

2）电源整体性能。通过对可梯次利用电池筛选、配组标准的控制，可以保证梯次电源产品在电压等级、有效容量、充放电性能等主要性能指标上与新电池制造的电源产品基本一致。

3）使用寿命。由于真正的梯次电源产品规模化使用时间较短，关于使用寿命，目前还不能提供有说服力的数据。从理论上分析，如果按剩余容量80%时退役、电动汽车使用5年、梯次利用场景为通信备用电源测算，磷酸铁锂电池梯次利用产品的使用寿命（5年）与铅酸蓄电池电源相同，三元材料锂电池梯次利用产品的寿命（2~3年）则短于铅酸蓄电池电源。

4）经济性。按现有市场价格测算，磷酸铁锂电池梯次利用电源产品的销售价格与铅酸蓄电池产品相比，若证明两者的使用寿命相同，则两种产品的经济性是持平的；如果前者的使用寿命能更长，则其经济性更优。

由于容量、内阻不一致等原因，电池包直接梯次利用的方式目前很少被采用，但随着电池制造水平的提高和电池自动化生产线的广泛使用，电池的一致性将显著提高，为电池包直接梯次利用创造条件。

未来一段时间，梯次利用技术将向电池包直接梯次利用方向发展。以通信基站48V备用电源为梯次利用场景，电池包直接梯次利用应用方案是指将动力蓄电池包从电动汽车上拆卸后，直接运输到铁塔基站，改造为48V电源。这种方案由于只经过一次物流和两次拆装就可以使用，大幅度降低了梯次利用成本。但对车企动力蓄电池的设计提出了更高的要求：

1）要选择性能稳定、一致性很高的高品质电池，确保退役电池具备很高的可梯次利用率（>90%）。

2）动力蓄电池只需经过简单改造就可以满足48V通信备用电源要求。

3）如果动力蓄电池中个别电池模组不能继续使用，可以经过简单操作从动力蓄电池中排除。

4）BMS经过软件更新后可以满足48V通信备用电源对其的要求。

7.5.3　电动汽车废料与材料回收

电动汽车废料与材料回收

若电动汽车上退役的动力蓄电池无法满足梯次利用需要，则应对其进行回收处理。除此之外，报废电动汽车上的其他零部件和材料，如钢、铁、铝、镉、铅、橡胶、塑料、玻璃等，若处理不当，会对土地、水源和大气环境造成严重的污染。实际上，将这些零部件进行合理的回收、拆解、化学成分提取等，就可以得到有效的回收利用。

据2017年的统计数据，我国汽车工业每年消耗的钢材量达到5884万t，玻璃和塑料的年消耗量也达到了百万吨级。巨大的资源消耗加剧了我国资源紧张形势，而随着近年来汽车产量的逐年提高，资源和环境问题对我国汽车工业的可持续发展提出了巨大的挑战，合理的资源回收与利用是解决这一问题的重要途径。据统计，每年我国约有800万辆汽车需要报废。2011～2018年我国汽车报废量和回收量如图7-19所示。

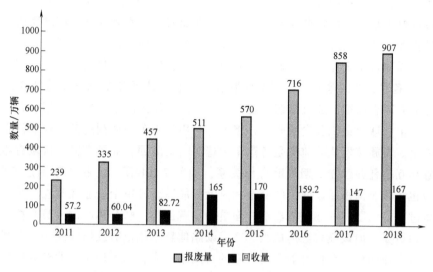

图7-19　2011～2018年我国汽车报废量和回收量

据粗略统计，生产一辆轿车需要耗费的钢材约为1200kg。实践证明，废旧汽车上的钢铁、有色金属零部件90%以上是可回收利用的，玻璃、塑料等的回收利用率也可达50%以上，从一辆报废的轿车中可以回收废旧钢材近1000kg、有色金属近50kg。同时，充分利用废旧汽车资源还可有效地节能降耗，产生可观的经济效益。

目前，国内的报废汽车回收利用情况为：材料利用率低，废液和废弃物处理不当，每年有大量的报废汽车未得到有效处置，汽车零部件中的固体材料和有毒有害液体渗透到土壤或挥发到大气中造成严重的环境污染，由此导致的污染问题日益突出。

1. 回收利用模式

汽车产品报废回收模式的选择与政策法规、企业的经营策略等有很大关系。根据汽车产品报废回收参与主体的不同，可将报废回收模式分为制造商回收模式、制造商联合体回收模式和第三方回收模式，如图7-20所示。

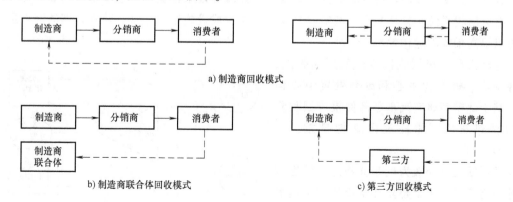

图7-20　报废回收模式

（1）**制造商回收模式**　制造商回收模式即汽车制造商针对本品牌的汽车产品，基于企业的分销网络，出资建立报废回收体系及网络中的各个节点，对报废产品从回收、拆解、再制造到再销售实行全过程的管控，如图 7-20a 所示。这种回收模式对于汽车制造商来说是一种节约资源的好方法，可以降低原材料成本，并能及时从消费者处获得产品反馈，及时获知产品缺陷等信息，从而改进和提升后续产品质量，更好地为客户服务，提升企业竞争力。但是，这种模式需要汽车企业出资组建报废回收体系，投资巨大，只适用于大型汽车制造商。

（2）**制造商联合体回收模式**　制造商联合体回收模式即几个汽车制造商通过合资或其他方式合作成立联合组织，通过该组织建设可共享的汽车产品报废回收网络。合作企业的报废汽车产品均由该联合组织负责回收，并将可再利用的部分送往制造商，各合作企业承担相应的运营费用。实施该模式的前提是各汽车制造商的报废回收业务在同一区域有相互重合的部分，能够相互信任并建立长期战略合作关系，如图 7-20b 所示。相比于制造商回收模式，这种模式分担了车企构建回收网络的资金和风险，能够减轻单个企业在建立与运营报废回收网络中成本过高的问题，并在规模经济方面更加具有优势；联合体内的人员在技术上更加专业，工作效率更高。但该模式会造成汽车产品缺陷信息不能及时反馈等问题，不利于产品的质量改善；各企业间分工合作可能需要一定的时间来适应，也增加了企业核算报废回收成本的难度。该模式适用于规模和能力相当的中小型制造商。

（3）**第三方回收模式**　第三方回收模式即报废汽车产品由专业的第三方回收机构依照汽车制造商的要求负责回收，产品的处置交由汽车制造商、零部件供应商或汽修厂完成，如图 7-20c 所示。该模式下，电动汽车的回收交由专业机构完成，由于专业机构在技术、信息管理与人力资源等方面占有优势，能够为客户提供更加专业而高效的服务，并易于形成规模经济；汽车制造商能够专注于核心业务，不需要在与报废回收相关的设备购置、信息管理、技术人员培训等方面增加投入，降低了政策、资金、市场等不确定因素给制造商带来的风险。但该模式会使制造商无法系统地了解汽车产品报废回收的过程，逐渐形成对第三方机构的依赖，且不能及时掌握产品缺陷信息。该模式适用于中小型制造商。

2. 回收利用流程

汽车零部件回收利用阶段的传统处理方式包括对拆解出来的金属材料回炉重炼及对其他塑料简单焚烧填埋等。随着技术的发展，新的材料回收工艺逐渐成熟，零部件再制造、塑料重熔处理方式使报废回收的内涵越来越丰富，节能减排效果也更好。这些不同的处理方式也使得报废回收系统越来越复杂，故需要将相关的技术或设施组织起来，建立合理的网络层级结构以提高系统的运作效率。

电动汽车三级回收网络由基层回收点、拆解中心、资源化中心和废弃处置中心构成。基于此模型研究汽车零部件报废回收阶段的材料获取、能耗及污染物排放，如图 7-21 所示。

基层回收点一般为汽车维修点、销售网点等网络终端，主要建立在城市周边，负责收集报废汽车零部件，并组织送往拆解中

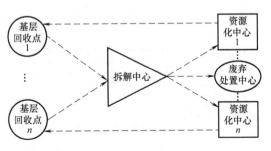

图 7-21　电动汽车三级回收网络

心。随后报废汽车零部件在拆解中心进行拆解、分类、检测等，称为拆解过程。拆解出来的零件分为四类，分别为可再利用零件、可再制造零件、可再循环零件及废弃处置材料。拆解后，可再利用零件经检测合格后被送往维修点、零配件销售网点等，返回市场进行销售；可再制造零件送往再制造中心，借助高速电弧喷涂等表面工程技术进行性能恢复或升级，然后返回销售市场；可再循环零件修复性能不佳，被送往再循环中心回炉重炼。再制造与再循环统称为资源化过程。对无法以较高的经济效益恢复价值的材料进行适当处置并利用残余价值，这称为废弃处置过程。将报废回收阶段所有的运输统称为运输过程。综上所述，将回收利用流程进一步细化为了拆解、资源化、废弃处置及运输四个过程，并以此阐述回收利用的基本流程，对其中的材料获取、能源消耗及污染物排放进行建模分析。

3. 动力蓄电池回收

(1) 动力蓄电池回收的概念　动力蓄电池回收是指动力蓄电池在功率和能量方面完全失去使用价值之后，通过一定的方法与途径被相关机构和企业收集，并分离出各种有利用价值的元素，减少或消除对环境带来的负面影响。不同类型的电池主要含有的有价金属见表 7-17。

表 7-17　不同类型的电池主要含有的有价金属

电池类别	主要有价金属	镍含量占比	钴含量占比	锰含量对比	锂含量占比	稀土元素含量占比
镍氢电池	镍、钴、稀土、锰元素	35%	4%	1%	—	8%
磷酸铁锂电池	锂	—	—	—	1.1%	—
锰酸锂电池	锂、锰	—	—	10.7%	1.4%	—
三元材料锂电池	锂、镍、锰、钴	12%	5%	7%	1.2%	—

注：表中数据为质量分数。

(2) 动力蓄电池回收的意义

1) 回收与再利用动力蓄电池中的稀有金属可以节约资源。车用动力蓄电池中含有贵金属和稀有金属，如锂（Li）、镍（Ni）、钴（Co）、钒（V）和稀土（RE）等，可回收利用的潜在价值很高。动力蓄电池是一类富集多种有价物质的资源富矿，对其进行高效、充分的回收利用，符合我国经济可持续发展的要求。特别是支撑锂离子电池的主要资源——锂、镍、钴在我国储量都较少，大部分依赖进口。当电动汽车大规模发展时，如果不加以循环利用，某些原生金属资源矿产将随着用量的增加而逐渐减少直至枯竭，严重威胁电动汽车产业的可持续发展。

2) 回收动力蓄电池是对环境和人类健康负责的举措。动力蓄电池或多或少都含有对人类有毒或有害的金属等物质，如果不进行适当的处理，会对环境和人类健康造成很大的影响和危害。

3) 锂离子电池的存储条件严格，必须科学回收处理。锂离子电池能量密度高、材料稳定性差，如果环境不符合要求，容易在运输和存储中发生短路、爆炸等事故。因此，从安全的角度考虑，必须对废旧锂离子电池进行回收处理。

4) 为了满足国际贸易相关法规，必须进行回收处理。为了保护本国环境和人民健康等，很多国家不断提高环保标准，制定相关法律法规对有潜在危害的产品设置限制。例如，欧洲议会和欧盟理事会就于 2006 年发布了 2006/66/EC 号《电池、蓄电池、废电池及废旧蓄电池》指令，规定各会员国及进入欧盟的产品应当制定电池产品回收体系以确保销售的电池能够有渠道得到回收。因此，如果我国电动汽车和电池厂商要进入欧盟等市场，必须对电池进行回收处理，以满足相关法律法规要求。

（3）锂离子蓄电池的回收技术　当前废旧锂离子蓄电池的回收技术主要分为火法冶金法及湿法冶金法。其中，火法冶金法是指通过高温去除废弃锂离子电池的塑料外壳及金属外壳，然后经过浮选及沉淀等过程得到金属化合物。火法冶金法的操作工艺流程较为简单，但是会消耗大量的能源并且还会造成二次污染。而湿法冶金法就是使用机械方法除去废旧锂离子电池的外壳，然后通过萃取、沉淀、吸附、离子交换、电化学等方法获得有价金属化合物，或是直接将提纯的金属溶液合成电极。由于湿法冶金法的能耗低、污染小，目前行业内通常用其进行废旧锂离子电池的回收。湿法冶金法的具体工艺流程如下：

1）预处理。在收到废旧锂离子电池之后，首先要对其进行放电，避免后续的拆解和破碎过程中出现短路放电，瞬间释放大量的热引发爆炸。目前通常采用导电盐溶液浸泡短路法、低温放电法及导体-金属粉末和半导体-石墨短路法对废旧锂离子电池进行放电。经过放电处理后的电池便可进行拆解、破碎及筛选流程。

2）电极材料的溶解浸出。对预处理后的电极材料进行溶解浸出，使有价组分溶于溶液中，以便进行后续提纯。目前，主要采用的溶解浸出方法包括传统的化学酸碱浸出法及随生物冶金技术发展而来的生物浸出法。

化学酸碱浸出法又可分为一步法和两步法。一步法通常是直接采用盐酸、硝酸、硫酸等无机酸浸出电极材料。两步法与一步法的不同之处在于，在酸浸出前先采用氢氧化钠溶液浸出铝、钴、锂、镍等有价金属，从而提高分离效率。近年来，有机酸溶解浸出法发展迅速，通常采用柠檬酸、苹果酸、草酸等有机酸来进行电极材料浸出。相比于无机酸，其优势是不仅不会产生氯气、三氧化硫和氮氧化合物等有毒有害气体，而且回收容易，废液处理简单。

生物浸出法具备成本低、环境友好和工业要求较低等优点，该法利用某些特殊微生物新陈代谢产生的无机酸来浸出废旧电极材料。目前，行业内研究了采用嗜酸氧化亚铁硫杆菌对电极材料中的钴和锂进行浸出，并通过加入离子催化剂来提高微生物浸出的效率。

3）浸出液中金属离子的提纯。电极材料经溶解浸出后，浸出液中含有多种金属元素，其中钴、锂、镍、铝四种元素含量较高，也是回收的重点。目前普遍采用的提纯方法包括化学沉淀法、溶液萃取法、盐析法、电化学法、离子交换法、电沉积法、直接合成电极材料法等。

思　考　题

1. 什么是电动汽车远程服务与管理系统？它包括哪些组成部分？各部分有什么要求？
2. 电动汽车充电系统主要有哪些性能要求？
3. 电动汽车充电的交流充电桩与直流充电桩的区别有哪些？
4. 电动汽车与传统汽车相比动力性能评价指标有哪些区别？

5. 影响电动汽车动力性主要因素有哪些？

6. 与传统燃油汽车相比，电动汽车安全性要求除碰撞、制动安全性等指标外，还有哪些电动汽车特有的安全性影响因素？

7. 简述基于互联网的电动汽车"国家-地方-企业"三位一体运行监控与管理体系。

8. 简述电动汽车三级回收网络的构成。

参 考 文 献

[1] 余志生. 汽车理论 [M]. 6版. 北京：机械工业出版社，2018.

[2] 吴志新，周华，王芳. 电动汽车及关键部件测评与开发技术 [M]. 北京：科学出版社，2019.

[3] 威尔迪. 电机、拖动及电力系统 [M]. 潘再平，杨莉，等译. 北京：机械工业出版社，2015.

[4] EMADI A. 汽车电力电子装置与电机驱动器手册 [M]. 孙力，田光宇，杨正林，等译. 北京：机械工业出版社，2014.

[5] UMANS S D. 电机学 [M]. 刘新正，苏少平，高琳，译. 北京：电子工业出版社，2014.

[6] 谭晓军. 电动汽车智能电池管理系统 [M]. 北京：机械工业出版社，2019.

[7] 吴晓刚，周美兰，等. 电动汽车技术 [M]. 北京：机械工业出版社，2018.

[8] 邹国棠，程明. 电动汽车的新型驱动技术 [M]. 北京：机械工业出版社，2015.

[9] 徐艳民. 电动汽车动力电池及电源管理 [M]. 北京：机械工业出版社，2015.

[10] 衣宝廉. 燃料电池：原理·技术·应用 [M]. 北京：化学工业出版社，2003.

[11] 节能与新能源汽车技术路线图战略咨询委员会，中国汽车工程学会. 节能与新能源汽车技术路线图 [M]. 北京：机械工业出版社，2016.

[12] 黄可龙，王兆期，刘素琴. 锂离子电池原理与关键技术 [M]. 北京：化学工业出版社，2008.

[13] 朱利恩，玛格，维志，等. 锂电池科学与技术 [M]. 刘兴江，等译. 北京：化学工业出版社，2018.

[14] 王震坡，孙逢春，刘鹏. 电动车辆动力电池系统及应用技术 [M]. 2版. 北京：机械工业出版社，2017.

[15] 黄俊，彭章泉. 锂-氧电池在几个关键科学问题上的最新进展 [J]. 储能科学与技术，2018，7 (2)：167-174.